EN VIVO
DESDE
AMÉRICA

EN VIVO DESDE AMÉRICA

CÓMO LA TV LATINA CONQUISTÓ ESTADOS UNIDOS

JAVIER MARÍN

Planeta

Créditos de portada: © Genoveva Saavedra / aciditadiseño
Fotografía de portada: © iStock / spxChrome
Fotografía del autor: © 2025, Carolina Olavarría M.
Diseño de interiores: © 2025, Juan Carlos González

Bajo el sello editorial PLANETA M.R.
Avenida Presidente Masarik núm. 111,
Piso 2, Polanco V Sección, Miguel Hidalgo
C.P. 11560, Ciudad de México
www.planetadelibros.us

Primera edición impresa en esta presentación: octubre de 2025
ISBN: 978-607-39-3163-2

Impreso en los talleres de Impregráfica Digital, S.A. de C.V.
Av. Coyoacán 100-D, Valle Norte, Benito Juárez
Ciudad De Mexico, C.P. 03103
Impreso en México -*Printed in Mexico*

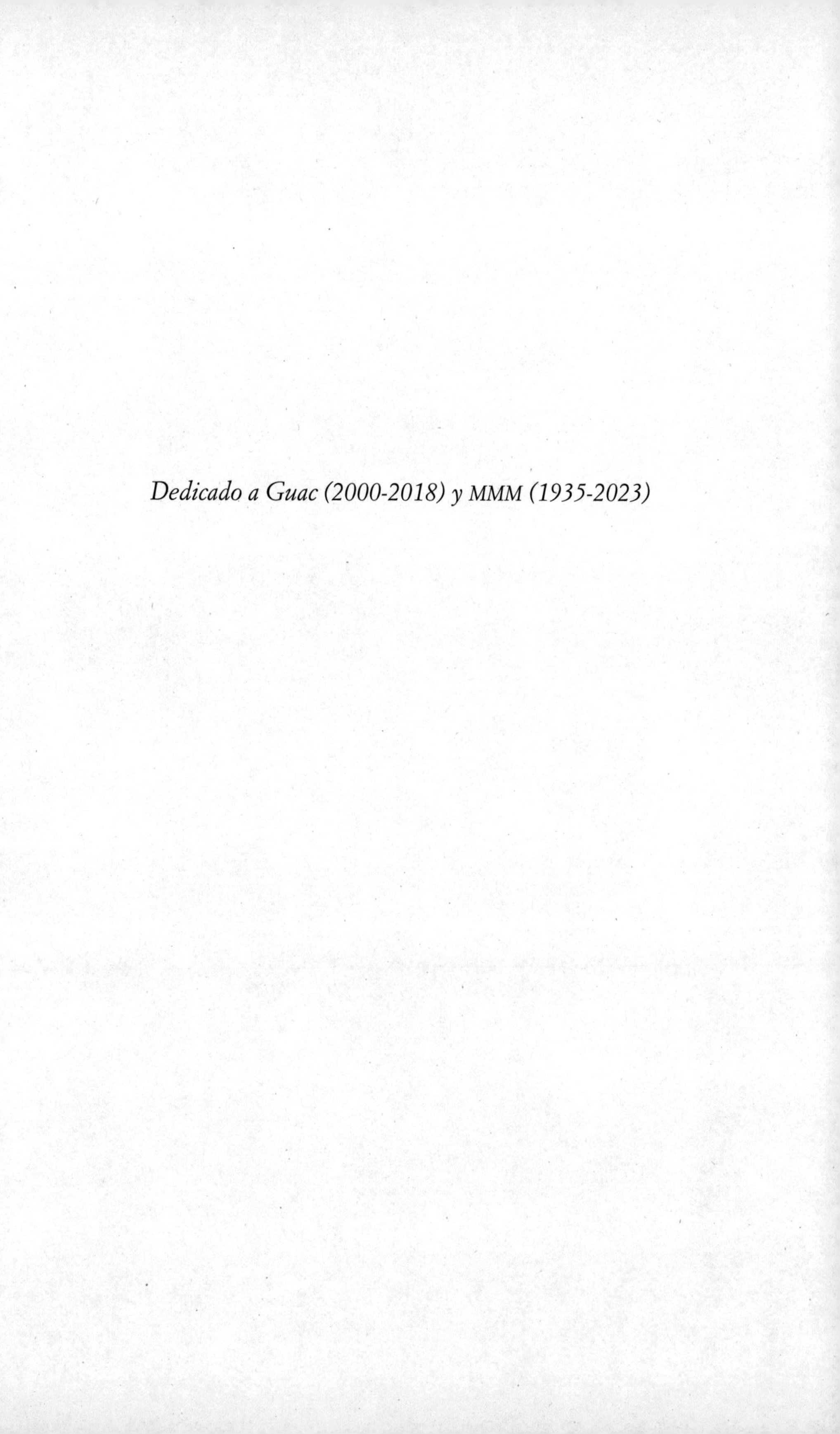

Dedicado a Guac (2000-2018) y MMM (1935-2023)

ÍNDICE

PRÓLOGO

Aguas extraterritoriales, abril de 1997

El Tigre, desahuciado, ya quería morir. Pidió una de sus camisas estilo Oxford blanca para estrenar. A partir de ese momento solo lo acompañaría su mayordomo inglés, quien sabía lo que tenía que hacer mientras la tripulación, comandada por el capitán, se encargaría de la ruta y del misterioso itinerario. El *ECO*, su yate, zarpó con rumbo desconocido. La instrucción formal y registrada decía Saint-Tropez, al sur de Francia, aunque el destino final para el Tigre fue otro.

En sus últimos meses de vida, el Tigre eligió como guarida una marina en las aguas del Atlántico cercana a Miami, en el estado de la Florida. Una tarde de abril de 1997 decidió salir de Estados Unidos para poder escabullirse de toda ley que pudiera obstaculizar su deseo de tener una muerte asistida. Decidió encontrarse con la muerte en el *ECO* vencido ante un cáncer en el páncreas que había comenzado con un melanoma. Ya su cabellera negra y su atractivo mechón blanco habían desaparecido de su rostro. Su altura imponente había cedido ante el cáncer que lo había consumido y su torso se encorvaba tanto que producía dolor a quien lo miraba.

Entre 1960 y 1990, una figura predominaba en el horizonte económico mexicano. Emilio «el Tigre» Azcárraga Milmo fue de los primeros magnates hispanos que emergió como uno de los hombres más ricos del planeta. Más de nueve millones de hispanos ya hacían su vida al norte del río Bravo durante aquellos años tumultuosos de presidencias interrumpidas en Estados Unidos. En 1963, el presidente John F. Kennedy (JFK) fue asesinado en Dallas, Texas, marcando un momento de gran conmoción y cambio en el país. Una década después, en 1974, el presidente Richard Nixon se convirtió en el único presidente en la historia de Estados Unidos en renunciar a su cargo, tras el escándalo de Watergate.

La historia del Tigre, navegando moribundo por aguas internacionales, no era única. Antes de que comenzara la legalización de la muerte asistida, algunos millonarios optaban por la eutanasia en aguas abiertas, generando una controversia que se basa en el Tratado de Montego Bay. Este marco legal internacional establece que las aguas territoriales de un país se extienden hasta 12 millas náuticas, las de explotación económica hasta 200 millas y más allá son consideradas aguas internacionales sin territorialidad. Pero ¿qué sucede si no se iza una bandera de ninguna nación durante algunas horas sobre aguas internacionales? En este vacío legal, hay expertos que sugieren que un individuo puede decidir practicar la eutanasia en aguas internacionales, una práctica que ha suscitado debates sobre su ética y legalidad.

Emilio Azcárraga Milmo fue llamado *el Tigre* y este apodo fue aprobado por su padre, Emilio Azcárraga Vidaurreta, a quien llamaban *el León*.

El Tigre nació en San Antonio, Texas, pero a la edad de 18 años, sin la aprobación de su padre, decidió renunciar a su ciudadanía estadounidense. Entre amigos del Tigre se comenta que se dedicó a declarar en voz alta y a manera de burla y celebración que ya no era «gringo».

El León siempre le reprochó a su hijo su decisión de renunciar a la ciudadanía estadounidense, mientras que este constantemente resentía a su padre por internarlo en una escuela militar en Estados Unidos.

En 1946 el León decidió enviar a su hijo a la Academia Militar Culver en Indiana, en la región centro-norte de Estados Unidos, con el objetivo de completar su educación secundaria y perfeccionar su inglés. Entre las familias de alta alcurnia mexicana, mandar a los hijos a Culver sigue siendo un símbolo de estatus social. Los padres mexicanos afluentes tienen diversas razones para elegir el destino educativo de sus hijos adolescentes en Estados Unidos. Los envían a internados de lujo en Massachusetts para fomentar conexiones con otros jóvenes intelectuales y facilitar su acceso a las universidades más prestigiosas del mundo. Optan por Seattle cuando desean un ambiente más indulgente donde sus hijos no solo aprendan inglés, sino también experimenten cierto aburrimiento que asegure su regreso a México. En cambio, la elección de Culver tiene un propósito distinto: es allí donde desean forjar en ellos un carácter fuerte, social y militar, enseñándoles que parte del crecimiento personal requiere saber cómo manejarse en ambientes sociales rudos, sin tener todo al alcance de la mano.

Reflexionando sobre aquellos tiempos, amigos del Tigre comentan la mala experiencia en la Culver Academy, donde este «se volvió más antigringo que Pancho Villa. Le hacían limpiar baños y arreglar las camas de sus superiores, mientras era sometido a una estricta disciplina militar». Cuando tenía la posibilidad de criticar momentos duros de su juventud, el Tigre narraba cómo en Culver los estadounidenses («pinches gringos») lo discriminaban por su color de piel más bronceado, sus rasgos indígenas, y su acento. Ahí el Tigre aprendió a dominar el idioma inglés, aunque nunca pudo ocultar su marcado acento hispano, y regresó a México meses antes de que terminara su último periodo de clases en 1948; sin haberse graduado. Después de eso, no estudió más.

El León era un estratega, y sabía que el norte era un destino necesario para lograr sus sueños. Ya durante su juventud había vivido en Austin, Texas, donde aprendió a dominar el inglés, se casó con una afluente mexicoamericana nacida en San Antonio, Texas, y aprendió a entender la cultura anglosajona.

Emilio Azcárraga Vidaurreta, a escondidas de su socio Rómulo O'Farrill, preparaba con sigilo los fundamentos de una audaz aventura. Desde la discreción de su oficina, el León astutamente diseñaba los planos de lo que podría ser considerado como una extensión de Telesistema Mexicano (red de televisión mexicana fundada por O'Farrill y el León) en Estados Unidos. Telesistema Mexicano es la misma empresa de medios que ahora lleva por nombre Televisa.

Cuando finalmente el secreto salió a la luz, Rómulo O'Farrill no solo se mostró sorprendido, sino que reaccionó con incredulidad y mofa. Se burló abiertamente del León, sugiriendo que era una locura pensar que un mexicano podría alcanzar tal éxito empresarial en el competitivo mercado estadounidense. A pesar de las dudas y las burlas de su socio, Azcárraga Vidaurreta no se dejó disuadir, y decidió seguir adelante con su plan, convencido de que su visión no solo era viable, sino que sería revolucionaria.

O'Farrill tenía razón, aunque no por los motivos que él creía. A pesar de la audacia y determinación de Azcárraga Vidaurreta, ni él ni O'Farrill vivirían lo suficiente para ver el desenlace de esa ambición. El León no presenciaría cómo su proyecto se convertiría en la principal cadena de televisión en español en Estados

Unidos. Por su parte, el hijo de O'Farrill sería testigo y apoyaría de alguna manera a su amigo de fiestas y negocios, el Tigre, en la continuación de este vasto emprendimiento.

Esta es una historia marcada por la perseverancia y el desgaste. El ascenso de Univision, lejos de ser un relato de éxito ininterrumpido, es una crónica de una angustiosa resistencia en un ambiente hostil, donde la discriminación, las renuncias, las traiciones y el constante ciclo de caídas y resurgimientos pintan un panorama de lucha interminable. Este libro desvela cómo un emprendimiento en un idioma diferente al inglés pudo sobrevivir en el mercado dominante de Estados Unidos. Para aquellos que creen que la historia de Univision fue un crecimiento orgánico y sin contratiempos, este libro ofrece un testimonio crudo y emocionante de lo que realmente sucedió durante la construcción de un gigante de medios en español en el país más poderoso del planeta.

Después de que el Tratado de Guadalupe Hidalgo pusiera fin a la guerra entre México y Estados Unidos en 1848, a los mexicanos que eligieron permanecer en territorio cedido a Estados Unidos se les prometió la ciudadanía y «el derecho a su propiedad, lengua y cultura».

En un contexto en el cual prevalecían prejuicios y estereotipos hacia las personas de origen mexicano, muchos empezaron a sentirse marginados y excluidos de la sociedad texana. Durante el siglo XX, los mexicanos en Estados Unidos enfrentaron graves formas de discriminación; por ejemplo, en Texas se registraron numerosos linchamientos de mexicanos por motivos raciales. En el ámbito laboral, los mexicanos a menudo eran relegados a trabajos de baja remuneración y condiciones precarias, enfrentando salarios inferiores y falta de oportunidades de ascenso en comparación con sus colegas no mexicanos.

Otro ejemplo destacado es la segregación escolar, donde los niños de origen mexicano a menudo eran enviados a escuelas separadas y de menor calidad. Durante la Segunda Guerra Mundial, los «Zoot Suit Riots» reflejaron tensiones raciales, donde jóvenes mexicoamericanos fueron atacados por su apariencia y herencia cultural.

En la década de 1980 la búsqueda de una mejor calidad de vida y oportunidades económicas para sus familias impulsó a muchos mexicanos a dejar su país de origen y aventurarse al norte en busca del «sueño americano». A ellos les siguieron guatemaltecos, salvadoreños, nicaragüenses y hondureños, cada grupo motivado por circunstancias similares. Posteriormente, panameños también emprendieron este viaje, al igual que cubanos, puertorriqueños y dominicanos desde el Caribe. Además, las crisis políticas y los regímenes dictatoriales y la guerrilla en países como Chile, Perú, Argentina y Colombia desencadenaron éxodos significativos de sus ciudadanos hacia Estados Unidos, todos en busca de refugio y nuevas oportunidades.

En esos tiempos es cuando la hispanidad comienza a ser reconocida en Estados Unidos. Familias procedentes de Cuba llegan a Florida, puertorriqueños, dominicanos y colombianos llegan a Nueva York, y los centroamericanos acompañan a mexicanos a través de las fronteras de California, Arizona y Texas. El término hispano ya había sido registrado formalmente por el gobierno de Richard Nixon en 1973, justo antes de su intempestiva salida a raíz del escándalo Watergate. La administración Nixon reconoció la importancia de agrupar a la ciudadanía estadounidense de origen latinoamericano e identificarlos con una denominación. Después de seis meses de haber creado un comité de estudio para decidir un nombre que representara a este grupo se decidió por el término «hispano».

En 1981 llegó Ronald Reagan a la presidencia de Estados Unidos, y esto marcó un cambio significativo. Esta nueva administración Reagan-Bush reconoció el valor de la comunidad hispana como un bloque influyente, tanto político como socioeconómico.

La evolución de Univision es una travesía de ambición, manipulación, conflicto, extravagancia, control social, política, activismo, patriarcado, colaboración y destreza empresarial, en la cual cada protagonista ha dejado su huella propia.

Después de la era inicial marcada por visionarios mexicanos, la dirección de Univision pasó por diversas manos: chilenos, cubanos y venezolanos asumieron roles clave, pero siempre bajo una supremacía anglosajona que mantenía un firme control accionario. Esta lucha de poder entre anglosajones e hispanos, con su dinámica de estira y afloja, se convierte en una de las narrativas centrales de este libro, que bien podría inspirar una telenovela épica con sus víctimas, villanos e inocentes actores atrapados en medio. En este caso, la inocente protagonista es la audiencia representada por la gigante comunidad de hispanos inmigrantes en Estados Unidos, cuya población seguía creciendo aceleradamente.

A diferencia de un pueblo que vive directamente los embates de una guerra, la audiencia hispana no percibió los conflictos y las tensiones que enfrentaban sus dueños. Por ello, el enfoque de este libro es narrar ese conflicto cuasibélico entre los propietarios de Univision, quienes, ya sea por astucia o fortuna, lograron mantener aislada a su audiencia de estos enfrentamientos internos.

Durante la investigación y recopilación de testimonios para este libro, me encontré con una notable división de opiniones sobre cómo representar la historia de la comunidad latina en Estados Unidos. Por un lado, amigos y algunos de los entrevistados me urgían a evitar retratar a los latinos exclusivamente como víctimas de opresión y discriminación. Argumentaban que, a pesar de los obstáculos, la comunidad latina ha logrado un impresionante avance, prosperando y ocupando espacios políticos y socioeconómicos que alguna vez parecieron inalcanzables. Estas voces destacaban los logros y la resiliencia, subrayando el progreso en lugar de la victimización.

Por otro lado, historiadores más liberales me instaban a detallar minuciosamente la lucha continua de los latinos contra la injusticia y la discriminación, enfatizando que reconocer estos desafíos es esencial para entender la dinámica completa de su experiencia en Estados Unidos. Estos académicos insisten que omitir o minimizar estas luchas perpetuaría una narrativa incompleta y desequilibrada que no hace justicia a la verdadera tenacidad de la comunidad.

Escribo la realidad tal como la vi, la escuché y la creí a partir de las fuentes con las que conversé y los personajes que estudié. Mi intención no es inclinar al lector hacia una perspectiva particular sobre los actos o decisiones de los personajes de esta saga, sino ofrecer un relato equilibrado que abarque tanto los logros como las derrotas y los desafíos enfrentados por los forjadores que hicieron y construyeron Univision.

En las décadas de 1970 y 1980 solo había tres grandes y poderosas cadenas de televisión nacionales en Estados Unidos: ABC, NBC y CBS. Sin embargo, el León y el Tigre sentaron las bases para una cuarta cadena, una que se coló frente a las narices de Ted Turner y Rupert Murdoch.

Esta historia tiene que llegar ante los líderes de Estados Unidos; empresarios, políticos y soñadores que deseen profundizar en el origen de un imperio mediático, las guerras psicológicas interraciales que comparten posiciones de liderazgo en un ente, la evolución del comportamiento de la teleaudiencia ante la era del *streaming*, la inteligencia artificial y las plataformas digitales. Además, es una oportunidad para comprender cómo el uso del español no solo llegó a Estados Unidos, sino que se consolidó y permanecerá para siempre en el tejido cultural del país.

El propósito verdadero de este trabajo no es solo resaltar los hitos y desafíos en el camino, sino también descifrar los misterios del espíritu humano que forjó Univision. Cada personaje, episodio, triunfo y revés son partes de un rompecabezas mayor que nos permite comprender la consolidación y la presencia significativa de la comunidad hispana y el uso del idioma español en Estados Unidos.

CAPÍTULO 1

El León, René Anselmo y el Tigre: La transición

En el verano de 1972 Emilio Azcárraga Vidaurreta, el León, viajó a Houston, Texas, para visitar el MD Anderson Cancer Center, el mejor Centro de Salud especializado en cáncer en el mundo, para una revisión médica de un cáncer de páncreas ya avanzado que padecía. No había nada que hacer, y esto lo sabía el empresario, quien pidió que sus dos hijas, Laura y Carmela, de 46 y 44 años, respectivamente, estuvieran a su lado. El 9 de septiembre los doctores notificaron a las hermanas que su padre debía ser internado en el Hospital Metodista —adyacente al centro de cáncer— para ser intervenido quirúrgicamente. Fue en esa fecha cuando el hijo varón, el Tigre, decide volar de Ciudad de México a Houston para acompañar a su padre durante la delicada cirugía. Aunque el Tigre pidió a sus hermanas que lo esperaran antes de comenzar la operación, los doctores sugirieron no demorar más. El León fue llevado al quirófano, y no despertó más. El 23 de septiembre de 1972 dejó de respirar. Tenía 77 años, y su hijo Emilio 42. Fallecía el fundador y dueño del ya poderoso imperio televisivo mexicano que para esa época llevaba el nombre de Telesistema Mexicano. Además, dejaba un proyecto en fase de arranque en Estados Unidos. El Tigre no se pudo despedir de su padre.

El Tigre (izquierda) y el León (derecha). (Fotografía: Museo de la Radio y TV de México).

Porfiriato (1876-1911)

Durante el pujante pero violento periodo conocido como el Porfiriato, cuando México vivía bajo el mandato del militar Porfirio Díaz, el padre del León, un tampiqueño de origen vasco llamado Mariano Azcárraga López de Rivera, enviaba a sus hijos varones a estudiar los años finales de la secundaria (*middle school*) y toda la preparatoria (*high school*) a San Antonio y Austin (Texas). El León fue uno de esos afortunados que aprovechó a fondo esa oportunidad.

Azcárraga López, como muchos empresarios de su tiempo, vivía bajo la sombra constante de la inestabilidad política. En un entorno de regímenes dictatoriales, un temor común entre los empresarios es la transitoriedad inherente a dichos gobiernos; es decir, el conocimiento de que ninguna dictadura dura para siempre. Esta incertidumbre se agudiza cuando los cambios de gobierno frecuentemente vienen marcados por revoluciones o transiciones abruptas, las cuales pueden llevar al poder a nuevos líderes con ideologías radicalmente diferentes.

Este cambio, muchas veces, significa un riesgo significativo para los empresarios, quienes pueden ser vistos con desconfianza o incluso hostilidad por los nuevos gobernantes. A menudo, los revolucionarios buscan desmantelar las estructuras de poder existentes y, en ese proceso, los empresarios pagan un costo alto porque son percibidos como colaboradores o beneficiarios del régimen anterior, independientemente de su verdadera relación con el mismo.

Antes de ser conocido como el León, Azcárraga Vidaurreta comenzó su carrera como un exitoso vendedor, destacándose por su habilidad y astucia en los negocios. Su matrimonio con Laura Milmo Hickman, quien pertenecía a una familia acomodada y era 11 años menor que él, no fue solo un acto de amor, sino también un reflejo de las aspiraciones y estrategias matrimoniales comunes de la época. En aquel tiempo, casarse con alguien de una familia pudiente era visto como un logro significativo y estratégico, especialmente para hombres ambiciosos que buscaban consolidar su posición económica y social. Laura, nacida en San Antonio, Texas, no solo aportaba juventud y conexiones familiares a su unión, sino que también representaba la oportunidad de fortalecer la ascendencia social de Azcárraga. Laura fue la esposa de toda su vida.

En un giro irónico de la historia, muchas familias mexicanas afluentes desde la época del Porfiriato elegían San Antonio,

Texas, como el lugar ideal para dar a luz a sus hijos. Esta elección se debió en parte a la búsqueda de estabilidad y seguridad que el volátil ambiente político de México en esos años no podía ofrecer. San Antonio, con su proximidad cultural y geográfica a México, ofrecía un refugio seguro y accesible para estas familias. Laura Milmo Hickman, nacida en 1906 en San Antonio, es un ejemplo destacado de esta práctica.

Siguiendo esta tradición establecida durante el Porfiriato y buscando asegurar los beneficios de la ciudadanía estadounidense para su descendencia, el León también eligió esa ciudad para el nacimiento de su hijo. Meses antes del parto, envió a Laura a San Antonio, donde en septiembre de 1930, en el Hospital Santa Rosa, nació Emilio Azcárraga Milmo. Este hospital estaba ubicado a pocas calles del histórico sitio de la Batalla del Álamo, un lugar emblemático de los conflictos entre Texas y México. Este acto no solo simbolizaba la continuidad de una práctica establecida por las élites mexicanas, sino que también marcaba la intersección de la historia personal y la historia nacional, en un lugar cargado de significado para ambos países. El Tigre nace allí en San Antonio como si el destino supiera que su vida estaría marcada por esa historia conflictiva entre México y Estados Unidos.

Primeros pasos empresariales, 1950

El León comenzó su carrera empresarial vendiendo zapatos importados desde Boston, capitalizando el auge de las importaciones de productos de Estados Unidos a México. En aquel tiempo, el dominio del inglés en México era una habilidad poco común y muy valorada, particularmente entre los empresarios y en los círculos de negocios. Destacó no solo por su astucia comercial, sino también por su fluidez en inglés, lo que le permitió resaltar en negociaciones y establecer relaciones sólidas con proveedores estadounidenses.

Simultáneamente, su habilidad para comunicarse eficazmente en español mientras se encontraba en Estados Unidos fue igualmente beneficiosa. A diferencia de muchos empresarios mexicanos de la época, que intentaban hacer negocios en Estados Unidos sin un dominio del inglés ni un conocimiento profundo de la cultura anglosajona, el León utilizó su bilingüismo y conocimiento cultural para navegar y adaptarse a ambos mercados con éxito.

Después de tener varios negocios, algunos más prósperos que otros, decidió invertir, registrar y adquirir una estación de radio en México. El negocio radial le dio muchas satisfacciones y relaciones. Aprovechando las conexiones que logró con la industria de la música y la radio, se unió con los empresarios Guillermo González Camarena, Rómulo O'Farrill, Ernesto Barrientos Reyes y Miguel Alemán Valdés, para obtener la primera licencia para abrir un canal privado de televisión, al cual le pusieron el nombre de Telesistema Mexicano. Era 1951, y a los 56 años comenzó, junto a sus socios, la formación de un imperio mediático mexicano que ya en 1969 poseía casi 100 estaciones de TV en todo México. Entonces Telesistema Mexicano ya era la red de canales de TV más grande de México pero aún no tenía un sólido poder concentrado en la nación. No tenían la tecnología que permitiera la consolidación del mensaje a transmitir a través de una cobertura nacional. Es decir, cada estación tenía su propia transmisión.

Tras consolidar su presencia en la industria de la radiodifusión y participar en la fundación de Telesistema Mexicano, el

León comenzó a vislumbrar un horizonte aún más amplio. Aunque su alianza con Rómulo O'Farrill fue fundamental para su éxito en México, comenzó a trazar de manera independiente su próxima gran jugada. Reconociendo la creciente demanda de contenido en español en Estados Unidos, especialmente de películas y programas producidos en México, ideó un plan audaz que no compartió inicialmente con sus socios en México. Su visión era expandir su imperio mediático más allá de las fronteras con el norte para captar a la creciente diáspora mexicana en Estados Unidos, una comunidad que buscaba mantenerse conectada con su cultura y raíces a través de los medios en su idioma nativo. El León empezó discretamente a explorar oportunidades en el mercado estadounidense. Su primera incursión fue a través de la venta de películas mexicanas al dueño de unas salas de cine en Los Ángeles, California, Frank Fouce.

La primera TV hispana en Estados Unidos

Los pioneros de la radio y TV hispanas en Estados Unidos fueron Emilio Nicolás, padre, y su suegro Raoul Cortez, apostados en la ciudad de San Antonio, en el estado de Texas. En 1955, Nicolás, padre, tomó la decisión de dedicarse de lleno a las estaciones de radio y televisión KCOR-AM y KCOR-TV, que fueron las primeras estaciones con la transmisión continua en español en Estados Unidos, un proyecto fundado y liderado por Cortez. KCOR-TV cambió sus siglas a KWEC y fue ahí cuando Cortez y Nicolás, padre, crearon la marca Spanish International Network, abreviada como SIN. Nicolás, padre, supervisaba el departamento de noticias durante el día y por las noches producía una variedad de programas en vivo. Además, ocasionalmente presentaba editoriales propios sobre temas de actualidad como la inmigración o la educación. En la búsqueda de contenido mexicano Cortez conoció a Frank Fouce, y este lo conectó con el León, su principal proveedor de películas mexicanas.

A pesar de su popularidad entre los residentes mexicanos y otros hispanohablantes de San Antonio, SIN luchaba por sobrevivir. Sus primeros años fueron muy difíciles debido a que los anunciantes subestimaban el valor comercial de la audiencia hispana y raramente utilizaban el canal para promociones.

El León comenzó a vender películas mexicanas a SIN y a proponer a Nicolás, padre, y a Cortez que le permitieran invertir en SIN. Incluso el León convenció a Fouce para que se asociaran y propusieran una adquisición parcial de SIN. Los dos empresarios intentaron fallidamente en numerosas ocasiones invertir en SIN a través de la entrega de contenido a cambio de acciones.

En 1961 el León demostró su astucia política al convencer a Mario Moreno, actor conocido mundialmente como «Cantinflas», a que lo acompañara a San Antonio, Texas, para ayudar en la campaña electoral del texano-mexicano Henry Barbosa González, quien quería representar a su distrito del estado de Texas en el Congreso en Washington, D. C. Para sorpresa de los hispanos que hacían vida en esa región, el vicepresidente de estados Unidos en ese momento, Lyndon Johnson, también se acercó al encuentro, y el León convenció a Emilio Nicolás, padre, para que SIN transmitiera la visita del trío Johnson-Cantinflas-Barbosa González. Lyndon Johnson había sido senador por Texas antes de que John F. Kennedy lo invitara a ser su segundo en la campaña presidencial. Con el implícito apoyo de Johnson, hijo político favorito de Texas, Barbosa González resultó victorioso y se convirtió en el primer miembro hispano en la historia de la Cámara de Representantes en Estados Unidos. La transmisión de esta campaña logró que la comunidad hispana por primera vez entendiera la importancia y el poder del voto. Posteriormente, Barbosa González nunca perdió una carrera por la reelección y siguió como representante de su distrito, el vigesimoquinto de Texas, que alberga la ciudad de San Antonio, hasta 1998, cuando se retiró, dos años antes de su fallecimiento. El rol de SIN en la carrera del congresista Barbosa González fue muy importante.

Cantinflas agradeció siempre a los Azcárraga por facilitar su amistad con Lyndon Johnson, quien dos años después de ese primer encuentro se convirtió abruptamente en presidente de Estados Unidos tras el asesinato de JFK en la ciudad de Dallas el viernes 22 de noviembre de 1963.

El León comprobó la influencia de la TV en la política al verse el impacto de Cantinflas en la victoria de Barbosa González. Era muy fácil atar cabos, las películas de Cantinflas que transmitía SIN eran sumamente exitosas, en especial la recién producida *Pepe*, donde Cantinflas por primera vez actuaba en una película llena de estrellas de Hollywood, de la talla de Tony Curtis, Kim Novak, Judy Garland, Bing Crosby, Carlos Montalbán, César Romero y Sammy Davis, Jr., entre otros.

La primera inversión en SIN

A raíz de la difícil situación financiera de SIN, y después de ser testigo del manejo del poder político por parte del León, Emilio Nicolás, padre, convenció a su suegro para vender parte de SIN a cambio de contenido y dinero.

El León y Frank Fouce en 1961 formalizaron la inversión en Spanish International Network, que transmitía a través de la KWEX, las letras que identificaban su señal autorizada por la Comisión Federal de Comunicaciones (FCC, por sus siglas en inglés).

La creación de una red de televisión en español en Estados Unidos no era solo una extensión lógica del recién formado imperio del León en México, sino también una forma de abordar el naciente mercado hispano en Estados Unidos. Las emisiones en español en ese momento eran limitadas y fragmentadas, y el empresario mexicano vio una oportunidad de oro para proporcionar contenido en español de alta calidad a este público desatendido a nivel nacional. Al León siempre se le escuchaba decir con orgullo que los mexicanos invadidos (refiriéndose a la invasión estadounidense de México en el siglo XIX) nunca quisieron agringarse.

A finales de la década de 1960 el León había emprendido la audaz tarea de adquirir varios canales de televisión en Estados Unidos. Pero su plan se encontró con la ley federal estadounidense, que imponía barreras infranqueables a su objetivo. Ningún canal de televisión de señal abierta en Estados Unidos podía tener más de 20% de su propiedad en manos extranjeras: «*the 20% Rule*», un mandato imperturbable que obligaba a los interesados a llevar la ciudadanía estadounidense como una insignia para poder tener una participación superior. Esta ley federal perduró hasta febrero de 2017.

La decisión improvisada del Tigre de renunciar a su ciudadanía estadounidense, a la edad de 18 años, despojó al León de un escudo protector dejándolo vulnerable a las fauces de la *20% Rule*. Quizás, a esa edad, el Tigre, adinerado, guapo y algo malcriado, carecía de la perspicacia empresarial para ver el panorama más amplio. Sumergido en la arrogancia juvenil, podría haberse sentido distanciado del sueño americano de su padre, eligiendo labrar un camino diferente para sí mismo.

A través de un malabarismo legal, el León diseñó una telaraña accionaria de sus estaciones de TV en Estados Unidos para así evadir la *20 % Rule*.

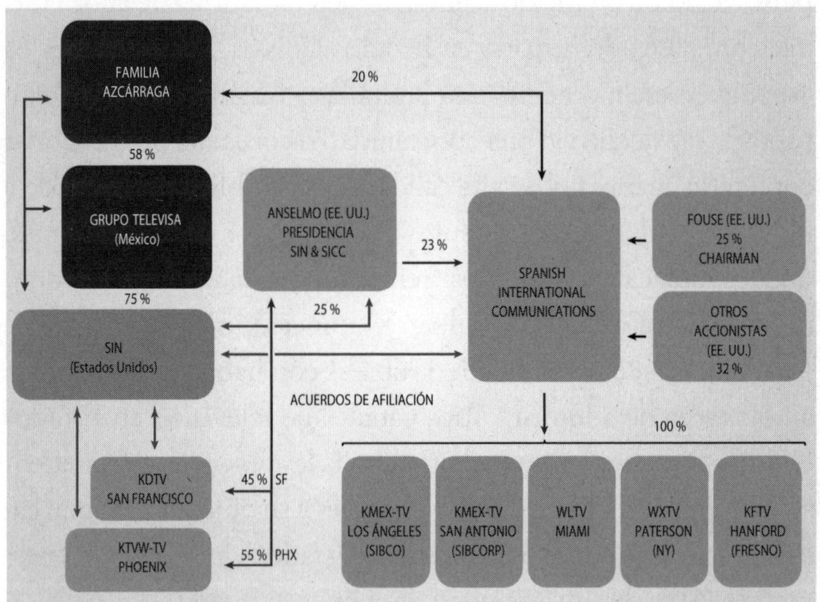

Gráfica: Norm Leventhal, abogado de Emilio Azcárraga Vidaurreta y Emilio Azcárraga Milmo.

El León nunca respetó realmente el porcentaje máximo que podía tener. Jurídicamente sí, pero de facto no. Siempre usaba sus contactos para asignar porcentajes de control con testaferros, aliados, amigos y hasta con su esposa Laura, quien sí tenía nacionalidad estadounidense.

El creciente enfoque del León en expandir su red televisiva en Estados Unidos comenzó a generar tensiones con sus socios en

Telesistema Mexicano. Mientras veía un potencial en el mercado estadounidense, sus socios, particularmente Rómulo O'Farrill, se mostraron escépticos y preocupados por los riesgos que implicaba esta expansión. O'Farrill y otros consideraban que esa obsesión por desarrollar este nuevo mercado desviaba atención y recursos de sus operaciones en México, donde todavía enfrentaban desafíos significativos. La discrepancia en la visión empresarial no solo revelaba un cisma estratégico entre el León y sus socios mexicanos, sino que también amenazaba con desestabilizar la cohesión interna de su empresa original.

El León sabía que necesitaba aliados que compartieran su visión y que estuvieran familiarizados con el complejo entorno legal y empresarial de Estados Unidos. Esta necesidad lo llevó a forjar nuevas asociaciones con individuos que entendieran el valor de un mercado en español en expansión y que estuvieran dispuestos a invertir tiempo y dinero en la consolidación de una red que eventualmente se convertiría en un elemento fundamental para la comunidad hispana en Estados Unidos. Esta estrategia no solo permitió al León avanzar hacia su sueño, sino que también sentó las bases para lo que sería una revolución en la televisión hispana en Estados Unidos.

El sueño del León comenzaba a tomar forma. Para fortalecer sus operaciones en Estados Unidos decidió mantener la marca Spanish International Network (SIN) y además tomó la decisión estratégica de trasladar a uno de sus colaboradores más valorados y competentes desde México, Reynold (René) Vincent Anselmo, a San Antonio, Texas, para trabajar en SIN. Anselmo, nacido en 1926 en Medford, un suburbio de Boston, Massachusetts, poseía una mezcla de cualidades que lo hacían idóneo para la misión. De ascendencia italiana y veterano de la Segunda Guerra Mundial,

Anselmo no solo podía comunicarse fluidamente en inglés y español, sino que también tenía la nacionalidad estadounidense, lo que facilitaba significativamente las operaciones y la navegación alrededor de la regla del 20 por ciento.

Este movimiento estratégico demostraba el compromiso del León por hacer de su visión una realidad, y la confianza depositada en Anselmo subrayaba la importancia de contar con uno de los suyos en este importante proyecto.

En esos tiempos la relación del León y su hijo, el Tigre, no era la mejor. El padre siempre disminuía la presencia de su hijo. La actitud de ser un joven millonario heredero y soltero codiciado siempre incomodaba al padre, quien le reprochaba a su hijo su comportamiento, y en especial el trato con las mujeres. Al mismo tiempo, no aceptaba que su hijo hiciera públicas sus relaciones amorosas con jóvenes que no pertenecieran a las altas clases sociales de México. El León tampoco hacía ningún esfuerzo por reconocer el trabajo y el desarrollo profesional de su hijo. Este trato hizo que el Tigre se hiciera más rebelde.

El Tigre se hacía de la vista gorda ante la indiferencia de su padre y buscaba protagonismo en la red de televisoras hablando del negocio familiar, sugiriendo que él sería en algún momento el heredero del trono del León. Se encargaba de buscar talentos, escritores, actores y actrices para las producciones de Telesistema Mexicano, el imperio de su padre. Por supuesto que al Tigre le atraía mucho su rol de hijo del magnate, y como ya era un joven guapo, alto y bien educado, empezaba a saborear y utilizar el poder con mayor soltura que su propio padre. El León, emprendedor, familiar, era un hombre al que nunca se le conoció alguna relación extramatrimonial. Incluso, luego de fallecer Laura, su esposa, a finales de la década de 1960, no se volvió a casar. Mientras tanto, el Tigre era cada vez más conocido por sus fiestas legendarias, donde se le veía secretear con Reynold Anselmo en inglés para intercambiar contactos de futuras novias y acompañantes, muchas de ellas actrices que querían llegar al estrellato del teatro, el cine y la televisión mexicanos.

Anselmo era conocido por todos simplemente como René, un nombre que adoptó tras una anécdota curiosa con el Tigre. En los primeros días de su carrera, mientras aún se establecía en el entorno de Telesistema Mexicano, el Tigre le hizo una advertencia lúdica a Reynold: era probable que algunos intentaran llamarlo «Rey», pero ya había un rey indiscutible en la organización, el patriarca, su padre. Además, la sucesión estaba clara: el futuro rey sería el Tigre mismo. A partir de ese momento, Reynold dejó de usar su nombre original, y tanto en México como en Estados Unidos todos lo reconocerían y se referirían a él como René.

«Ahora te llamarás René. ¡Porque el único Rey aquí seré yo, cabrón!», le diría el Tigre a Reynold Vincent Anselmo.

La primera programación

La programación en SIN era principalmente el contenido que desde México llegaba al canal. Entre muchas otras, algunas películas de Cantinflas que se repetían constantemente son: *El bolero de Raquel* (1957), una de las películas más recordadas de Cantinflas, quien hace el papel de un limpiabotas que cuida a un niño huérfano; *Sube y baja* (1959), donde Cantinflas interpreta a un empleado en una tienda que se ve envuelto en diferentes situaciones cómicas y de tantos errores es denigrado al puesto de ascensorista; *El padrecito* (1964), en la cual Cantinflas interpreta a un joven sacerdote que llega a un pequeño pueblo y enfrenta varios desafíos sociales y culturales; *Un Quijote sin mancha* (1969), con Cantinflas interpretando a un abogado que se dedica a ayudar a los más necesitados, en una adaptación moderna del clásico *El ingenioso hidalgo don Quijote de la Mancha.*

Otra película transmitida en SIN fue *Simón del desierto* (1965), dirigida por Luis Buñuel y protagonizada por Silvia Pinal y Claudio Brook. Esta película es conocida por su enfoque surrealista y temática religiosa.

También se recuerdan los filmes *Los cuervos están de luto* (1965), dirigida por Francisco del Villar y protagonizada por Silvia Pinal, Kitty de Hoyos y Lilia Prado, y *¡Buenas noches, Año Nuevo!* (1964), dirigida por Julián Soler y también protagonizada por Silvia Pinal, junto a Ricardo Montalbán, como grandes éxitos de audiencia de SIN.

El León estaba convencido de que su red televisiva en español no solo sería un éxito financiero, sino que también desempeñaría un papel crucial en la vida de los mexicanos en Estados Unidos. Su visión era proporcionar una plataforma para la difusión de noticias, entretenimiento y educación en español que ayudara a la comunidad inmigrante mexicana a mantenerse conectada con sus raíces y cultura mientras se adaptaba a la vida en el vecino del norte. Sabía que la emigración hacia Estados Unidos crecería, porque luego de dictaduras y revoluciones el mundo político y económico de México se había deteriorado y mucha gente buscaría escapar de la pobreza. Y así fue. El León se quedó corto con su pronóstico del crecimiento de la población hispana en Estados Unidos, porque lo propio sucedería después con la revolución de Fidel Castro en Cuba, las dictaduras en los países centroamericanos, la violencia suscitada en Colombia por la guerra de las drogas y las crisis económicas en Puerto Rico y República Dominicana, que detonaron una masiva emigración de sus habitantes hacia mejores destinos.

El uso del idioma español de los recién llegados inmigrantes desesperaba a muchos de los estadounidenses; comenzaba un comportamiento de rechazo que se expresaba de dos maneras, o se les atacaba e imponía obligatoriamente el uso del inglés, o se les ignoraba y marginaba.

El Tratado de Guadalupe Hidalgo que obligaba a los habitantes de habla inglesa en Estados Unidos a aceptar y respetar el uso del idioma español a sus conciudadanos no fue asimilado por todos, y es que muchos inmigrantes mexicanos y de otras naciones de habla hispana de todas formas tuvieron que aceptar asimilarse como «blancos» y renunciar al uso del español para obtener la ciudadanía estadounidense y para forjar sus medios de vida. Esta situación fue uno de los detonantes que hizo que naciera el movimiento activista chicano, que se pronunció firmemente ante cualquier intención de rechazo a la cultura hispana y al uso del idioma español. Una continua lucha por garantías económicas que permitieran surgir a la empobrecida comunidad mexicano-estadounidense.

El movimiento «solo inglés», también conocido como el movimiento del inglés oficial, es una corriente política que aboga por el uso exclusivo del idioma inglés en las operaciones oficiales del gobierno de Estados Unidos, mediante el establecimiento de dicha lengua como la única oficial en el país. Estados Unidos nunca ha tenido una política legal que proclame un idioma nacional oficial. Sin embargo, en algunos momentos y lugares, ha habido diversos esfuerzos para promover o exigir el uso del inglés.

El apoyo al movimiento «solo inglés» comenzó en 1907, bajo la presidencia de Theodore Roosevelt en EE. UU.

Imagen inspirada en el «Tío Sam», utilizada por movimientos activistas para promover la asimilación lingüística y cultural en EE. UU.

Pero sí quedó registrado que una gran parte de la población en Estados Unidos decidió promover la proliferación y el uso del idioma español en Estados Unidos. Y esta fue la población que se benefició mayormente de SIN.

El control de SIN en 1962

Junto a Fouce Entertainment, la empresa del León adquirió el control de Spanish International Network en el otoño de 1961. Pero en 1962 Fouce muere repentinamente de una falla cardiaca y no pasó mucho tiempo hasta que sus sucesores comenzaran a tomar un rol protagónico, del cual hablaremos más adelante. Por el momento, el dinero del León, el liderazgo de René Anselmo y la ausencia de Fouce llevaron al crecimiento de la empresa hasta tener estaciones de televisión en Fresno, Los Ángeles, San Francisco y Phoenix, junto a la semilla del proyecto: KWEX en San Antonio.

El León —ya enfermo— dio carta blanca a Anselmo, quien se pagaba un sueldo de 400,000 dólares al año y se mostraba como el líder de la TV hispana en Estados Unidos. En la década de 1960 solo existían tres grandes redes autorizadas de TV (*networks*) en Estados Unidos: CBS, ABC y NBC. La cuarta comenzaba a ser SIN, una pequeña red de estaciones de televisión en español.

Pero el negocio de SIN enfrentaba muchas dificultades. Una de ellas era que CBS, ABC y NBC transmitían en frecuencias VHF y SIN en UHF. La mayoría de los televisores en Estados Unidos no tenían forma de descodificar la frecuencia UHF.

Esta limitación técnica impuesta a la Spanish International Network representaba una desventaja significativa en comparación con las grandes cadenas. Los televisores de la época estaban predominantemente equipados para recibir señales VHF (Very High Frequency), lo que significaba que las emisiones en UHF (Ultra High Frequency) como las de SIN no eran accesibles para la mayoría de los espectadores si no modificaban o actualizaban sus equipos. Esto no solo reducía el alcance potencial de la audiencia de SIN, sino que también planteaba un desafío en términos de visibilidad y popularidad frente a sus competidores, que disfrutaban de una presencia más establecida y de fácil acceso en los hogares estadounidenses.

Anselmo y Emilio Nicolás, padre, apoyados por el nuevo congresista hispano electo Henry Barbosa González, se dedicaron a promover un cabildeo (*lobby*) para que el Congreso de Estados Unidos obligara a los productores de aparatos de televisión a instalar receptores tanto de señales VHF como UHF en la nación americana. La ley finalmente fue promulgada en 1962 y el efecto de este cambio empezó a verse a finales de la década, cuando muchos hogares ya contaban con aparatos capaces de captar ambas frecuencias disponibles, lo cual ayudó en el florecimiento de la TV en español.

René Anselmo, el empresario Arturo «Art» Saavedra y Emilio Nicolás, padre. (Fotografía: *La Prensa* de San Antonio).

La expansión nacional de SIN

Poco después, en 1971, un año antes de la muerte del León se negociaba la compra de estaciones de TV en Nueva York y Miami. Ya entonces el Tigre comenzaba a codiciar su potencial posición de heredero y le discutió a su padre el uso del dinero para comprar la señal en Miami.

El Tigre le advirtió a su padre, en presencia de René Anselmo, que el gobierno mexicano era amigo del dictador Fidel Castro y apoyaba su revolución, y por ese apoyo a Fidel en Miami los cubanos odiaban a los mexicanos. El Tigre presentía que la compra de la estación en Miami les traería problemas.

En aquel entonces, el gobierno mexicano mantenía una relación diplomática amistosa con Fidel Castro y su revolución en

Cuba, una postura que contrastaba fuertemente con las opiniones de la comunidad cubana exiliada en Miami. Esta comunidad, que había huido de dicha revolución, veía con gran desdén a aquellos que apoyaban o se asociaban con el régimen de Castro.

Durante el siglo XX, México desarrolló una política exterior que, a menudo, se alineaba con líderes y movimientos revolucionarios a nivel internacional. Este patrón de apoyo no solo reflejaba una comunión ideológica con las luchas por la justicia social y la autonomía nacional, sino también una estrategia más amplia de afirmación de soberanía y liderazgo en el contexto latinoamericano.

México mantuvo relaciones cordiales con la Revolución cubana desde sus inicios, a pesar de las tensiones que esto generaba con Estados Unidos y otros países durante la Guerra Fría. La influencia de figuras revolucionarias como Fidel Castro también resonaba con movimientos locales y partidos políticos mexicanos que veían en la Revolución cubana un modelo a seguir o un aliado estratégico en la lucha contra el imperialismo y por la autodeterminación de los pueblos.

El apoyo a estos líderes y movimientos no solo se manifestaba en un estilo de diplomacia pro asilo político, sino que también se extendía en el entendimiento de la cultura, la educación y otras áreas de cooperación internacional. En aquella época, México se convirtió en un cruce de caminos para intelectuales, revolucionarios y artistas de izquierda de todo el mundo, lo que consolidaría su imagen como un país comprometido con las causas progresistas y revolucionarias.

Esa era la razón por la cual la presencia de empresarios mexicanos en Miami era vista con suspicacia y hostilidad por parte de los cubanos exiliados. El Tigre, consciente de estas tensiones, anticipaba que la adquisición de una estación de televisión en un entorno tan polarizado podría desencadenar conflictos y resentimientos, y complicar los esfuerzos por establecer una base sólida para las operaciones en Estados Unidos.

René Anselmo se involucró en aquella discusión entre padre e hijo y se permitió decir que si no obtenían un espacio en Miami, nunca podrían considerarse una red nacional hispana en Estados Unidos. Fue entonces cuando el León dio una instrucción tajante a Anselmo: «¡Compra esa chingada!». Esa frase dio por terminada la reunión y lo que ocurrió después ya es parte de la historia. Anselmo de inmediato asignó al despacho de abogados McKenna, en Washington, D. C., para que se encargara de solicitar ante la FCC la aprobación de traspaso de la licencia de la televisora WLTV ubicada en Miami.

Solo quedaban 72 horas para que la opción de comprar la estación se venciera y la misma pudiera ser vendida a otro grupo interesado. La situación en Miami se encontraba en un punto crítico, quedaba poco tiempo para actuar, y la presión era intensa. En el mundo de las comunicaciones y las transmisiones televisivas, oportunidades como esta eran escasas y muy codiciadas. Si Anselmo no lograba concretar la compra de la estación en este estrecho margen de tiempo, corrían el riesgo de perder una oportunidad única. Además, la competencia estaba al acecho; otros grupos de medios, no hispanos, estaban interesados y listos para adquirir la estación si Anselmo no actuaba rápidamente.

La magnitud de lo que estaba en juego era enorme. Si la adquisición no se llevaba a cabo, el futuro de la televisión hispana en Estados Unidos podría haber sido significativamente distinto. La estación de Miami terminó siendo un activo crucial para el mercado hispanohablante en Estados Unidos, especialmente considerando la poderosa población de habla hispana en la Florida. Si otro grupo se hubiera hecho con la estación, la historia de Univision, tal como la conocemos hoy, podría haber sido muy diferente.

Muere el León, el Tigre hereda

Para añadir más tensión al suspenso, el abogado socio de la firma legal contratada cayó indispuesto por una enfermedad, así que delegó sus tareas a un abogado de 27 años, un joven judío de Brooklyn, de nombre Norm Leventhal. La FCC autorizó en tiempo récord —el 6 de enero de 1971— el traspaso de la emisora, y SICC (Spanish International Communications Corporation), empresa recién creada en el estado de Delaware, adquirió WLTV, el canal 23 de televisión en Miami. Posteriormente, René Anselmo no tuvo más reuniones de trabajo con el León. Desde ese momento el declive de la salud del patrón fue pronunciado, y en pocos meses habría de fallecer. El Tigre, por su lado, no le contestó más llamadas a Anselmo hasta después del funeral, cuando se convirtió en su nuevo jefe.

En este periodo de intensa actividad y desafíos no solo fallece el León; un año después (1973) Richard Nixon fue sometido a un juicio político (*impeachment*) que luego lo lleva a renunciar a la presidencia de Estados Unidos. Este suceso marcó un punto de inflexión en la historia de la influencia hispana que apenas comenzaba a consolidarse como un bloque en Estados Unidos.

Al momento de la muerte del León, ya SIN era una plataforma con siete estaciones de TV en Estados Unidos, adquiridas a través de tres empresas con distintos socios y tras muchos obstáculos legales, fiscales y políticos.

El Tigre, de 42 años de edad, hereda las empresas de su padre. Sus hermanas Laura y Carmela también heredaron parte de Telesistema Mexicano y otras empresas del grupo familiar, pero el nuevo presidente y patrón sería el Tigre, por mandato del finado patriarca de la familia.

Pocos días después del fallecimiento de su padre, el Tigre toma dos decisiones que el León nunca hubiera aprobado. La primera fue casarse con Encarnación Presa Matute, la «chica del clima» en Telesistema Mexicano. Su padre tenía conocimiento de la relación que su heredero mantenía con aquella bella jovencita rubia de ojos claros, pero siempre le imponía que mantuviera sus relaciones amorosas fuera de la luz pública y familiar, especialmente cuando se juntaba con mujeres no aceptadas en la alta sociedad mexicana. La segunda decisión fue despedir a René Anselmo, por haber comprado la estación de Miami sin conversar con los socios en Estados Unidos.

Pero después del rugido, vino el maullido. Anselmo regresaría en pocos meses.

CAPÍTULO 2

Del aire al espacio: René Anselmo y la revolución de la televisión vía satélite

En junio de 1988, René Anselmo se encontraba en el hospital Mount Sinai en Nueva York, donde le practicaban una operación quirúrgica muy delicada para instalarle cinco *bypass* en el área del corazón. Días después de la delicadísima intervención era el día del lanzamiento de un cohete que él había contratado en una antigua y casi inhóspita zona de la Guayana Francesa, en el noreste de Sudamérica. René había apostado casi todo su dinero en ese lanzamiento. Se trataba de uno de los cohetes de la serie Ariane de la naciente Agencia Espacial Europea (ESA, por sus siglas en inglés), la primera corporación espacial europea dedicada a instalar satélites para empresas privadas. Era la primera vez que un individuo, a título personal, invertía en un cohete espacial en la historia.

Su esposa, Mary Morton-Anselmo, entró a la habitación del lujoso hospital ubicado en la Madison Avenue en Manhattan y sacando de su cartera una botella de champagne le dijo a René: «*My love, Berta just called to tell me the rocket didn't crash!* ¡Salud, mi amor!».

Mary se refería a Berta Escurra, quien fuera durante décadas la asistente personal de René Anselmo, que había llamado emocionada a Mary para confirmarle que el cohete había despegado durante la madrugada y se encontraba en su misión interestelar según lo planeado.

En 72 horas René Anselmo había ganado dos arriesgadísimas apuestas: una cirugía de emergencia suscitada a raíz de una falla cardiaca que casi lo despide del mundo terrenal, y una inversión en el novedoso negocio de cohetes y satélites en el espacio, cuyo fracaso podría haberlo llevado a una súbita bancarrota.

Reynold «René» Vincent Anselmo, que sin ser mexicano se convirtió en el presidente de la Spanish International Network, en su nueva etapa de expansión.

Los comienzos de Anselmo

Anselmo, de corta estatura y de cabello rizado, nació hacia enero de 1924 en un suburbio de Boston llamado Medford, en el estado de Massachusetts. Su padre, inmigrante italiano, sin educación universitaria, tuvo una carrera profesional decente en el sistema de correos de Estados Unidos. El pequeño Reynold era muy inteligente, astuto, serio y peleón. Su infancia estuvo plagada de demonios, por su vida solitaria y distante de los gustos de sus padres y compañeros del colegio. No le gustaban las fiestas tradicionales italianas ni las obligaciones religiosas que su madre imponía en casa. Reynold estaba fascinado, sin embargo, con las artes, la literatura, los viajes, las estrellas, los planetas y el conocimiento en general. Desde temprana edad se deleitaba leyendo a Julio Verne una y otra vez. Aunque en Boston estaban las mejores universidades, el las veía lejos de su alcance. Reynold quería alejarse de la monótona y tradicional vida cotidiana de la juventud de su época. Tenía mucha ambición y no quería tener una vida similar a la de su padre. La única vía que el joven Reynold encontró para salir a ver mundo y aumentar su conocimiento, sin recursos y sin necesidad de solicitar el permiso y la ayuda de sus padres, fue a través del servicio militar. Con apenas un año de bachillerato en 1942, decide enlistarse en el Cuerpo de Marines de Estados Unidos. Aunque tenía apenas 16 años, se declaró un adulto de 18 años que estaba listo para ir a pelear por Estados Unidos en la Segunda Guerra Mundial. Así, fue entrenado como artillero de cola o *tail gunner* en la fuerza aérea y enviado a una zona del océano Pacífico a luchar contra los japoneses. Sobrevivió 37 misiones de combates aéreos disparando a otras naves desde la cola de un avión.

Mentir sobre la edad para alistarse era muy común entre los jóvenes inconformes que veían en la milicia una forma de salir de casa, conocer otras culturas y desarrollar una vida más emocionante y menos estancada de la que ofrecía el país a su juventud civil. Anselmo, que era un dínamo creativo y propulsor de ideas, se sentía atrapado en la monotonía de la comunidad italoamericana en Boston, en la cual se sentía incomprendido.

El gringo llega a México

En 1945 finalizó el segundo conflicto bélico mundial y Reynold Vincent Anselmo no quiso regresar a casa. Consiguió una beca que el gobierno ofrecía a los veteranos de la guerra y se fue a estudiar Literatura y Teatro en la reconocida Universidad de Chicago. Fue un excelente estudiante, y resultó ser también un excelente actor de comedia. Anselmo participó en las primeras presentaciones del ahora reconocido grupo de teatro de comedia Second City Comedy. En la universidad entró en un programa llamado Great Books que ofrecía experiencias de intercambios en otros países. Entre las opciones estaba la de ir y trabajar en un grupo de teatro en México. Entre 1936 y 1956, durante la Época de Oro del cine mexicano, México se consolidó como el líder indiscutible de la industria cinematográfica en América Latina y logró posicionarse como el principal productor de películas en español a nivel mundial, impulsado por el impacto que la Segunda Guerra Mundial tuvo en la producción cinematográfica internacional.

La llegada a México fue mágica para Reynold, donde hizo clic desde el primer día con la cultura, la comida, el humor, la libertad y la seguridad. Desde la Universidad de Chicago sus compañeros lo conectaron con un grupo de teatro mexicano propiedad del León Azcárraga. Con un dominio pobre del idioma español, fue ahí donde conoció al Tigre, quien merodeaba por el grupo teatral en búsqueda de talento para las televisoras de su padre. Anselmo se dedicó durante los primeros meses a aprender a conversar y leer en español, tiempo en que también estrechó su relación con el futuro heredero, con quien podía departir y dialogar en inglés. El Tigre, a su vez, aprovechaba su rol de cazatalentos para conocer de cerca a las noveles actrices, que muchas veces decidían doblegarse ante sus deseos para aumentar así las probabilidades de brillar en las pantallas del cine y la televisión mexicana, propiedad de su padre.

Anselmo probó suerte en el teatro mexicano, pero su marcado acento y el limitado dominio del idioma local se convirtieron en barreras que le impidieron acceder a oportunidades como actor. En varias ocasiones, el León solía pasearse por las instalaciones del grupo teatral, donde se sentaba a conversar en inglés con su hijo y con Reynold. Fue entonces cuando el León reconoció en Anselmo un gran talento para la comunicación, considerándolo el personaje ideal para otro proyecto que ya tenía en marcha: la distribución del contenido de su imperio a otras latitudes, incluyendo Estados Unidos. Por otro lado, al Tigre le incomodaba la cercanía entre Anselmo y su padre, quien lo había acogido con admiración. René aceptó quedarse a vivir en México, trabajar en Telesistema Mexicano y colaborar directamente con el dueño. Así comenzó una compleja relación, marcada por la hermandad y los altibajos, entre el León, el Tigre y Anselmo, que perduró hasta la muerte de los tres.

Infatigable en su ambición por adentrarse en el mercado estadounidense, Azcárraga Vidaurreta solía compartir con sus colaboradores más cercanos una estrategia que consideraba esencial para triunfar en Estados Unidos. Su táctica se basaba en una observación astuta de la mentalidad imperialista y colonialista predominante en dicho país: los estadounidenses, particularmente los anglosajones, nunca aceptarían ser colonizados o dominados por extranjeros. Por lo tanto, para integrarse y tener éxito, era crucial que ellos creyeran que el control seguía firmemente en manos de uno de los suyos: un estadounidense blanco y angloparlante.

El León tenía una manera particular de describir y usar el término «gringo» en sus conversaciones con Anselmo. Le explicaba que, aunque para algunos pudiera sonar despectivo, en el contexto adecuado, «gringo» podía tener una connotación más neutral o incluso afectuosa, similar al uso coloquial de «cabrón» entre los mexicanos. En México, «cabrón» puede ser ofensivo en ciertos contextos, pero entre amigos se usa de manera coloquial y hasta cariñosa, indicando un vínculo de camaradería o incluso de hermandad. El León quería que Anselmo entendiera que, de la misma manera, «gringo» podía emplearse para referirse a los estadounidenses de una forma que, aunque directa, no tenía por qué ser ofensiva si se manejaba con la familiaridad y el respeto adecuados.

Entendía perfectamente las dinámicas culturales y económicas que regían en Estados Unidos, y sospechaba que un mexicano difícilmente podría liderar operaciones en ese país sin enfrentarse a barreras que complicarían el éxito de su proyecto. Su visión era clara: necesitaba a alguien que representara lo mejor de ambos mundos. Un «gringo» que, aunque nacido en Estados Unidos y percibido como uno de ellos, compartiera sus valores, fuera leal a su visión y estuviera profundamente conectado con la esencia de lo mexicano.

Solo alguien con esas características podría llevar a cabo una «autocolonización»: liderar las negociaciones y operaciones en Estados Unidos de manera que parecieran completamente controladas por estadounidenses, pero bajo una dirección estratégica que respondiera exclusivamente a los intereses mexicanos de los Azcárraga. Era una jugada inteligente y calculada. Este «gringo ideal» debía tener la apariencia y el acento que lo hicieran aceptable ante el público angloparlante, pero, al mismo tiempo, ser un fiel aliado que entendiera y compartiera los objetivos del imperio mediático del León.

René era el candidato perfecto para este rol. Había demostrado una admirable capacidad de adaptación en México, donde no solo había aprendido a navegar las complejidades culturales, sino que también se había ganado la confianza del León. Con esta estrategia, Azcárraga se aseguraba de que su imperio cruzara fronteras sin perder el control, y sentaba las bases para un modelo de expansión que, aunque liderado en apariencia por estadounidenses, respondía siempre a los intereses de su visión empresarial. Este planteamiento no solo buscaba adaptarse a las sensibilidades locales, sino que también pretendía asegurar la penetración y el éxito de sus operaciones en un mercado que era reticente a aceptar influencias extranjeras directas.

El *frontman*

Así fue como René Anselmo, a través de los abogados asesores, firmó unos préstamos convertibles en acciones y se hizo con parte de Spanish International Communications Corporation en Los Ángeles. Esa fue la estrategia que comenzó a utilizar el León para demostrar que el dueño mayoritario de sus canales de TV era estadounidense.

En este ingenioso arreglo, los préstamos convertibles que los Azcárraga proporcionaron a René Anselmo desempeñaban un papel crucial. Estos préstamos no eran convencionales, ya que tenían una característica especial: podían convertirse en acciones de la empresa en cualquier momento. Esto significaba que, si Anselmo no podía devolver el préstamo en efectivo, el León y luego el Tigre tenían el derecho de convertir la deuda en una participación accionaria en Spanish International Communications Corporation. De esta forma, aunque Anselmo era el titular nominal de las acciones, en realidad los Azcárraga tenían una palanca significativa sobre ellas. Este mecanismo no solo proporcionaba los fondos necesarios para que Anselmo iniciara la inversión en SIN, sino que también establecía una forma de control indirecto, lo que era esencial dado el contexto regulatorio de la antes citada *20 % Rule* en Estados Unidos, la cual requería que los medios de comunicación estuvieran en manos de ciudadanos estadounidenses. Anselmo era un estudioso de la literatura española, le encantaba la actuación, pero al mismo tiempo entendía de electrónica, era bueno con los números y le apasionaba la innovación. Pero sobre todo le gustaba mucho el dinero, algo que cuando llegó a México no tenía. Otra característica importante de Anselmo, y que jugó un papel crucial en su relación laboral y personal con los Azcárraga, era su profunda lealtad hacia la familia. Así comenzó la carrera de René Anselmo en el mundo de las comunicaciones en Estados Unidos, utilizando de inicio el financiamiento de los Azcárraga. Bajo la tutela del León, Anselmo se formó en el mundo de los negocios de medios en México, desarrollando habilidades que serían fundamentales para su futuro desempeño como CEO de SIN. Anselmo dependía económicamente de los Azcárraga, y este vínculo de lealtad y subordinación lo consolidó como la figura clave para llevar adelante la visión del León en el mercado estadounidense.

Con el objetivo de disminuir costos, Anselmo había instalado un centro de producción audiovisual en San Antonio, Texas, y desde ahí enviaba todos los enlatados que llegaban de México o el noticiero que producía en EE. UU. para que fuese distribuido en las distintas estaciones, al estilo de las otras grandes cadenas: CBS, ABC y NBC. Como su hija mayor, Pier, estaba casada con el joven ingeniero Fred Landman, logró convencer a su yerno para que trabajara para él en un proyecto de transmitir video por una vía distinta que ya estaba siendo probada por los grandes *networks*: espacios de líneas de transmisión de datos administrados por el monopolio de las telecomunicaciones American Telecom and Telegraph (AT&T).

Antes de la llegada de la transmisión vía satélite, AT&T tenía un control casi total sobre la infraestructura de transmisión de datos en Estados Unidos. Esto incluía las líneas telefónicas y las redes de microondas, que eran esenciales para la transmisión de contenido audiovisual. Los grandes canales y las compañías de medios dependían de las líneas de AT&T para distribuir sus programas a nivel nacional. Esto se hacía mediante la transmisión de señales de video y audio utilizando cables de cobre. El uso de estas interconexiones era costosísimo y sujeto a las tarifas y condiciones impuestas por AT&T, lo que limitaba la capacidad de las empresas más pequeñas para competir en el ámbito de la transmisión a larga distancia.

Posteriormente, la FCC autorizó las transmisiones a través de microondas terrestres. Estas redes de microondas utilizaban una serie de torres de retransmisión para enviar señales a largas distancias, permitiendo así la difusión en vivo y en directo de contenido a diferentes regiones del país. El costo del equipo era muy alto y riesgoso también, porque una vez adquiridos los equipos la FCC tenía que aprobar el uso de las microondas. Las compañías que deseaban transmitir su contenido a través de las líneas de AT&T no solo tenían que pagar tarifas elevadas, sino que también debían adherirse a un conjunto de reglas y limitaciones establecidas por la FCC, organismo regulador de las telecomunicaciones. AT&T tenía un control significativo no solo sobre los costos, sino también sobre la calidad y la confiabilidad del servicio de transmisión. La ausencia de competencia en el mercado de las telecomunicaciones dejaba poco espacio para la negociación o la búsqueda de opciones más económicas.

En los meses que dejó de trabajar para el Tigre debido a la mentada compra de la televisora en Miami, Anselmo prefirió no seguir discutiendo con él, sino dedicarse a estudiar, financiar y desarrollar un proyecto que lo tenía obsesionado desde mucho antes: la transmisión de televisión vía satélite, una modalidad que ya estaban probando eficientemente los gobiernos de Canadá, Estados Unidos

—con la estación sin fines de lucro PBS— y Rusia. A este proyecto lo bautizó con el nombre de PanAmSat Corporation.

Anselmo creía fervientemente que el futuro de la transmisión del contenido sería por satélite y que las frecuencias de las bandas VHF y UHF se volverían obsoletas; además estimaba que había que combatir el monopolio de AT&T en la distribución del contenido y no permanecer encadenado a su costoso servicio. René empezó a convertirse en un luchador antimonopolio, primero contra la red de AT&T, y después contra Intelsat, empresa que mantenía el control de los espacios satelitales.

Durante su tiempo en México, René Anselmo quedó profundamente impresionado por el fuerte sentido de nacionalismo y orgullo que impregnaba la cultura mexicana. Observó con fascinación cómo los mexicanos se adherían con pasión a sus tradiciones culinarias, prefiriendo en su mayoría la comida regional sobre cualquier otra opción extranjera. Esta preferencia no era solo una cuestión de gusto, sino un reflejo de su amor y respeto por su herencia. Anselmo se encontraba especialmente cautivado durante las celebraciones del Grito de Independencia, donde la efusividad y el fervor patriótico de la gente se desbordaba en cada plaza y hogar mexicanos.

Además, le llamaba la atención la forma en la cual los mexicanos no dudaban en alzar la voz y hacer ruido para manifestar sus quejas o reivindicaciones, una actitud que reflejaba su espíritu combativo y su rechazo a la complacencia. Estas experiencias en México moldearon su propia forma de ver el mundo y de pronunciarse a favor de sus creencias, infundiéndole una perspectiva más apasionada y comprometida. En una ocasión se unió a un grupo de amigos irlandeses en huelga de hambre por la defensa de los derechos humanos en Irlanda. También era muy vocal y polémico contra la burocracia del gobierno en relación con las leyes domésticas de telecomunicaciones y satelitales.

Mientras Anselmo evaluaba la viabilidad de establecer una empresa para intermediar espacios satelitales destinados a estaciones de televisión en Estados Unidos, la compañía que había provocado su ruptura con el Tigre en Miami se consolidaba con gran éxito. El Canal 23, que aún opera bajo las siglas WLTV, triunfaba al transmitir telenovelas mexicanas (idea de Anselmo), logrando una conexión profunda con la audiencia hispana en Florida y consolidando su popularidad en el mercado.

Anselmo y el Tigre tenían que reconciliarse. Había muchos intereses por conversar. Los socios minoritarios en SIN querían que Anselmo regresara, el proyecto de Miami funcionaba. Al mismo tiempo Anselmo quería vender la idea al Tigre de que Telesistema Mexicano y Spanish International Network transmitieran su contenido por satélite. El Tigre nunca tuvo problemas para pedir perdón y fue lo que hizo para formalizar el regreso de Anselmo a SIN. De ahí en adelante tuvieron una excelente relación de amistad. Anselmo llevaba las riendas del negocio en Estados Unidos, pero siempre con el dinero de los Azcárraga.

Avancemos ahora a 1973, un año después de la muerte del León. El Tigre aceptó que Anselmo regresara a la empresa y asumiera la presidencia no solo de Spanish International Network Corporation sino también de la empresa que le compraba el contenido a Telesistema Mexicano para transmitirlo en SIN. Entre las dos empresas Anselmo recibiría un sueldo anual de 650,000 dólares. En aquellos tiempos el CEO de CBS ostentaba un sueldo de aproximadamente 850,000 dólares al año.

El Tigre tomó la decisión de invertir en la transmisión de video vía satélite. Tanto Telesistema Mexicano como SIN fueron

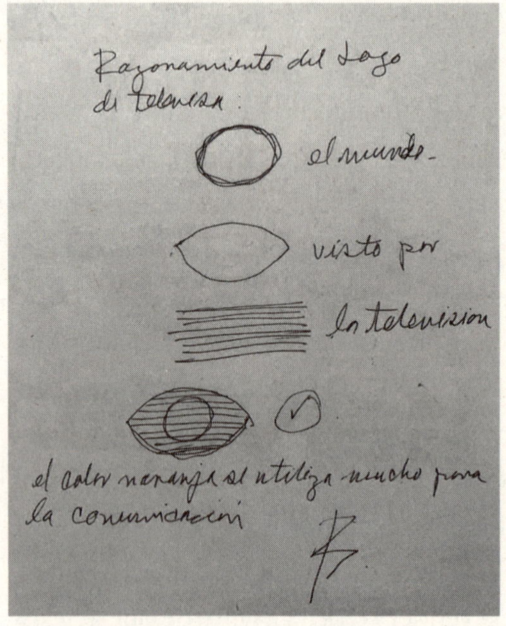

Logotipo de Televisa, diseñado por el arquitecto mexicano Pedro Ramírez Vásquez.

reconocidos como los pioneros en la industria de la televisión privada en Estados Unidos y México en la implementación de transmisión de contenido audiovisual vía satélite. Este salto tecnológico comenzó en México, marcando un antes y un después en la forma en que el contenido televisivo llegaba a los hogares. Consciente de la magnitud de este cambio, el Tigre no solo adoptó la nueva tecnología, sino que también decidió reflejar esta evolución en la identidad misma de la empresa. De este modo, Telesistema Mexicano se transformó en Televisa (por *tele*visión *vía* *sa*télite), un nombre que no solo representaba su nueva capacidad de transmisión satelital para la época, sino que también simbolizaba una era de modernización y expansión sin precedentes en la historia de la televisión mexicana. Esta decisión no solo fue un hito en términos de infraestructura y alcance, sino que también posicionó a Televisa como la marca que es hoy en día.

Televisión vía satélite en español

En 1976, Spanish International Network destacó al ser una de las primeras cadenas de televisión privada en Estados Unidos en adoptar la transmisión de todo su contenido vía satélite.

La adopción de la transmisión vía satélite por parte de SIN permitió a la cadena expandir considerablemente su alcance y audiencia en todo el territorio de Estados Unidos a un costo razonable. Esta tecnología brindó la posibilidad de distribuir su programación de manera más eficiente y a una escala mucho mayor, conectando con hogares a lo largo y ancho del país. La transición a la transmisión satelital significó no solo una mayor flexibilidad en la distribución del contenido, sino también una reducción en los costos de transmisión, beneficiando tanto a la cadena como a sus espectadores, y marcando una evolución importante en la historia de la televisión privada en Estados Unidos.

El Tigre quería que Spanish International Network cambiara su nombre a una marca que representara la unión de palabras que incluyera referencias al país: Estados Unidos, y la idea de la tecnología vía satélite. Univisa fue el nombre que el Tigre y René Anselmo habían sugerido, pero el resto de socios minoritarios, Emilio Nicolás, padre, Thomas Fouce, hijo, Danny Villanueva y Joaquín Blaya, se negaron a despedirse de un nombre y una marca por los que tanto habían trabajado.

René Anselmo negoció espacio en el satélite Westar II, propiedad de la empresa de remesas Western Union, pagando 1.5 millones de dólares en 1976 para transmitir archivos de video desde México hasta Los Ángeles y de la costa oeste a la costa este en Estados Unidos, lo que habría de hacer realidad el proyecto que revolucionó el futuro de la transmisión de la señal de TV. Este cambio impactó tan positivamente el valor intrínseco de SIN que para 1980 las ventas de publicidad prácticamente se habían duplicado.

Ese mismo año, la autoridad portuaria de la ciudad de Nueva York autorizó la mudanza de las antenas y transistores que transmitían las señales de las televisoras que se encontraban instaladas en el techo del Empire State Building a su nuevo hogar en el World Trade Center, un complejo también conocido como las «Torres Gemelas». Para el asombro de Anselmo y el Tigre, la autorización solo incluía a las filiales de la CBS, ABC y NBC, y dejaba fuera a SIN. Por más que Anselmo debatió y discutió la decisión con autoridades locales y congresistas en Washington, la decisión de excluir a la televisión en español se mantenía. El asunto escaló tanto que René Anselmo decidió alquilar un tráiler de esos que utilizan las grandes compañías de construcción, dispuso dentro sus oficinas y se apostó frente a una de las torres del World Trade Center, donde instaló una silla plegable con una pancarta que denunciaba la discriminación por parte del gobierno contra los hispanos. Anunció que comenzaría una huelga de hambre para denunciar la discriminación racial, social y económica contra el canal de habla hispana SIN al no permitírsele la instalación de su antena en el techo del World Trade Center al igual que las otras televisoras.

El abogado de René Anselmo, Norm Leventhal, visitó a René durante la huelga de hambre e intentó convencerlo de que desistiera. Leventhal habría de comentarme sobre aquel suceso: «René no se veía sano y lo único que hacía era fumar cigarrillos Winston y beber jugo de naranja. Me confirmó que no había comido nada. Era muy terco y no quería desistir de su idea de reclamar una gran injusticia».

Esto era algo del carácter de Anselmo que el Tigre admiraba. El magnate mexicano viajó a Nueva York junto a su presentador estrella de Televisa, Raúl Velasco, para visitar a René y documentar su activismo en pro de los hispanos y de su empresa. El Tigre dio instrucciones de hacer ruido en los medios e instruyó a Velasco a grabar un programa especial para el canal 47 de Nueva York en el cual se mostraría el deterioro físico de Anselmo, quien tenía 10 días en huelga de hambre. El periódico latino *El Diario* de Nueva York tituló «Un millonario se pone en huelga de hambre». El apoyo de SIN, Televisa y la cobertura de la prensa hispana ayudaron a que la noticia llegara a los medios principales de radio y televisión en Nueva York.

La odisea de Anselmo no fue en vano. Su lucha solitaria contra las rígidas burocracias captó la atención del público y de los medios, y lo convirtió en un símbolo de perseverancia. Finalmente, su tenaz resistencia dio fruto cuando la autoridad portuaria de la ciudad de Nueva York, en un giro dramático, cedió ante la presión y otorgó el permiso para que WXTV, la filial de SIN, instalara su antena en el techo de una de las Torres Gemelas del World Trade Center.

En 1986 Anselmo se vio obligado, por razones legales, a renunciar y vender sus acciones en SIN; un suceso que tocaremos más a fondo posteriormente. En ese momento él estaba convencido de que ya no quería saber más de producción de contenido, pero sí deseaba ganar un espacio innovando en la distribución de contenido. Y es así como comenzó a luchar contra el monopolio de Intelsat, la única empresa que ofrecía el servicio de satélite para contenido audiovisual y cuyos propietarios eran gobiernos de distintos países, incluyendo Estados Unidos.

Su abogado, Norm Leventhal, lo llamó un día para notificarle que el gobierno de Ronald Reagan había abierto un cupo para que empresas privadas pudieran aplicar para licencias de operación de satélites, rompiendo con el monopolio contra el cual tanto había luchado. Anselmo respondió feliz pero, al mismo tiempo, escéptico al pensar en la posibilidad de ser aprobado por las autoridades para emprender su negocio satelital. Leventhal le insistió que aplicara como el único operador de satélite dedicado a la audiencia hispana de Estados Unidos.

La empresa PanAmSat estaba registrada con un solo accionista: Reynold Vincent Anselmo. Anselmo siguió el consejo de Leventhal y, efectivamente, la FCC autorizó que PanAmSat podría ser propietario y operar satélites. En ese momento Anselmo ofreció a Leventhal el 5 % de PanAmSat pero este no lo aceptó por razones éticas, ya que mantenía con él una relación de abogado a cliente. «Si hubiera aceptado, tendría 100 millones de dólares en mi cuenta bancaria a raíz de esas acciones», me aseguró Leventhal en una reciente conversación previa a la publicación de este libro.

Anselmo creó un ícono en su lucha contra el monopolio de Intelsat. Se trataba de una ilustración de un perro al que llamó Spot y lo dio a conocer en las oficinas del Congreso de Estados Unidos, en la prensa escrita a través de anuncios publicitarios, en afiches impresos en conferencias internacionales, en cartas dirigidas a la FCC y en calles aledañas al Capitolio. Se trataba de un mensaje drástico en el que se veía a Spot con su patica levantada y orinando (suponemos que sobre los monopolios), con un texto que criticaba a la burocracia de los gobiernos y al monopolio de Intelsat en la distribución de contenido vía satélite. Junto a tan elocuente imagen, escribió el mensaje: «La verdad y la tecnología triunfarán sobre la manipulación y la burocracia». Utilizo la palabra «manipulación» para evitar la original *«bullshit»* (mierda).

René Anselmo,
autor de Spot.

En muchos círculos de empresarios y políticos durante las décadas de los años ochenta y noventa, René Anselmo era considerado un héroe popular. Según Mark S. Fowler, expresidente de la FCC, Anselmo era «el Indiana Jones de los negocios de comunicaciones, un verdadero espadachín que tuvo una idea e invirtió una gran parte de su fortuna personal para hacerla realidad. René era un luchador y estaba tan loco como un zorro astuto».

Fowler presidió la decisión de la FCC en 1985 que autorizó los satélites internacionales privados, poniendo fin a un monopolio patrocinado por el gobierno que había durado un cuarto de siglo. Era la lucha de Reynold «René» Anselmo. A medida que un número creciente de países fue pasando a la desregulación de las telecomunicaciones, Anselmo se convirtió en el símbolo del nuevo orden. Hoy en día puede uno imaginarse lo que hubiera sido René Anselmo con una cuenta de Twitter y miles de millones de dólares en su bolsillo para lanzar sus propios cohetes.

El triunfo de René Anselmo en el lanzamiento del cohete que transportaba su propio satélite de comunicaciones fue un evento monumental en su carrera. Decidió nombrar al satélite «Simón Bolívar», en honor al icónico héroe de la independencia latinoamericana. Bolívar hubiera querido que todas las Américas fueran una gran nación, desde Canadá hasta la Patagonia. PanAmSat nació con un sueño muy similar, conectar a todo el continente americano con transmisión de información audiovisual vía satélite.

A pesar de enfrentarse a una adversidad extrema, recuperándose de una cirugía a corazón abierto en su casa de Connecticut, con una apuesta personal de 66 millones de dólares en juego y un lanzamiento que pendía de un hilo, Anselmo desafió todas las probabilidades. Con una audacia que rozaba la temeridad, no solo logró convertirse en la primera persona en la historia en poseer su propio satélite de comunicaciones, sino que también le impuso su sello personal de manera inconfundible. En un acto de picardía y originalidad, Anselmo exigió que en la punta del cohete se colocara la imagen del perrito virtual Spot, un guiño juguetón que reflejaba su espíritu indomable y su determinación de dejar una marca distintiva y memorable en este evento histórico. Su hazaña no solo fue un logro técnico asombroso, sino también una declaración audaz de su personalidad única y su capacidad para superar los desafíos más intimidantes.

El periodista checo Frank Kuznik conoció en 1990 a un multimillonario y sexagenario René Anselmo, y sobre él expreso que «el señor Anselmo, a sus 64 años, parece más reflexivo que aventurero mientras contempla a través de la ventana de su oficina, en medio de una fina lluvia, la vista de su casa estilo Tudor del centro de Greenwich, Connecticut. Con dos suéteres puestos, un cárdigan verde sobre un pulóver azul marino, camina encorvado y con un paso lento».

A continuación reproducimos un episodio de aquella entrevista publicada en *The New York Times* (la traducción es propia):

Kuznik: *¿Le afectó la decepción de no poder presenciar el lanzamiento del satélite que llevaba años planeando?*

Anselmo responde con un gesto de la mano y una mueca antes de encender otro cigarrillo marca Winston: «No tenía interés ni deseo de andar por los trópicos».

Después de un silencio mientras aspiraba el cigarrillo Winston, añade una frase que describe su carácter: «Quizás nací para no estar nunca alegre».

La creación de PanAmSat

El lanzamiento del cohete en la Guayana Francesa constituyó un evento sumamente importante en la historia de la industria espacial. El suceso estaba pautado para el 29 de marzo de 1988, pero el cohete no pudo despegar hasta el 8 de septiembre de ese año. Cabe resaltar que la empresa aeroespacial europea tenía 11 despegues exitosos de un total de 18. Con esa tasa, existía un 38.88 % de probabilidad que el cohete no llegara a su destino final.

El lanzamiento se llevó a cabo desde la base espacial de Kourou, en la Guayana Francesa, utilizando un cohete de la serie Ariane. Este era el Ariane 4.

El satélite Simón Bolívar fue diseñado para proporcionar servicios de telecomunicaciones, incluyendo televisión, radio y enlaces de larga distancia, para toda América. Esto fue un gran paso para empresas y gobiernos, ya que hasta ese momento los servicios de telecomunicaciones vía satélite eran proporcionados únicamente por Intelsat, la cual mantenía monopolio sobre la industria y daba prioridad a intereses corporativos, gubernamentales, financieros, militares y a medios de comunicación de habla inglesa.

Como la mayoría de los satélites de comunicaciones modernos, el Simón Bolívar operaba a 20,000 millas sobre el ecuador. A esa distancia se orbita a la misma velocidad que la Tierra gira sobre su eje, lo que hace que el satélite parezca estacionario. Colocado sobre la punta oriental de Brasil, el Simón Bolívar podía transmitir programas de televisión y otros tipos de señales de video, audio y datos a Estados Unidos, América Latina y Europa. Era capaz de realizar la transmisión simultánea de 36 canales de televisión. Desde 1988 se sabía que para el año 2002 el satélite quedaría sin alcance para los cohetes que periódicamente se disparaban para mantenerlo en su lugar, y el satélite se convertiría, como ya lo es, en chatarra espacial.

Anselmo, ya en 1989, tenía como clientes de la recién creada PanAmSat a empresas como Reuters, ESPN, y a la Cable News Network (CNN) de Ted Turner, así como a varios gobiernos latinoamericanos. De esta forma, PanAmSat reportó ingresos brutos de 17 millones de dólares en su primer año.

Anselmo, en el primer aniversario de PanAmSat, aclaraba que necesitaría de «aproximadamente 160 millones de dólares para recuperar mi inversión en este proyecto durante la vida del satélite. Tengo 12 años para crecer y generarlos».

PanAmSat, con Anselmo como único dueño, se enfrentaría a un gigante competidor en el consorcio global: Intelsat. Dicha compañía tenía su sede en la avenida Connecticut de Washington, habiéndose constituido bajo el amparo de la Ley de Satélites de Comunicaciones de 1962, que el presidente Kennedy promulgó para promover la conectividad internacional. Intelsat contaba con 118 países miembros y operaba una red de satélites que rodeaban el planeta. Más de la mitad de las llamadas telefónicas internacionales y la programación de TV vía satélite del mundo eran llevadas por Intelsat. Peter Marshall, exdirector adjunto de servicios de transmisión de Intelsat, dijo en 1990 a raíz de la aventura de Anselmo y la creación de PanAmSat que «el mundo para el cual Intelsat fue creado ha cambiado».

Seis meses después del lanzamiento del Simón Bolívar, un consorcio comercial en Luxemburgo desplegó un satélite de televisión, y meses después un grupo con sede en Hong Kong había programado para lanzar otro satélite con las mismas intenciones.

Para crecer, René Anselmo necesitaba capital y en 1993 viajó a México para conversar con el Tigre e invitarlo a invertir en PanAmSat. El Tigre no lo pensó mucho y se ofreció a proveer el capital necesario para financiar el lanzamiento de tres satélites más.

La relación entre el Tigre y Anselmo estaba marcada por una mezcla de camaradería y dureza en las negociaciones, reflejo de su profunda amistad. Anselmo supo cómo manejar la hermandad en los negocios al estilo mexicano. No se andaban con rodeos a la hora de discutir términos clave ni tampoco esperaban a consultar con asesores legales. El negocio en cuestión no solo prometía un excelente retorno de inversión, sino que también implicaba tecnología crucial para la operación de los canales de televisión, lo que aumentaba su valor estratégico.

El Tigre estaba interesado en el negocio y dispuesto a proporcionar el capital necesario, pero su condición para involucrarse era la de convertirse en socio accionario mayoritario, una postura que garantizaría su control sobre las decisiones empresariales. Anselmo, por su parte, había aprendido a valorar su independencia para retener el control operativo, y se resistía a cualquier arreglo que pudiera comprometer su liderazgo y visión para la empresa.

El *impasse* entre ambos era claro: Anselmo necesitaba la inversión para expandir el negocio, pero no estaba dispuesto a ceder el control, mientras que el Tigre requería garantías para proteger su inversión y asegurar una posición dominante en la gestión. La negociación estuvo llena de tensiones, dado que cada uno defendía sus intereses con fervor, conscientes de que el éxito del proyecto dependía tanto de la colaboración como del respeto mutuo por sus respectivas visiones y preocupaciones.

Finalmente, llegaron a un acuerdo pragmático e incorporaron una cláusula especial: Anselmo mantendría el control mientras estuviera vivo, pero su voto de control cesaría en caso de fallecimiento. Este arreglo no solo solucionó el dilema inmediato, sino que también mostró una profunda confianza entre los dos amigos, quienes, a pesar de sus diferencias, lograron encontrar un terreno común para asegurar el futuro y el crecimiento de PanAmSat. Este compromiso reflejaba su reconocimiento mutuo de la importancia y el potencial del negocio, asegurando así tecnología necesaria y poderosa para Televisa y SIN.

El Tigre invirtió a cambio del 50 % de PanAmSat, y Anselmo conservó el otro 50 %; sin embargo, este último controlaría el 51 % del voto en las decisiones de la empresa, pero solo a título personal. En caso de la ausencia de Anselmo, la empresa no tendría ningún accionista con voto mayoritario.

Mientras tanto, Spot (¿recuerdan al perrito?) seguía estampado en la punta de los cohetes Ariane que llevaron los siguientes satélites de PanAmSat al espacio.

Reynold «René» Anselmo falleció el 20 de septiembre de 1995 a los 69 años, de un paro cardiaco que lo mató en minutos. Murió dos días antes de ser anunciada una oferta inicial de acciones de PanAmSat en el índice bursátil NASDAQ. Aunque solo se vendió una porción minoritaria, este fue otro triunfo que Anselmo no pudo disfrutar. La noticia de la muerte de René Anselmo devastó al Tigre Azcárraga. Su cáncer estaba avanzando y nunca pensó que su amigo y socio René moriría antes que él.

Al momento de la muerte de Anselmo, PanAmSat tenía cuatro satélites flotando en órbita transmitiendo canales como CNN, HBO y MTV a más de 100 países. PanAmSat era una joya de la corona en el mundo selecto de las redes satelitales globales. La empresa tenía una capitalización de mercado de 2.9 mil millones de dólares, y varios banqueros de inversión estimaban que si las familias Anselmo y Azcárraga decidían vender la empresa podría alcanzar un precio entre los 3,000 y 4,000 millones de dólares.

Mary Anselmo siempre estuvo al lado de su esposo durante los intensos años en SIN y luego construyendo PanAmSat cuando solo era un concepto descabellado hasta que se convirtió en una empresa pública que se cotizó a un múltiplo de más de 25 veces sus ingresos en 1995.

Meses después de la muerte de Anselmo, el Tigre decidió visitar personalmente a Mary Anselmo, viuda de René. El Tigre solía viajar con un séquito adecuado para demostrar ser el magnate de medios más poderoso de México. Pero esta vez viajó solo para reunirse con quien ahora era su socia en PanAmSat. El Tigre estaba ya enfermo y Mary era una de las pocas personas que sabía su situación de salud.

Tiempo después, la señora Anselmo relataría este encuentro a *The New York Times*, el cual resumo a continuación.

En una fría mañana, Emilio Azcárraga Milmo se presentó por su cuenta en la casa de Mary Anselmo en Greenwich. El Tigre había tenido una relación de amistad y de trabajo con la señora Anselmo y su difunto esposo durante más de cuatro décadas turbulentas. A través de su empresa, Grupo Televisa, S. A., había respaldado el valiente esfuerzo de Anselmo. Sin embargo, ahora el Tigre quería que la señora Anselmo vendiera junto a él la creación de su esposo, PanAmSat, que se había convertido en la red satelital privada más grande del mundo, para poder liquidar su inversión.

Después de una breve y apagada conversación frente a una de las tantas chimeneas en la mansión de los Anselmo, la señora Anselmo aceptó. Le confesó que había estado sufriendo mucho desde la muerte de su esposo.

Su yerno, Frederick A. Landman, trabajaba en PanAmSat desde 1973 y fue nombrado CEO de la compañía justo después de la muerte de Anselmo. Entonces, Landman tenía 48 años, y se había divorciado recientemente de Pier, hija de René y Mary, pero aún mantenía buenos lazos afectivos con su suegra. Además, dos nietas estrechaban la relación de afecto entre Landman y la viuda de René.

Al saberse de la muerte de Anselmo, el empresario Rupert Murdoch se acercó a Mary para demostrarle su interés en adquirir PanAmSat, y así como el magnate australiano-americano dueño de News Corp., también lo hicieron grandes empresas como Lockheed Martin, Hughes Electronics, General Electric y la propia Agencia Espacial Europea que le había dado ese gran triunfo al difunto en el primer despegue exitoso en la Guayana Francesa años atrás.

En septiembre de 1996, PanAmSat fue vendida a Hughes Electronics, una división de General Motors, en un acuerdo de efectivo y acciones por 3,000 millones de dólares.

Mary Morton Anselmo, «milmillonaria», falleció el 14 de agosto de 2013 a los 84 años.

Es digno de mención cómo ciertos detalles pueden ser más reveladores de lo que parecen a simple vista. Las acciones de PanAmSat, una empresa que por años marcó su presencia en NASDAQ, llevaba el distintivo *Spot*, evocando la imagen de aquel perrito peleón activista, creado y diseñado por el propio René Anselmo. Curiosamente, hoy en día, este mismo símbolo representa a otra empresa disruptiva en el mundo del entretenimiento, Spotify. Aquellos que desconocían el significado oculto detrás de «Spot» probablemente nunca oyeron hablar de René Anselmo.

René Anselmo, un individuo cuya curiosidad, audacia y convicción no solo dejó una huella trascendental en el ámbito de la tecnología, sino también en la pugna de la empresa privada contra la burocracia. Anselmo, una figura que con su temeridad y visión no solo desafió y cambió el curso de los hechos en el ramo mediático, sino que también se convirtió en un pionero al confiar y apostar por la transmisión de contenido audiovisual vía satélite, revolucionando así la distribución de contenido en la industria de la televisión privada en Estados Unidos.

Es cierto que la estrategia de presentar a René Anselmo como el «gringo necesario» funcionó en SIN para mantener en la sombra a los verdaderos controladores mexicanos de la cadena, permitiendo su expansión y consolidación. Sin embargo, este método opaco de ocultar de quiénes eran realmente las manos que mecían la cuna eventualmente resultó contraproducente. Anselmo será siempre recordado por su colosal logro con PanAmSat y su contribución inicial a la cadena Spanish International Network, destacando su compleja dualidad como figura de éxito y controversia en la historia de la televisión.

Termino este capítulo con un texto aparecido en la revista *Space News* sobre René Anselmo: «… tenía una confianza inquebrantable en sí mismo y la voluntad de arriesgarlo todo en su lucha para cambiar el *statu quo*».

CAPÍTULO 3

El auge de un magnate mediático en México y su expansión a Estados Unidos

Tras la muerte de su padre en 1972, el Tigre Azcárraga se convirtió rápidamente en un magnate que parecía poseer superpoderes. Desarrolló un carácter de patrón autócrata, un defensor de su posición monopólica en México, con una capacidad de distribución masiva de información que ningún otro empresario tenía.

A mediados de la década de los años setenta y principios de la de los ochenta florecían las familias propietarias de medios y aparecieron los primeros magnates latinoamericanos: Roberto Marinho de *O Globo* en Brasil, Agustín Iván Edmundo Edwards Eastman de *El Mercurio* en Chile, Ernestina Herrera de Noble de *Clarín* en Argentina, Gustavo Cisneros de Venevisión en Venezuela, Julio Mario Santodomingo de Caracol en Colombia, y, junto a ellos, primaba en cierta forma el Tigre de Televisa en México.

Esta generación de magnates latinoamericanos quería emular el poder ostentado —en Estados Unidos— por los Graham de *The Washington Post*, los Sulzberger de *The New York Times*, Henry Luce del grupo de publicaciones *Time* y *Life*, el legendario William Randolph Hearst y su megaimperio mediático, y la nueva revelación de 1980 en los medios noticiosos, Ted Turner con su CNN. En esa época el magnate de medios australiano Rupert

Murdoch, ya cerca de sus 50 años de edad, comenzaba a mostrar su interés por entrar en Estados Unidos, aunque tenía un impedimento, no era ciudadano estadounidense.

La protección a los monopolios mediáticos por parte de dictadores y democracias en el continente americano ayudó a que el poder de la información se concentrara en este tipo de élites que parecían, en algunos casos, más poderosos que los presidentes. El Tigre tenía el objetivo de hacerse del monopolio en su tierra y apresuró astutamente su omnipresencia en el mundo del poder político y mediático en México, canalizándola a través de su red de estaciones de televisión.

La Organización de Telecomunicaciones de Iberoamérica, OTI

En 1971, un grupo de propietarios de canales de televisión de Latinoamérica, España y Portugal fundó la Organización de Telecomunicaciones de Iberoamérica (OTI), con el objetivo de unificar esfuerzos y fomentar la colaboración entre las televisoras de contenido en español y portugués. La primera reunión de esta organización se llevó a cabo en 1972, en Madrid. Aunque el León había mostrado gran interés en que su televisora formara parte de la OTI, su enfermedad impidió que México se incorporara de inmediato.

Otra fuente cercana a los acontecimientos de aquel tiempo reveló que la razón por la cual Televisa no se integró como miembro fundador de la OTI en 1972 fue que el presidente mexicano Luis Echeverría Álvarez había roto relaciones diplomáticas con el gobierno del dictador Francisco Franco en España. El León, tomando muy en serio esta situación política, decidió no participar en la reunión inicial de la OTI. Sin embargo, buscando hacer una travesura que irritara a Franco, Azcárraga propuso una táctica audaz. En un acto de desafío, Televisa envió a Alberto Ángel, más conocido como «el Cuervo», para que participara en el festival musical de la OTI que seguía después de la reunión con los miembros de la organización. El Cuervo interpretó la canción «Yo no voy a la guerra», cuya letra era abiertamente pacifista. Esta actuación no fue bien recibida por Televisión Española gerenciada por el gobierno de Franco, la anfitriona del festival, y el Cuervo fue descalificado por violar los principios del reglamento del festival. Este incidente fue especialmente provocativo dado que coincidió con un momento en que el anciano dictador estaba cerca de cumplir 80 años y no estaba dispuesto a tolerar tales desplantes pacifistas. Si tienes curiosidad por ver esta histórica actuación, te invito a buscar en YouTube el video original del Cuervo cantando «Yo no voy a la guerra» en el Festival de la OTI de 1972. Realmente vale la pena verlo, mucho más que simplemente transcribirles aquí la letra.

No fue sino hasta 1973, tras el fallecimiento del León, que el hijo retomó la iniciativa del padre y logró inscribir a Televisa en la OTI. Ese mismo año, el Tigre participó en la reunión del grupo realizada en Belo Horizonte, Brasil, que culminaba tradicionalmente con el reconocido festival musical que llevaba el nombre de la organización, en el que participaban artistas de cada país miembro. Esta decisión del Tigre marcó su primera gran acción política independiente, desafiando así la percepción del presidente mexicano, Echeverría, quien erróneamente consideraba a la OTI como parte de una estrategia franquista para ganar influencia. Televisa, o mejor dicho México, se llevó el triunfo con la interpretación de Imelda Miller de su canción «Qué alegre va

María». Imelda María Mézquita Pérez era el verdadero nombre de la cantante mexicana nacida en Mérida, Yucatán. Este triunfo resonó tanto en México que el propio presidente Echeverría no tuvo más opción que recibir al Tigre y a Miller en Palacio Nacional, donde les ofreció una calurosa bienvenida y felicitaciones por haber representado a México tan dignamente en un escenario internacional.

Para el Tigre, la OTI representaba una valiosa oportunidad para aprender e intercambiar ideas y conocimientos con sus homólogos en la industria televisiva de Latinoamérica. Fue en el seno de esta organización donde conoció de la existencia de Telemundo, un influyente canal de televisión de Puerto Rico, dirigido por una dama de nombre Argentina Ramos, quien residía en Miami y era la viuda de Ángel Ramos, fundador y reconocido empresario de medios en la isla. Aunque para el Tigre Telemundo representaba una potencial amenaza competitiva, le intrigaba el hecho de que se hubiera inscrito en la OTI como el representante oficial de Puerto Rico y no de Estados Unidos. En 1973 convenció, o mejor dicho ordenó a René Anselmo, inscribir a SIN en la OTI como representante de Estados Unidos, añadiendo una nueva dimensión a la dinámica de poder dentro de la organización. Esta astuta maniobra del Tigre tuvo un significado profundo, pues proyectó por primera vez a nivel global la influencia del idioma español en Estados Unidos.

Con mucho entusiasmo, el Tigre propuso Acapulco como la sede para la reunión y el festival de la OTI en 1974 se realizó en ese puerto turístico. Fue durante ese evento que conoció a Gustavo Cisneros, un joven de 29 años enviado por su padre, Diego Cisneros, para representar a Venevisión, la cadena venezolana de la familia. Desde ese año prácticamente adoptó a Gustavo Cisneros como un pupilo, admirando su educación, su juventud, y su fluidez en inglés, habilidades adquiridas durante sus estudios en el Babson College, Massachusetts. La mutua admiración entre ambos cimentó una amistad que perduraría por años, y más adelante se revelará el significativo papel que jugaría Cisneros en el liderazgo de Univision casi dos décadas después.

En el festival musical de la OTI de 1974 realizado en Acapulco, el Tigre quedó particularmente impresionado por el artista que representaba a Venezuela, José Luis Rodríguez. La actuación del cantante venezolano en este evento marcó el inicio de su reconocimiento internacional. Ese mismo año, Rodríguez también protagonizaba una telenovela producida en Venezuela titulada *Una muchacha llamada Milagros*. Esta telenovela fue donde se le atribuyó el apodo del «Puma». El Tigre y el Puma tuvieron una corta pero fructífera relación profesional que comentaremos más adelante.

Durante sus 21 años al frente de Televisa, el Tigre ejerció un control significativo sobre la narrativa informativa en México. Este control no solo influenciaba la opinión pública, sino que también jugaba un papel crucial en mantener al Partido Revolucionario Institucional (PRI) en el poder, durante las presidencias de José López Portillo, Miguel de la Madrid, Carlos Salinas de Gortari y Ernesto Zedillo. Televisa, en este periodo, se convirtió en un pilar para el PRI, no solo por la cobertura favorable que le brindaba, sino también por la omisión sistemática de ciertos temas y eventos críticos que podrían haber perjudicado la imagen del partido.

Ernesto Zedillo marcó el final de más de 70 años de gobierno continuo del PRI. Aunque no fue el último presidente de México del PRI, sí fue el último antes de la histórica alternancia del poder en el año 2000. Esta transición política sucedió poco después de la muerte del Tigre en 1997, quien había liderado Televisa durante un periodo en que el PRI mantenía el control absoluto del Ejecutivo. Con la muerte de Emilio Azcárraga Milmo y la posterior derrota del PRI en las elecciones del 2000, se cerró un capítulo significativo tanto en la historia política como mediática de México. El rumor del momento era que muriendo el Tigre Azcárraga comenzaba la muerte del poder omnipotente de Televisa y, por ende, el del PRI.

En México mandan unos, en EE. UU. mandan otros

En Estados Unidos, la travesía del Tigre se encontró con un escenario diametralmente opuesto al de su tierra natal. Limitado por las leyes estadounidenses, su estilo imponente utilizado en Televisa chocó con barreras inamovibles. La mencionada *20 % Rule* frenaba su anhelo de expansión debido a su ciudadanía mexicana, impidiéndole adquirir una participación mayoritaria en las empresas.

Más aún, su intento de replicar el éxito de Televisa transmitiendo contenido exclusivamente mexicano se topó con la resistencia de los socios, quienes abogaban por una programación que resonara con la diversidad de la comunidad hispana en su totalidad, y no solo con la mexicana. Esto quedó evidenciado en el fracaso de programas como *Siempre en domingo*, la popular revista musical de Raúl Velasco que, aunque era un fenómeno en México, halló poco eco entre la audiencia hispana en Estados Unidos. «Demasiado mexicano», me comentó un televidente de la época, reflejando la desconexión entre las aspiraciones del Tigre y las preferencias del público local. En 1980 era obvio que no solo eran mexicanos quienes hablaban español y poblaban Estados Unidos. La audiencia de SIN crecía e incluía a todos los hispanos. Esta audiencia tenía dos factores en común: el uso del idioma español y que casi todos eran inmigrantes.

Además, el Tigre intentó imponer en SIN una estrategia de manipulación de la información al estilo de Televisa, buscando moldear la opinión pública a través del contenido noticioso. Sin embargo, esta táctica no solo fracasó en ganar la aceptación del público, sino que también provocó un marcado descontento dentro del propio equipo de noticias de SIN, llevando a que casi todo el *staff* del noticiero se posicionara en contra de esta práctica. Un ejemplo de esto ocurrió durante el terremoto de Ciudad de México en 1985, cuando SIN publicó las cifras oficiales del gobierno, las cuales indicaban que durante el sismo fallecieron 5,000 personas. Sin embargo, los medios anglosajones reportaban más de 10,000 decesos, cerca de 50,000 heridos, y al menos unas 250,000 personas sin hogar, con más de 770 edificios colapsados o fuertemente afectados en su estructura. La audiencia en Estados Unidos notó y reclamó la discrepancia en las cifras reportadas por SIN, exacerbando el descontento hacia la redacción del canal.

Al expandir sus operaciones a Estados Unidos, el Tigre se enfrentó a desafíos que iban más allá de las meras diferencias entre hacer negocios en México y en su vecino del norte. Uno de los obstáculos más significativos fue la discriminación palpable hacia su negocio por parte del gobierno federal, los gobiernos regionales y las corporaciones que ignoraban colocar sus anuncios publicitarios en SIN. Este prejuicio se manifestaba no solo en el trato directo, sino también en la reticencia de grandes corporaciones estadounidenses a asociarse con Spanish International Network, a pesar de tener relaciones comerciales establecidas con Televisa en México.

Un ejemplo particularmente ilustrativo de esta situación era el caso de Procter & Gamble, uno de los principales anunciantes en Televisa. Mientras que en México la empresa no dudaba en invertir considerablemente en publicidad en Televisa, en Estados Unidos adoptaba una postura completamente diferente. Procter & Gamble y otras corporaciones similares asignaban mínimas cantidades de sus presupuestos publicitarios a la audiencia hispana, argumentando que el uso del idioma español limitaba la efectividad de sus campañas. Las propuestas del Tigre y Anselmo para que simplemente adaptaran sus anuncios mexicanos al mercado estadounidense se encontraban con sonrisas condescendientes, pero ningún compromiso real de inversión.

Esta discrepancia en la disposición a invertir en publicidad en los dos países no solo era frustrante para el Tigre y Anselmo, sino que también subrayaba una desconexión más profunda en la valoración y comprensión del mercado hispano en Estados Unidos. A pesar de demostrar que la audiencia hispana era creciente tanto en población como en su capacidad económica, enfrentaban constantemente la reticencia de las empresas y el gobierno estadounidense a reconocer este potencial. Este principio, lleno de frustraciones y obstáculos, marcó los primeros años de SIN, poniendo a prueba la resiliencia y estrategia de sus fundadores en un mercado que se mostraba hostil y desconfiado hacia los medios en español.

Entre 1976 y 1977 el Tigre y Anselmo querían cambiar el nombre de SIN a Univisa, pero esta propuesta fue rechazada por los socios minoritarios, quienes preferían mantener la identidad ya establecida de la marca.

La hacienda

En 1977, para llamar la atención en Estados Unidos, el Tigre Azcárraga compró una mansión en el área de Hollywood Hills en las afueras de Los Ángeles sobre una colina con vista al Sunset Boulevard y buena parte de la ciudad. Se encargó de remodelarla al estilo de una hacienda mexicana. Además, siempre se hacía sentir cuando llegaba a los aeropuertos privados en Los Ángeles, San Antonio o Nueva York a bordo de uno de sus tres jets G-IV.

Aunque no era buen tenista, invitaba a jugar a su hacienda, entre muchos otros, a estrellas del cine como Anthony Quinn, o deportistas de élite como el tenista mexicano Raúl Ramírez, mundialmente conocido en la década de 1980. El Tigre era famoso por los dos vehículos que tenía en Los Ángeles, un elegante Rolls-Royce y un SEAT 850 Coupé de 1967, importado desde España; así como por sus tardes de almuerzos largos al estilo mexicano acompañado por actores, actrices, estrellas del deporte y otros empresarios magnates del ambiente californiano.

Su tormento era que lo compararan con su padre el León. Su padre siempre lo criticaba por sus compras vanidosas y su vida de *playboy*. Dicen que el León decía a sus amigos que su hijo era inteligente, pero quería vivir la vida del príncipe idiota, refiriéndose a la obra literaria de Fiódor Dostoievski. El Tigre nunca leyó ese libro, porque no le gustaba leer, pero le atormentada cuando lo describían como príncipe bobo e idiota. La mejor manera de acabar con el aura del príncipe idiota era generando un aura de poder y riqueza que sobrepasara a su padre y a cualquier otro personaje de su círculo.

Triunfar en Estados Unidos desarrollando el legado que había dejado su padre era una manera de demostrar su superioridad sobre su progenitor. A pesar de todo el esfuerzo que el León había puesto en desarrollar la primera cadena de televisión hispana en Estados Unidos, la empresa presentaba pérdidas financieras y apenas atrajo ventas de dos millones de dólares en 1972, el año en que falleció. Al momento de su muerte, SIN era en realidad un reflejo del estado en que se encontraba la comunidad hispana en Estados Unidos: pobre, discriminada y desprotegida.

Programar para una audiencia distinta

Había otra empresa constituida en 1962 en Delaware que se llamaba Spanish International Network Sales (SINS), 100 % propiedad del León, luego heredada por el Tigre, quien se encargaba de venderle el contenido desde México a SIN.

El 80 % del contenido que transmitían los canales del grupo era vendido por SINS a precios acordados con los socios. Durante los años setenta, ya había terminado la Época de Oro del cine mexicano y muchas de las películas más vistas en los teatros eran retransmitidas en SIN. Muchos de sus actores y actrices célebres visitaban los estudios de SIN en San Antonio, Miami y Los Ángeles para promoverse ellos mismos, obtener ingresos extras y mantenerse activos en las pantallas.

Televisa también producía y emitía una gran cantidad de telenovelas, programas de variedades, de noticias y otros tipos de contenido. No toda la programación mexicana fue bien recibida por la audiencia hispana en Estados Unidos.

Este contraste evidenciaba las diferencias culturales y de preferencias mediáticas entre los hispanos en Estados Unidos y el público en México. Mientras que en México programas como *Siempre en domingo* y el noticiero de Televisa eran éxitos consolidados, en Estados Unidos la diversidad de la audiencia hispana requería un enfoque más localizado y representativo de sus variadas experiencias y orígenes. La situación destacaba la necesidad de adaptar el contenido mediático para satisfacer las preferencias específicas de diferentes audiencias, un reto que el Tigre enfrentó en su expansión hacia el mercado estadounidense.

La programación de SIN

Había telenovelas y otros programas producidos por Televisa en México que sí tenían éxito en SIN, por ejemplo Chespirito: Un *show* de comedia que presentaba una variedad de *sketches* y personajes, incluyendo el Chavo del Ocho y el Chapulín Colorado, interpretados por Roberto Gómez Bolaños. Chespirito era un juego de nombres que enunciaba en castellano a un pequeño Shakespeare, o Shakespeare-ito.

Para sorpresa de la gerencia de SIN se pudo identificar otra diferencia cultural y de mercado entre Estados Unidos y Latinoamérica, particularmente en la transmisión de programas como *El Chavo del Ocho* y *El Chapulín Colorado*. Mientras *El Chavo del Ocho* resonaba intensamente con las audiencias latinoamericanas por su representación de la vida cotidiana en las vecindades y las diferencias de las clases sociales en los países latinoamericanos, en Estados Unidos *El Chapulín Colorado* encontró más adeptos por su humor único y su parodia a los superhéroes tradicionales como Batman y Superman. *El Chapulín Colorado*, al ofrecer una versión cómica y torpe del héroe convencional, capturó la atención del público estadounidense, aficionado a las reinterpretaciones y parodias de sus propios íconos culturales.

En consecuencia, *El Chapulín Colorado*, con su innovación en efectos visuales y una temática que desafiaba los clichés heroicos, presentó a los hispanos inmigrantes en Estados Unidos una forma novedosa de comedia que contrastaba con la simplicidad y el encanto cercano de *El Chavo del Ocho*. Este fue otro descubrimiento entre la comunidad de habla hispana en Estados Unidos *vs*. Latinoamérica. Aunque se compartía un idioma, divergían en gustos y perspectivas.

Otro contenido muy bien recibido por la audiencia hispana en Estados Unidos a nivel nacional en la década de los setenta fue la telenovela producida por Televisa *Los ricos también lloran* (1979). Protagonizada por Verónica Castro, esta telenovela tuvo un gran éxito y ayudó a consolidar la popularidad de las telenovelas a nivel mundial.

En los años posteriores a la era del León, el Tigre asumió su papel de nuevo dueño y tomó decisiones que generaron tensiones con los socios de sus empresas. Uno de los cambios más significativos fue el traspaso de sus acciones en SINS, la compañía encargada de proveer contenido a SIN, a nombre de Televisa.

Con el control de SINS en manos de Televisa, el Tigre comenzó a implementar ajustes que ya no necesitaba consultar previamente con los demás socios en SIN en Estados Unidos. Uno de los cambios más polémicos fue el aumento de los precios del contenido de Televisa que SINS vendía a SIN. Aunque la estrategia buscaba maximizar los ingresos para su compañía, los socios no fueron incluidos en estas decisiones, lo que generó malestar y desconfianza.

Esta situación se agravó debido a que el mismo Anselmo, en su doble rol como CEO de SINS (la empresa proveedora de contenido) y CEO de SICC (la compañía que gestionaba las estaciones de televisión), actuaba como intermediario clave en las operaciones. En teoría, todo estaba acordado entre el Tigre y Anselmo, pero en la práctica los ajustes impuestos por el empresario mexicano fueron percibidos como un abuso de poder en la mente de los otros accionistas. Las decisiones unilaterales del Tigre no solo alteraron la dinámica interna, sino que también sembraron las semillas de conflictos futuros.

Toma hostil

En 1976 la situación de SIN era crítica: no subían las ventas, los costos aumentaban y la deuda con Televisa crecía. Fouce Amusement Enterprises, fundada por el difunto Frank Fouce, padre, quien fue un buen amigo y primer socio del León en la aventura de la inversión en Estados Unidos en los años sesenta, era la principal accionista de SICC con 25.5 %, y pocas veces discutía las decisiones corporativas de Anselmo y Azcárraga. Tanto el difunto Frank Fouce, padre, como su viuda nunca discutieron las decisiones impuestas por la gerencia, liderada por Anselmo. La relación entre los socios se caracterizó por un gran respeto y cordialidad, manteniendo un ambiente colaborativo y de apoyo mutuo dentro de la empresa. Frank Fouce Jr., quien sucedió a su padre y en representación de su madre, tomó el cargo de *chairman* de la Junta de Accionistas de SICC.

El 1.º de enero de 1976 René Anselmo convocó a una junta de accionistas de SICC para el miércoles 14 de enero en el reconocido Hotel Crockett en San Antonio, Texas. Esta convocatoria, que no era usual, tomó por sorpresa tanto a los Fouce como a los demás accionistas minoritarios de la empresa, quienes no esperaban una reunión a principios de año y con tan poco tiempo entre la convocatoria y la fecha de la reunión.

El día de la reunión, René Anselmo llegó junto a su abogado Norm Leventhal. Mientras esperaban la hora acordada, Anselmo permaneció en el auto fumando cigarrillos marca Winston. Vio llegar a Frank Fouce Jr. mientras los demás accionistas, Daniel Villanueva y Emilio Nicolás, padre, esperaban en la sala de conferencias del hotel reservada para la importante reunión.

Una vez reunidos, Fouce Jr., como presidente de la junta, instruyó al abogado Norm Leventhal que se diera comienzo formal a la reunión convocada por el CEO René Anselmo, quien no paraba de fumar un cigarrillo tras otro. El Tigre no asistió a la reunión. René Anselmo representaba el voto de la familia Azcárraga, y fue al grano anunciando que el objetivo de la reunión era solicitar mayor inversión y una restructuración de la empresa. Explicó a los presentes que la situación financiera era insostenible y que había que pagar una deuda en mora de dos millones de dólares a Televisa por la compra de contenido. Propuso entonces emitir acciones adicionales para aumentar el capital de la empresa por valor de tres millones de dólares y pagar la totalidad de la deuda que SIN tenía con Televisa. En caso de no existir capacidad de capitalización, Anselmo explicó que se buscarían alternativas para reemplazar el capital requerido y los que no participaran serían diluidos.

Frank Fouce Jr., quien representaba a su madre, era el pilar principal de la sucesión de su padre y participaba como presidente de la Junta de Accionistas de SIN. Siempre aprovechaba la relación con los Azcárraga para contratar artistas mexicanos y traerlos a sus teatros. Los Fouce eran propietarios de varios teatros en California a través de la empresa Fouce Amusement Enterprises. Fouce Jr., impactado por el planteamiento de Anselmo, se opuso al esquema porque ellos no tenían el dinero, y eso generaría una dilución de su posición en la empresa.

Al caer la noche, tras largas negociaciones, Anselmo salió del hotel para comprar una cajetilla de cigarrillos y volvió con una propuesta que cambiaría el curso de la historia. Con la osadía de los grandes jugadores voraces del mercado de capitales al estilo Wall Street, presentó una oferta de un millón de dólares por la compra de las acciones de Fouce Amusement Enterprises en SIN, una cifra deslumbrante en aquellos tiempos turbulentos para SIN, la televisora en español de Estados Unidos, un proyecto hambriento de capital y paciencia.

En la penumbra de la sala de reuniones, Frank Fouce Jr., hombre que cargaba con el peso de un legado familiar sobre sus hombros, pidió un receso. Decidió discutirlo con su madre, no sin antes solicitar un espacio privado para realizar la llamada. Al regresar, con la determinación de quien sabe que está a punto de cambiar su destino, aceptó la venta por un millón de dólares, exigiendo una firma y el pago inmediato en efectivo dentro de las próximas 24 horas. Un apretón de manos selló el acuerdo, marcando el comienzo de lo que sería una nueva y amarga era.

Al mediodía del 15 de enero de 1976, con accionistas y Leventhal reunidos, todos aguardaban la llegada de Fouce Jr. El aire estaba cargado de expectativa. Cuando apareció, su solicitud de una reunión privada con Anselmo hizo que un silencio permeara sobre la habitación. En un giro inesperado, Fouce Jr. exigió a Anselmo un pago adicional de 250,000 dólares como honorarios por haber orquestado la transacción y convencer a su familia de aceptar la venta. Este movimiento audaz añadió una capa de intriga y tensión a una negociación ya de por sí cargada de dramatismo.

El siguiente intercambio fue reconstruido con base en el relato narrado por Norm Leventhal, abogado de Anselmo y Azcárraga Milmo, quien estuvo presente en la histórica reunión:

Fouce Jr.: Puedes pagarme este *fee* [honorario] en partes.

Anselmo, a gritos: Esto es inaceptable. Nosotros nos dimos la mano en señal de aceptación formal. Ya tenemos el documento listo, el dinero listo.

Fouce Jr.: En honor a mi padre, quien fue fundador de esta empresa junto a Emilio Azcárraga Vidaurreta, le pido entienda nuestra decisión de hacer esta transacción de manera justa para las dos partes. Mi madre recibirá el millón de dólares y ella también exige que yo sea pagado un *fee* por concretar la transacción.

Anselmo siguió con gritos tan fuertes que los otros accionistas entraron a la discusión e intentaron convencer a Anselmo de que negociara el *fee* por menos de 250,000 dólares.

Villanueva coincidía en que la demanda de Frank por un pago adicional al acordado era injusta, pero también comprendía la necesidad de avanzar. Villanueva creía que Frank Fouce Jr. estaba dispuesto a negociar y que la cifra inicial de 250,000 dólares era solo un punto de partida. Sugirió ofrecer 100,000 e iniciar las negociaciones para llegar a un acuerdo mutuamente aceptable.

Sin embargo, Anselmo se mantuvo firme en su postura. Creía que un trato debía respetarse tal como se había acordado originalmente y no veía razón para aceptar las nuevas demandas de Frank. Convencido de que la negociación había llegado a su fin, Anselmo decidió que no habría acuerdo. En su lugar, resolvió proceder con un aumento de capital mediante la emisión de nuevas acciones, una medida que consideraba la única forma de avanzar.

Fouce Jr., alarmado por la posible dilución de la participación de su familia en la empresa, reaccionó rápidamente. Estaba decidido a proteger los intereses de su familia y comenzó a explorar vías legales para garantizar que su posición no se viera debilitada. Como presidente de la Junta de Accionistas, insistió en que no se tomara ninguna decisión ese día, creyendo que se necesitaba más tiempo para evaluar completamente la situación y considerar todas las opciones.

Anselmo, enfurecido, solicitó un receso y pidió a Fouce Jr. que esperara. Salió a hacer una llamada, se supone que al Tigre, y regresó al cuarto del hotel con dos propuestas de votación a la Junta de Accionistas:

1. Retirar del puesto de presidente de la Junta de Accionistas a Frank Fouce Jr.
2. Designarse él mismo, Reynold «René» Anselmo, como nuevo presidente de la Junta de Accionistas y continuar simultáneamente como CEO.

En un clima de tensión palpable, Frank Fouce Jr., con una calma que contrastaba con la ofuscación de Anselmo, se despidió, anunciando su retiro formal de la junta sin emitir voto alguno. Los demás accionistas, aunque perturbados, no confrontaron a Anselmo y abandonaron silenciosamente la escena. En un documento que parecía sellar el destino de la empresa, Anselmo fue nombrado nuevo presidente de la junta.

Diez meses después, Fouce Jr. desató una tormenta legal, acusando a Anselmo y a Laura Investments de desviar oportunidades de negocio y de ejercer un control injusto sobre la empresa, violando sus deberes fiduciarios. Además, Fouce Jr. criticó la gestión de Anselmo y el Tigre en SIN, alegando que ponían en peligro la renovación de la licencia otorgada por la FCC al ceder el control operativo a Televisa, un grupo extranjero.

Adicionalmente, en un movimiento estratégico, meses después Fouce Jr. reactivó a la organización The Spanish Radio Broadcaster Association que, aunque fundada en 1970 por dueños de estaciones de radio en Estados Unidos, estaba adormecida y sin actividad por varios años. La idea de Fouce Jr. fue reactivarla para utilizarla como vehículo legal para bloquear cualquier intento de intrusión de los Azcárraga y Anselmo en la radio estadounidense y encendiendo un tema muy sensible en el país. Esta asociación denunció al Tigre y sus hermanas como inversionistas extranjeros intentando violar la *20 % Rule* a través de un testaferro: Anselmo. Este acto atrajo la atención de la FCC, desencadenando una investigación que sumergió a todos en una batalla legal que duró una década, consumiendo millones de dólares y culminando en un desenlace que nadie hubiera esperado en esa mañana del 14 de enero de 1976, cuando Anselmo y Fouce Jr. arribaron a la reunión en San Antonio.

En el juego de poder y ambición, Anselmo y el Tigre aprendieron una lección crucial: en Estados Unidos, a diferencia de México, donde el Tigre parecía mover los hilos a su antojo, el tablero era diferente. Allí, las reglas del juego legal y corporativo se imponían con una fuerza a favor del accionista minoritario, no por ser minoritario sino por ser un activo estadounidense exigiendo justicia contra un grupo extranjero. El poder de los Azcárraga en Estados Unidos no era el mismo que en México.

El desenlace de esta guerra sería sorprendente, y más adelante explicaremos cómo esta situación desencadenó el cambio de nombre de SIN a Univision.

SIN y Reagan

En 1983 ya habían transcurrido siete años desde la crucial reunión de accionistas de SIN que desató el conflicto, y tanto la Comisión Federal de Comunicaciones (FCC) como el Departamento de Justicia de EE. UU. vigilaban de cerca a SIN. En un audaz despliegue de influencia, el Tigre y Anselmo optaron por organizar la reunión anual de la Organización de la Televisión Iberoamericana (OTI) y su correspondiente festival musical en el DAR Constitution Hall de Washington, D. C., ubicado cerca de la Casa Blanca y el Capitolio, y a pocas calles de las sedes de la FCC y el Departamento de Justicia. Representando a Estados Unidos, el país anfitrión, SIN se posicionó en el centro del escenario internacional durante este festival, que dejó una huella indeleble en el reconocimiento de la comunidad hispana en Estados Unidos. El evento contó con la presentación especial del reconocido cantante de ópera español Plácido Domingo y antes de comenzar el festival el presidente de Estados Unidos, Ronald Reagan, se dirigió a los asistentes y a la audiencia televisiva mediante un video de tres minutos, en el cual improvisó unas palabras en español. En un momento histórico, ese mismo día, Reagan proclamó la «Semana Nacional de la Herencia Hispana» en Estados Unidos, un evento que eventualmente evolucionaría hasta convertirse en el ahora conocido como Mes de la Herencia Hispana que se celebra anualmente entre el 15 de septiembre y 15 de octubre.

Esto fue lo que dijo Reagan:

> Bienvenidos en nombre del Gobierno y del pueblo de Estados Unidos. Estoy muy contento de dar la bienvenida a todos al XII Festival Internacional OTI de la Canción. Me complace

saludar también a los millones de personas en América Latina y Europa que están viendo este importante acontecimiento vía satélite. Este festival demuestra de manera dinámica el poder que tiene la música de cruzar fronteras y estrechar lazos entre pueblos de diversos orígenes y tradiciones, logrando una armonía total entre ellos.

Henry Wadsworth Longfellow, el poeta norteamericano del siglo XIX, dijo en una ocasión «la música es el lenguaje universal de la humanidad». Lo que vamos a presenciar esta noche constituye el vivo testimonio de estas palabras. No obstante, en su época, Longfellow no hubiera podido imaginar cómo la tecnología del satélite es capaz de poner en comunicación casi instantánea a los pueblos a través de la radio y la televisión así como el lenguaje común de la música.

Agradezco a la OTI el haber designado a nuestra capital, Washington, como la sede del festival este año. Esta es la primera ocasión en que Estados Unidos es la sede de este magnífico evento; además, me parece apropiado el que Estados Unidos sea el país anfitrión, ya que estamos muy orgullosos de nuestra herencia cultural hispana. Herencia que ha tenido gran valor para nuestro país desde sus días coloniales hasta el presente. Los hispanos-americanos han trabajado arduamente junto con sus compatriotas de diversos orígenes étnicos para hacer de nuestra nación lo que es hoy en día. En reconocimiento a esta contribución tan significativa tuve el honor de proclamar la semana del 11 de septiembre de 1983 como la Semana Nacional de la Herencia Hispana.

También quisiera felicitar a SIN, la cadena hispana de televisión, por el papel tan importante que viene desarrollando en materia de asuntos comunitarios en esta nación y por

> transmitir este programa a millones de televidentes en este país y otros lugares del mundo. Durante los últimos 20 años, SIN ha contribuido a que se dé a los hispanoamericanos el reconocimiento que con tanta justicia se merecen. Ha sido, por lo tanto, el auténtico catalizador de los grandes progresos logrados por los hispanoamericanos durante ese periodo. Para mí, constituye un hecho muy alentador el que, pese a los graves problemas económicos y políticos que afrontan los países de América, se encuentren reunidos 21 países esta noche por espacio de tres horas para la transmisión de este programa vía satélite. Esta es una demostración evidente de los vínculos culturales que unen a nuestros pueblos. Este festival es una prueba más de que existen más elementos que nos unen en este hemisferio que los que nos pudiesen llegar a dividir. Sé que todo nuestro hemisferio unido, con la ayuda de nuestros grandes amigos de España, Portugal y otros países, podremos superar los grandes desafíos de nuestra época. Les deseo a todos los concursantes mucha suerte esta noche. En realidad, ustedes ya son ganadores de un concurso que es aún más importante. Son los verdaderos embajadores de sus respectivos países, ya que han conquistado nuestros corazones con sus mensajes de amistad. Buena suerte, y que Dios los bendiga a todos.

En 1983, la señora Argentina Ramos, propietaria del canal puertorriqueño Telemundo, optó por venderlo a un grupo de inversores estadounidenses. Esta venta no solo marcó el comienzo de una agresiva expansión de Telemundo en el mercado estadounidense, sino que también estableció la presencia de la marca Telemundo en Estados Unidos antes de que SIN adoptara la marca Univision.

Esta fase de crecimiento de Telemundo se convirtió en el preludio de una competencia cada vez más intensa.

Mientras Telemundo iniciaba su incursión en el mercado estadounidense, SIN se esforzaba por fortalecer su posición en la televisión hispana, organizando el festival de la OTI en Washington, D. C., y contando con el respaldo de la administración Reagan. Aunque parecía una estrategia sólida para consolidar su influencia, estos esfuerzos no lograron neutralizar el persistente litigio impulsado incansablemente por los Fouce. Además, SIN no solo estaba bajo la lupa del Departamento de Justicia y la FCC, sino que también atrajo la atención de poderosos intereses económicos y políticos. Figuras como Rupert Murdoch, Ted Turner, un ascendente Jerry Perenchio, entre otros, emergieron en el horizonte, marcando el inicio de una era de transformaciones y desafíos para René Anselmo y para el Tigre Azcárraga.

CAPÍTULO 4

La pugna por el control de SIN y el auge de la audiencia hispana

La Junta de Accionistas que arrancó el 14 y finalizó el 15 de enero de 1976, donde entran en conflicto René Anselmo y Frank Fouce Jr. en el Hotel Crockett de San Antonio, cobra un significado histórico aún más profundo al contemplar el contexto del lugar. Construido sobre un terreno que fue escenario de la Batalla del Álamo en 1836, el Hotel Crockett evoca recuerdos de un enfrentamiento clave durante la Revolución de Texas. Desde la perspectiva mexicana, esta batalla simboliza la resistencia férrea de las tropas bajo el mando de Antonio López de Santa Anna contra los voluntarios soldados texanos. Para los estadounidenses, sin embargo, el Álamo representa un momento decisivo de heroicidad y sacrificio que fue necesario para lograr la victoria final en la guerra. Este lugar se ha inmortalizado como un grito de guerra tanto en la lucha por la independencia de Texas como en la subsiguiente guerra entre México y Estados Unidos. Irónicamente, el hotel lleva el nombre de Davy Crockett, uno de los defensores texanos caídos en esa misma batalla, lo cual habría de establecerse como un recordatorio perpetuo de la convergencia de historias. Anselmo representaba los intereses de los Azcárraga (México) *vs.* Fouce Jr. (Texas). Fue Anselmo quien eligió el lugar de encuentro, quizás con alguna intención simbólica en mente. La reunión en el Hotel Crockett, más que un simple encuentro de negocios, reflejó un intento ambicioso del representante de los intereses mexicanos de SIN para imponer control en territorio estadounidense.

René Anselmo, siempre con una visión que trascendía el presente, estaba convencido del brillante futuro que aguardaba a SIN. Su comportamiento en las reuniones del 14 y 15 de enero de 1976 en el histórico hotel irradiaba una confianza intuitiva, una sensación de dominio absoluto sobre los acontecimientos. Su visión resultaría acertada, ya que el futuro de la televisora efectivamente sería brillante, pero lo que no pudo prever es que ese brillo, eventualmente, se manifestaría sin él como protagonista. Su intransigencia al no dar su brazo a torcer y no negociar con Fouce Jr. se tradujo en un alto costo tanto económico como emocional. Este episodio no solo drenó recursos y aumentó la ansiedad y el estrés, sino que también puso a prueba la relación de negocios y de amistad entre Anselmo y el Tigre.

El silencio reinó al final de las reuniones en el Crockett. Cuando Fouce Jr. se despidió, Anselmo estaba sometido a un sentimiento de temor, de rabia, de inválido poder, de convicción a ejecutar con sentimiento de culpa. La angustia también abrumaba a Frank Fouce Jr., quien fue a notificarle a su madre, representante legal de la sucesión de Frank Fouce, padre, lo que había sucedido.

Anselmo sabía que había tomado una decisión unilateral, sin acordar con el Tigre, y mucho menos con sus socios minoritarios. Este acto no solo puso en peligro la armonía dentro de los propietarios de SIN sino que también desató la ira de Villanueva, quien nunca perdonaría la actitud agresiva y tempestuosa de Anselmo por no negociar el inesperado pedido de un *fee* adicional por parte de Fouce Jr. En este clima de tensión, Anselmo tenía que enfrentar las consecuencias de sus actos y comunicar al Tigre lo ocurrido. No tenía temor de este paso, su confianza en sí mismo lo hacía dueño de su verdad. Una llamada telefónica no era suficiente para discutir un asunto de tal magnitud. El Tigre, comprendiendo la gravedad del momento, le pidió a Anselmo que volara a Los Ángeles para encontrarse con él en La Hacienda.

Durante el encuentro, el Tigre optó por no torturar más a Anselmo con recriminaciones; en cambio, exigió lealtad y un esfuerzo redoblado para transformar a SIN en el proyecto por el cual tanto habían luchado, había que transformar a SIN en Univisa, un nombre que había deseado desde hacía tiempo para la cadena, pero que siempre había sido rechazado por los otros socios. A pesar de la adversidad, el Tigre se mostraba resuelto a defender la situación legal hasta las últimas consecuencias. Estaba convencido de que el atacante, en este caso, Fouce Jr. y su madre, eventualmente se agotarían y se verían obligados a negociar. Este enfoque reflejaba su carácter decidido a mantener el rumbo del crecimiento empresarial sin dejar que la ansiedad por las acciones de los Fouce detuviera sus planes. En el fondo, sabía que esta sería una prueba de fuego en Estados Unidos, un país donde, a diferencia de México, aún debía aprender a navegar las turbulentas aguas de la política y el poder.

Para el Tigre, la lucha no solo se libraría en la corte, con buenos abogados, dinero y poder político, sino también en el ámbito de la lealtad y la confianza interna. Esta crisis era un momento crucial que definiría el futuro de SIN. Los años de Jimmy Carter como presidente de Estados Unidos estaban contados, se sabía que no iba a ser reelecto y el gobernador de California, Ronald Reagan, tenía altas probabilidades de convertirse en el próximo presidente de Estados Unidos.

La deuda de Reagan con SIN

El 29 de agosto de 1970 se realizó una marcha en contra de la guerra de Vietnam que atrajo a más de 30,000 activistas hispanos y afroamericanos a las calles de Los Ángeles. Una movilización sin precedente para las autoridades de la ciudad angelina. Ronald Reagan era el gobernador de California y los reportes de inteligencia que le llegaban concluían que la manifestación había sido convocada principalmente por un canal de TV de siglas KMEX (una estación de SIN) que transmitía un noticiero en español que había promovido la marcha durante bastante tiempo, en un activismo conjunto con la radio hispana de Los Ángeles y el diario *La Opinión* que informaba al detalle la logística de la marcha anunciada por SIN y exponía en el periódico invitaciones a participar en la misma. La marcha se realizó y la brutal represión de la policía de Los Ángeles no se hizo esperar. Supuestamente, por mala suerte uno de los contenedores de gas lacrimógeno disparados por un oficial de la policía impactó la cabeza del periodista hispano Rubén Salazar, quien falleció en el momento. Salazar era periodista de *LA Times* y también coordinaba el noticiero local de SIN en la capital californiana. Tomando en cuenta que el efecto de esta trágica noticia pudiera repercutir en más disturbios sociales por parte de la comunidad hispana en Los Ángeles, el gobernador Reagan quiso entrevistarse con los propietarios de SIN.

El director general de SIN en Los Ángeles, y accionista minoritario de la compañía, era Danny Villanueva, mientras que el *chairman* era Frank Fouce Jr. Villanueva y Fouce atendieron al llamado del gobernador. Reagan solicitó prudencia en el seguimiento a la noticia relacionada con el fallecimiento de Salazar, y solicitó que solo se hiciera eco de las declaraciones oficiales del suceso.

Al mismo tiempo, el movimiento chicano clamaba por hacer justicia al asesinato del periodista. En respuesta a este llamado, la dirección de SIN, bajo el liderazgo de Villanueva, Fouce Jr. y con la influencia de René Anselmo y el León, decidieron tomar una postura de obedecer el pedido del gobernador. Optaron por no participar abiertamente en el reclamo a las autoridades, reduciendo la cobertura judicial del asesinato y enfocando el tema en el luto interno de la empresa por la trágica muerte de Salazar. A pesar de que activistas hispanos intentaban usar la plataforma de SIN en Los Ángeles para denunciar el asesinato de Salazar, la estación redirigió su atención hacia noticias internacionales. Esta decisión de silenciar el discurso activista desencantó profundamente a la comunidad y a los activistas del movimiento chicano, quienes vieron en SIN una traición a la lucha por la justicia y el reconocimiento del asesinato de Salazar, quien, con el tiempo, habría de consolidarse como un mártir periodístico entre la comunidad hispana.

Antes de su muerte, Rubén Salazar se había destacado por su incisiva cobertura de las tensiones y desafíos enfrentados por la comunidad chicana en Los Ángeles. A lo largo de su carrera en el *LA Times* y en la televisora de SIN, Salazar documentó los dinamismos sociales y políticos emergentes, convirtiéndose en una voz crítica dentro del movimiento de derechos civiles. Su enfoque siempre era en temas de injusticia y la lucha por el reconocimiento de los derechos de los mexicoamericanos. Su asesinato el 29 de agosto de 1970, por un proyectil de gas lacrimógeno lanzado por un oficial del *sheriff*, simbolizó la represión violenta enfrentada por los activistas chicanos de la época.

Aunque en la comunidad hispana el asesinato de Salazar era comparado con la muerte de Martin Luther King Jr., la prensa estadounidense, a excepción de *LA Times*, no reportó el incidente.

Vale la pena destacar que *LA Times* colocó la noticia en la portada al día siguiente, el 30 de agosto de 1970, y a diferencia del reporte oficial que habla de un contenedor de gas lacrimógeno, el periódico tituló su primera edición así: «Un muerto y 40 heridos en disturbio en East LA: Rubén Salazar, columnista del *Times*, asesinado por una bala».

El texto se ilustra con una fotografía de Salazar, aún con vida, y otra fotografía de los disturbios. Las columnas en portada fueron escritas por los veteranos periodistas Charles T. Powers y Jeff Perlman:

> La marcha y manifestación en East LA se volvió violenta, un hombre fue asesinado, 40 personas resultaron heridas y otras 150 fueron arrestadas durante la marcha de la Moratoria Chicana contra la Guerra de Vietnam.
>
> La fatalidad fue Rubén Salazar, quien fue asesinado cuando un proyectil de gas lacrimógeno disparado por un oficial de la oficina del *sheriff* atravesó la puerta del Silver Dollar Cafe y lo golpeó en la cabeza. Más información de testigos, detalles de los disturbios y fotos en páginas…

La Moratoria Chicana (formalmente conocida como el Comité Nacional de Moratoria Chicana contra la Guerra de Vietnam) fue un movimiento de activistas chicanos antiguerra que construyó una coalición amplia de grupos mexicoamericanos para organizar la oposición a la guerra de Vietnam. El movimiento fue liderado por activistas de universidades locales y miembros de los Boinas Cafés (Brown Berets), un grupo que tiene sus raíces en el movimiento estudiantil de preparatoria que organizó huelgas en 1968. Llamaban a su lucha «La Causa».

Escudo de los Boinas Cafés, «La Causa».

La efectiva movilización de calle, visible a través de esta manifestación, hizo que Reagan quisiera entender mejor el alcance de SIN entre la comunidad hispana en California, y más allá. Agradecido por la moderación de SIN tras el trágico asesinato de Rubén Salazar, el gobernador empezó a reconocer públicamente la influencia y la importancia de la cadena. Este suceso demostró la relevancia del noticiero local en español, capaz de cubrir eventos cruciales para la comunidad hispana que no eran necesariamente de interés para los medios anglosajones o internacionales. Mientras que, por un lado, este vínculo entre SIN y Reagan es visto como un avance para una mayor comprensión y reconocimiento político de la comunidad hispana, por otro lado algunos críticos lo interpretan como el momento en que el poder establecido anglosajón reconoció la necesidad de monitorear y gestionar más de cerca las comunicaciones en español. Para estos críticos, este reconocimiento no fue un gesto de inclusión, sino una estrategia para ejercer un control social más efectivo sobre la creciente población hispana.

En 1976, seis años después del asesinato de Salazar, y tras el *impasse* entre Anselmo y Fouce Jr. en San Antonio, el Tigre reconoció la necesidad de consolidar estratégicamente sus alianzas políticas para fortalecer su posición en el mercado estadounidense. Ronald Reagan había sido gobernador de California entre 1967 y 1975, y ya comenzaba su campaña hacia la presidencia de Estados Unidos.

Consciente del poder que podría derivarse de una relación estrecha con una potencial administración de Ronald Reagan, el Tigre y Anselmo se dedicaron a cultivar y profundizar esos lazos. Esta táctica no solo era una extensión de su enfoque en México, donde la cercanía con el poder político le había asegurado una base sólida y respeto entre competidores y enemigos; también era una estrategia preventiva en un ambiente donde los intereses opuestos buscaban cualquier oportunidad para desafiar su liderazgo.

En Estados Unidos, mantener una relación privilegiada con la Casa Blanca no solo podría comprarles tiempo frente a las presiones del litigio contra Fouce, sino que también podría disuadir a aquellos que deseaban erradicar el poder de la televisión hispana en el país o a otros magnates de los medios que codiciaban una posible adquisición de SIN, ya fuera por vías hostiles o amistosas. El Tigre y Anselmo eran plenamente conscientes de que todos los actores clave en el mundo de las televisoras estaban al tanto del litigio y percibían cada vez más la vulnerabilidad de los accionistas de SIN ante la situación legal. Esta alianza política con Reagan, por lo tanto, no solo era un escudo contra sus adversarios directos, sino también una demostración de poder y estabilidad en un escenario empresarial que podría tornarse aún más turbulento en cualquier momento.

Mientras los accionistas de SIN buscaban apalancarse en su relación con Ronald Reagan para mitigar las presiones del litigio en curso y mantener a raya a posibles adversarios, el propio Reagan también tenía razones pragmáticas para fortalecer lazos con SIN. En el panorama electoral, el voto latino se había convertido en un factor decisivo. Esta necesidad mutua entre Reagan y SIN simbolizaba una simbiosis política y mediática; SIN ofrecía un foro abierto para comunicarse directamente y captar la atención del electorado hispano, a cambio de que Reagan proporcionara a los accionistas de SIN el apoyo político crucial en tiempos de turbulencia legal y empresarial.

Tras perder la nominación republicana en 1976, Ronald Reagan perseveró y finalmente se aseguró la candidatura en 1979. En las elecciones de 1980 logró una victoria contundente contra Jimmy Carter y se convirtió en presidente de Estados Unidos. Su toma de posesión, el 20 de enero de 1981, marcó un hito en la historia de las transmisiones presidenciales, pues fue el primer acto de esa índole transmitido en vivo vía satélite con traducción simultánea al español, trabajo producido por SIN con el apoyo técnico de Televisa, lo que habría de destacar la creciente influencia de SIN.

Según un artículo de *The New York Times* titulado «Cortejar a los votantes hispanos, ahora una prioridad para Reagan», la estrategia republicana reconocía a la comunidad hispana como un «gigante que despertaba» en la política estadounidense. Reagan capturó más del 30 % del voto latino, una cifra sin precedentes para un candidato presidencial republicano.

El 30 de marzo de 1981 Reagan se reunió en la Casa Blanca con líderes hispanos para agradecerles el apoyo durante su campaña presidencial, un evento que contó con la presencia de René Anselmo. Sin embargo, el enfoque de los medios cambió drásticamente ese mismo día, ya que, horas después, Reagan sufrió un intento de asesinato por un disparo mientras salía del Washington Hotel, situado a pocas cuadras de la Casa Blanca. Este incidente eclipsó la cobertura del encuentro presidencial, dominando los titulares y alterando la agenda mediática del día.

Se cumplía el sexto mes desde que asumió la presidencia, tres meses después de haberse salvado milagrosamente de un atentado contra su vida, y durante el mes de junio, Ronald Reagan recibió oficialmente al presidente de México, José López Portillo, en Camp David. La cumbre fue, en términos prácticos, organizada por el Tigre. Por primera vez en la historia, un encuentro entre los presidentes de México y EE. UU. era transmitido en vivo, vía satélite, y de manera simultánea por SIN en Estados Unidos y Televisa en México.

El juicio interminable (1976-1986)

En el enfrentamiento legal entre los Fouce y los principales accionistas de SIN, el Tigre y Anselmo, el abogado Norm Leventhal hizo numerosos intentos por alcanzar un acuerdo con la contraparte al tiempo que insistía a sus clientes en luchar para modificar la *20 % Rule*, que como ya hemos dicho era la ley que imponía la FCC para limitar la propiedad extranjera en estaciones de televisión en EE. UU. A pesar de estos esfuerzos, la FCC continuaba su investigación con una creciente determinación de actuar contra los principales accionistas de SIN, Anselmo y Laura Investments, la empresa de la familia Azcárraga controlada por el Tigre.

Leventhal, apostando al poder de su red de contactos dentro de la FCC y los vínculos de SIN con la Casa Blanca, instó a René Anselmo a invertir en cabildeo para derogar la *20 % Rule* y permitir la adquisición de estaciones de televisión por parte de grupos extranjeros. Sin embargo, el Tigre y Anselmo decidieron no seguir su consejo, eligiendo defender su posición frente a los demandantes hasta las últimas consecuencias. Leventhal estaba convencido de que podía ejercer presión a través de varios senadores y representantes simpatizantes con la causa hispana para abolir la Sección 310(b)(3) de la Ley de Comunicaciones de 1934 (conocida como la *20 % Rule*). Si Anselmo y el Tigre hubieran aceptado su estrategia, el destino del control de SIN y por ende Univision pudo haber sido distinto.

Para 1983, el litigio intensificaba la presión sobre los implicados, hasta el punto de que Carmela y Laura, hermanas del Tigre, exigían a su hermano ser excluidas del conflicto en Estados Unidos. Anselmo, por su parte, mantenía su determinación de continuar con las operaciones del negocio, tanto en el ámbito de las televisoras como en su proyecto satelital, dejando el litigio en manos de los abogados y confiando en que eventualmente se resolvería. Nadie anticipó lo que la tenacidad de los Fouce, la creciente importancia que la FCC y el contexto político otorgarían a la confrontación, ni el conflicto que surgía internamente en la familia Azcárraga. La tensión crecía aún más porque en 1987 la licencia de SIN otorgada por la FCC debía ser renovada.

Figuras empresariales como Jerry Perenchio, Rupert Murdoch y Ted Turner mostraron interés en los desarrollos del litigio en la Corte Federal de California, donde se decidía el futuro de SIN. Ante la creciente presión, el Tigre propuso cambiar el nombre de SIN a Univisa, intentando proyectar una imagen distinta que podría haber distraído a los litigantes. Sin embargo, esta propuesta no fue tomada en serio y fue rechazada por los accionistas minoritarios. A pesar de todo, la perseverancia y tenacidad de Anselmo y el Tigre fue fundamental, pues, sin su esfuerzo por la supervivencia de SIN, Univision no habría existido.

Los hispanos llegan en masa a Estados Unidos

La ola de inmigrantes hispanos a Estados Unidos crecía rápidamente. De 3.5 millones que residían en Estados Unidos en 1960, ya en 1970 esa cifra superaba los 9 millones; en 1980, según cifras oficiales del Censo, en Estados Unidos residían 14.6 millones de hispanos, y en 1990 la comunidad de habla hispana registrada legalmente en el país superaba los 21 millones de residentes. El perfil de los inmigrantes ya no era el de los tradicionales jornaleros con poca educación en busca de ingresos para luego regresar con sus ahorros a México, donde dejaban a sus familiares.

Durante la década de 1970 y principios de la de 1980, los países latinoamericanos enfrentaron una crisis económica profunda que, en parte, fue exacerbada por la inestabilidad económica en los países desarrollados, especialmente Estados Unidos. La recesión económica en EE. UU., que se intensificó durante la presidencia de Jimmy Carter en los años finales de los setenta, marcó un periodo caracterizado por inflación alta y crecimiento económico lento. Esta situación no solo desestabilizó la economía estadounidense, sino que también tuvo repercusiones globales, afectando la capacidad de los países latinoamericanos para financiarse en los mercados internacionales. Las elevadas tasas de interés en Estados Unidos limitaron el acceso al crédito externo y aumentaron el costo del servicio de la deuda externa para estas naciones.

Al mismo tiempo, la crisis del petróleo de 1979 jugó un papel crucial, ya que disparó la inflación global y redujo la demanda de exportaciones de países en desarrollo, muchos de los cuales dependían de la venta de materias primas. Esta combinación de altos costos de financiamiento y bajos ingresos por exportaciones llevó a muchos países latinoamericanos a una situación financiera insostenible, precipitando una crisis de deuda exorbitante en la región. A medida que Estados Unidos luchaba con su propia economía, su capacidad para ser un motor de crecimiento para el resto del mundo disminuyó significativamente.

Hacia finales de la década de 1970 y principios de los años ochenta, mientras Estados Unidos intentaba recuperarse de la recesión más severa que había sufrido desde la Gran Depresión, América Latina enfrentaba un panorama de declive económico, exacerbado por políticas internas inadecuadas y una corrupción rampante. Estos problemas internos, combinados con un entorno económico global adverso, hicieron que las promesas de un futuro mejor en Estados Unidos parecieran aún más atractivas para los desesperados inmigrantes latinoamericanos. Aquello cambió la naturaleza de la migración, de ser predominantemente laboral a incluir cada vez más a jóvenes estudiantes, profesionales y familias enteras en busca de oportunidades y estabilidad.

SIN era el principal medio de comunicación en español con alcance nacional en Estados Unidos. El noticiero de SIN tenía anclas en Los Ángeles, San Antonio, Washington, D. C., y Miami, además de reporteros instalados en otras ciudades donde SIN contaba con cobertura. Ya a principios de la década de 1980 SIN podía comprobar que llegaba al 80 % de la decena de millones de hispanos que vivían en Estados Unidos. La comunicación con esta audiencia era directa, en español. Las autoridades lo sabían y SIN comenzaba a saborear su creciente influencia ante los políticos.

«No contaban con la astucia» del Chapulín y la telenovela *Los ricos también lloran*

A principios de la década de 1980 la telenovela *Los ricos también lloran* logra conectar con los televidentes de SIN, un año después del exitoso lanzamiento en México, y en Estados Unidos no solo fue con los mexicanos, sino que existió una conexión con todos los hispanos, sin importar las nacionalidades. La trama sigue la vida de una joven huérfana que vive en el campo y que, tras la muerte de su abuelo, emigra a la capital. Allí es adoptada por un hombre rico y poderoso. A lo largo de la serie, Mariana enfrenta diversas adversidades y desafíos, incluyendo intrigas familiares, conflictos de clase, amores complicados y la búsqueda de su propia identidad.

Durante esos mismos años el Chapulín Colorado, un héroe que reflejaba sus propias luchas como un arriesgado ser humano lleno de temores, conectaba con los inmigrantes que deben enfrentar los miedos de la vida en un nuevo país con desafíos formidables.

La conexión del hispano con el Chapulín se aclara en una entrevista realizada a su creador, Roberto Gómez Bolaños, conocido cariñosamente como «Chespirito». Durante la entrevista, Chespirito explicó la esencia de su creación contrastándola con héroes como Batman y Superman: «Ellos no son héroes. Héroe es el Chapulín Colorado», afirmaba durante una entrevista con el periodista y humorista argentino Carlos Abrevaya. Con seriedad, y levantando su dedo índice, añadía: «Esto es serio. El heroísmo no consiste en la ausencia del miedo, sino en la capacidad de superarlo. Batman, Superman son todopoderosos, están más allá del miedo. Pero el Chapulín sí tiene miedo, y lejos de ser su debilidad, eso es precisamente lo que lo define como héroe. El Chapulín Colorado se muere de miedo; es torpe, débil, tonto», y, aun así, consciente de sus limitaciones, se enfrenta a los problemas con valentía. Esto lo convierte en un verdadero héroe, y su lema, «¡Que no panda el cúnico!», resuena como un mensaje de tranquilidad y coraje en medio del caos. Un televidente en sus 90 años que emigró a través de la frontera en Texas me dijo que todos «al llegar y establecernos éramos como unos Chapulines Colorados».

El nivel de audiencia de estos programas superaba los millones de televidentes. Aun así, los anunciantes no llegaban a SIN en masa, debido que la empresa Nielsen, la corporación que se encargaba casi monopolísticamente de reportar los famosos *ratings* —mediante su Nielsen Television Audience Measurement—, en aquel entonces no medía la audiencia de contenido en español. La venta de publicidad que subía lentamente en SIN dependía del contacto directo entre los ejecutivos y los dueños de SIN y los anunciantes. El Tigre y Anselmo lograron convencer a ejecutivos de Procter & Gamble, que ya eran clientes importantes de Televisa, a que prestaran atención a la audiencia de habla hispana en Estados Unidos. Así, las ventas publicitarias en SIN comenzaron a subir lentamente hasta llegar a ser de casi 15 millones de dólares a principios de la década de 1980.

Anselmo, que era un activista antimonopolio por naturaleza, se negaba a intentar negociar con Nielsen para que comenzara a medir la audiencia hispana en Estados Unidos. Y el Tigre le restaba importancia, o más bien ignoraba, el tema de los *ratings*. En México no le hacía falta medir la audiencia, ya que era dueño y señor del único gran canal de entretenimiento e información en su país. En Estados Unidos era el líder en contenido en español pero esta audiencia, en aquel momento, era ignorada por los compradores de publicidad.

En 1980 el cubano Roberto Goizueta es nombrado CEO de The Coca-Cola Company y uno de los primeros cambios que realizó en la gigante de gaseosas fue abrir el primer departamento de mercadeo hispano de una corporación en Estados Unidos, exigiendo a las grandes agencias de publicidad que tomaran en cuenta la publicidad en español. Comenzaron los experimentos; y ya para 1985 la tabacalera Philip Morris se destacaba entre los principales anunciantes, ya que invertía siete millones de dólares en publicidad en español. No muy lejos estaban Procter & Gamble y Anheuser-Busch, con inversiones de 6.5 millones cada una, y la Corporación McDonald's, que invirtió 6.3 millones ese año.

La gran Fiesta Hispana

En 1981 el Tigre organiza un gran concierto que bautizó como «Fiesta Hispana», en el Madison Square Garden. Al mismo invitó a ejecutivos de Coca-Cola, Procter & Gamble y varias agencias de publicidad. Las entradas del concierto, celebrado entre el sábado y el domingo 10 y 11 de octubre de 1981, se vendieron en su totalidad, generando un evento impresionante en el que resaltaron las presentaciones de José Luis Rodríguez (el Puma), Rocío Durcal, Juan Gabriel, Lupita D'Alessio, Camilo Sesto, José José, Armando Manzanero, Roberto Carlos, Miguel Bosé y Lola Beltrán.

El presentador fue Raúl Velasco, conductor del programa de entretenimiento mexicano del momento: *Siempre en domingo.*

Parte del concierto fue transmitida en vivo, vía satélite, por Televisa en México y SIN en Estados Unidos. Fue difícil confirmar la realización de este concierto, el cual debió haber sido una noticia importante, pero que parece haber pasado desapercibido en los medios de comunicación del momento, hasta el punto de que es muy poco lo que existe, incluso en los archivos de Televisa, aparte de la breve nota publicada en *The New York Times*, que decía así:

> **GRAN FIESTA EN EL MADISON**, un espectáculo de variedades latinoamericanas de tres horas el sábado y otras tres el domingo en el Madison Square Garden, reunió a un elenco multinacional de estrellas pop hispanohablantes en una muestra sin precedentes de talento. El concierto del domingo también se transmitió en vivo por satélite junto con el desfile del Día de la Hispanidad de Nueva York.
>
> El programa elegantemente producido demostró cuán poco el rock & roll, una de las grandes exportaciones culturales de Estados Unidos de las últimas tres décadas, ha penetrado en la cultura latinoamericana. Solo uno de los 10 actos que aparecieron —Miguel Bosé, un cantante pop español— ofreció una verdadera actuación de rock, y fue una extraña mezcla de canto agresivo y manierismo coqueto de ídolo adolescente realizado con un espectáculo de luces láser.
>
> Sin embargo, fueron los intérpretes masculinos más convencionales quienes provocaron la mayor histeria. La sensación del día, José Luis Rodríguez, el *Puma*, es una estrella de la telenovela venezolana, quien con el menor giro de cadera

hizo que el público enloqueciera. Los equivalentes angloamericanos de Rodríguez son cantantes de baladas como Tom Jones y Engelbert Humperdinck, excepto que Rodríguez es más joven, más guapo y puede superarlos con su tenor pop dramáticamente intenso.

Camilo Sesto, una estrella del pop español, fue recibido con casi la misma emoción por un contingente más joven de fans femeninas. Sesto, quien anteriormente protagonizó una exitosa producción europea de *Jesucristo superestrella*, es más extravagante que Rodríguez, pero posee un poderoso tenor, como el de Barry Manilow, que coincide con su teatralidad.

Esta Fiesta Hispana de 1981 en el Madison Square Garden, organizada por el Tigre, fue un evento emblemático en la historia de la comunidad hispana en Estados Unidos. El concierto representó mucho más que una simple noche de música y celebración. Fue una oportunidad de identidad cultural que, desafortunadamente, no recibió el reconocimiento merecido por parte de los medios de comunicación angloparlantes.

A pesar del éxito rotundo del concierto, con un Madison Square Garden repleto, los medios generales en inglés (a excepción de la referida nota en *The New York Times*) no lo cubrieron, evidenciando un desinterés o una falta de comprensión hacia la cultura hispana.

La reacción tibia de los ejecutivos corporativos que asistieron al evento, a pesar de ser testigos del poder de convocatoria y la pasión de la comunidad hispana, también señala una brecha en la comprensión y el valor que se le daba a este importante segmento del mercado. Este episodio, aunque ignorado en su momento, fue crucial para sentar las bases de lo que eventualmente se convertiría en un reconocimiento más amplio de la importancia y la influencia de la comunidad hispana en la cultura y la economía de Estados Unidos.

José Luis Rodríguez, el *Puma*, me confesó que durante la Fiesta Hispana el Tigre, además de ser el promotor del espectáculo, también tomaba decisiones logísticas sobre el orden de las actuaciones. En un momento determinado, el Tigre se acercó al Puma con una solicitud especial, buscando su apoyo para mantener la calma detrás del escenario. Con voz serena, el empresario le expresó su preocupación: «Puma, necesito que me ayudes a mantener la calma aquí detrás. ¿Podrías ceder el tiempo de tu presentación y no ser el que cierra el concierto?».

Respondiendo con generosidad, el venezolano asintió y ofreció una alternativa: «Claro, hermano, no te preocupes. Si quieres, puedo abrir el concierto».

Esta disposición del Puma estrechó su vínculo con el Tigre, quien desde entonces lo trató con gran consideración. Esta buena relación llevó a que el Puma recibiera una oferta en 1985 para protagonizar la telenovela de Televisa *Tú o nadie* junto a Lucía Méndez. Rodríguez aceptó la oferta y viajó a Acapulco para iniciar grabaciones. Sin embargo, durante las primeras sesiones, surgió un *impasse* que involucró a la actriz, el mánager del Puma, los productores de Televisa y al Puma mismo, supuestamente relacionado con un enredo amoroso. Este incidente provocó que el Puma decidiera retirarse de la telenovela, que luego fue protagonizada con éxito por el actor Andrés García.

De regreso a Venezuela, y en una parada de algunos días en Miami, el Puma sintió la necesidad de explicar personalmente la situación al Tigre, así que lo llamó. Apenas inició la conversación, le dijo: «Emilio, déjame contarte lo que sucedió», pero el Tigre cortó la llamada abruptamente tras unas breves palabras: «No me cuentes nada. ¡Te metiste conmigo y ahora te vas a la chingada!».

A partir de entonces, el Puma encontró cerradas las puertas para actuar o cantar en México, situación que persistió hasta después de la muerte del Tigre.

La historia del Tigre y su interacción con José Luis Rodríguez es un claro ejemplo del poder y la influencia que ciertos magnates de los medios pueden ejercer sobre las carreras de los artistas. Azcárraga, acostumbrado a tener control total en el ámbito de los medios y el entretenimiento, no solo decidía quién aparecía y cuándo en sus pantallas, sino que también tuvo la capacidad de influir, y determinar, el destino de la carrera de un artista famoso latinoamericano en México. A raíz de este *impasse*, el Puma decidió desarrollar su carrera internacional en el sur del continente.

Crecimiento de SIN

Mientras tanto, las ventas de SIN subían y subían. En 1981 ya la empresa superaba los 25 millones de dólares en ventas. Sin embargo, el juicio de Fouce contra los accionistas de SIN se intensificaba.

En 1982 SIN obtuvo los derechos de transmisión en televisión de los partidos de futbol de la Copa Mundial de la FIFA, que se disputaría en España. La transmisión se hizo vía satélite a todo color desde el estudio de Televisa México. Ese año las ventas en SIN alcanzaron los 40 millones de dólares. Nuevamente las agencias de publicidad percibieron el éxito de la transmisión. Vale la pena resaltar que, aunque las cadenas ABC y ESPN tenían también los derechos, estas solo transmitieron resúmenes de los partidos, y aunque ABC sí transmitió la final en directo, lo hizo con interrupciones comerciales que no respetaban las pausas propias del juego. Esto fue considerado un abuso por parte de los fanáticos, que prefirieron cambiar a SIN, donde podrían ver la final sin interrupciones, aunque, al hacerlo, siendo ellos angloparlantes, no entendieran a los comentaristas, o para seguir las acciones tuvieran que bajar el volumen del televisor y escuchar simultáneamente en su idioma la transmisión por radio. Fue en el partido de la final entre Italia y Alemania que se escuchó la primera vez en Estados Unidos el famoso grito alargado de «gooooooool» del narrador deportivo Andrés Cantor, nacido en Argentina pero que ya a sus veinte años tenía la nacionalidad estadounidense y residía en California.

En 1986, SIN se convirtió en el epicentro del mundo futbolístico al transmitir numerosos partidos de la Copa Mundial disputada en México, alcanzando un éxito sin precedentes tanto en audiencia como en ingresos comerciales, con una facturación cercana a los 91 millones de dólares en publicidad hispana, algo sin parangón en Estados Unidos. Desafortunadamente, en paralelo a este gran triunfo, surgía una realidad ineludible y sombría para SIN y su líder, el Tigre. Mientras Maradona llevaba a Argentina a la gloria en la cancha del gigantesco estadio Azteca, propiedad de Televisa, el Tigre se enfrentaba al comienzo de su propio final de juego como propietario de SIN, una encrucijada que comenzaba a consumirlo por dentro.

Durante la emocionante final en la capital mexicana, en el palco presidencial del monumental estadio Azteca, rodeado de líderes mundiales, el Tigre ostentaba una fachada triunfante. Allí, en su territorio, su semblante reflejaba una victoria que sabía efímera. Mientras tanto, a cientos de kilómetros de distancia, en su mansión en Connecticut, René Anselmo estaba sumido en la rabia y la frustración. Aislado, consumido por el remordimiento y la ansiedad, era plenamente consciente del inminente veredicto de la Corte Federal en California que inclinaría la balanza a favor de Frank Fouce Jr., poniendo fin a una batalla legal que se había extendido por una agotadora década.

Esta escena, cargada de tensión y contraste, marcaba el fin de una era para SIN. El Tigre, a pesar de su aparente victoria en el mundial, estaba a punto de ceder sus acciones en SIN, un golpe devastador a su imperio mediático. La final del mundial no solo era la cumbre de un evento deportivo de talla internacional, sino también el telón de fondo de una derrota personal y profesional para uno de los magnates más poderosos de la industria de la televisión. Irónicamente, el triunfo de Televisa y SIN —unido al de Maradona y la FIFA— presagiaba el fin de un reinado felino.

CAPÍTULO 5

La demanda de Fouce: El conflicto que transformó SIN en Univision

La jueza

En 1979, tres años después de que Fouce Jr. interpusiera la demanda contra SIN y sus accionistas, se asigna el juicio a la Corte Federal en el estado de California. La jueza Mariana R. Pfaelzer, que presidiría el caso, fue nominada por el presidente Jimmy Carter el 8 de agosto de 1978. La histórica nominación, por ser la primera mujer jueza federal en California, fue confirmada por el Senado de Estados Unidos el 22 de septiembre de 1978.

Nacida el 4 de febrero de 1926 en Los Ángeles, California, recibió su licenciatura en Artes Liberales por la Universidad de California, Santa Bárbara, en 1949 y su doctorado en Leyes de la Facultad de Derecho de la UCLA en 1957. Trabajó en la práctica privada en Los Ángeles desde entonces y hasta 1978, cuando fue nombrada juez federal en Los Ángeles.

En su estrategia legal, Fouce Jr. no solo impuso un litigio representando a la sucesión de su familia, sino que con la reactivación de Spanish Radio Broadcaster Association logró ir contra el Tigre y Anselmo para bloquearlos en sus intenciones de nuevas adquisiciones y crecimiento de SIN en cualquier formato audiovisual en Estados Unidos. Anselmo comienza entonces a justificar altas sumas de dinero en gastos legales de defensa y contrademandas. Durante 10 años los Fouce insistieron en la demanda. La madre de Fouce se presentó varias veces ante la jueza del distrito, quien comenzó a simpatizar con ella.

El tiempo pasaba y la demanda de Fouce contra SIN se estancaba, envuelta en una tensa calma que presagiaba una tormenta. La FCC sostenía una espada de Damocles sobre las cabezas de todos los involucrados, una amenaza latente que podía inclinar la balanza hacia un peligroso desenlace. Si la FCC decidía no renovar la licencia de transmisión de SIN en 1986, aceptando la reclamación de Fouce y de la Spanish Radio Broadcaster Association de que SIN estaba siendo controlada por capital extranjero, las consecuencias serían devastadoras. La pérdida de la licencia no solo desplomaría el valor de SIN, afectando fuertemente las finanzas de todos sus dueños (incluyendo Fouce), sino que también pondría en peligro el futuro de la televisión hispana en Estados Unidos, arriesgando la desaparición del principal *network* de TV con contenido en español y dejando tras de sí nada más que activos para ser vendidos y liquidados.

Esta potencial catástrofe atraía el interés voraz de otros magnates del sector, previamente mencionados, que veían en el colapso de SIN una oportunidad dorada para solicitar una nueva licencia, adquirir los equipos de SIN y tomar control de un nuevo *network* de TV ya establecido, todo a un precio de liquidación.

Además, la lucha política y social se intensificaba, con grupos que se oponían tanto política como socialmente al uso del español en Estados Unidos. Para estos sectores, la no renovación de la licencia de SIN sería un resultado favorable, uno que seguramente estaban impulsando tras bambalinas. Esta confluencia de intereses económicos y tensiones culturales alimentaba un clima de incertidumbre y ansiedad, haciendo que cada movimiento en este juego de poderes fuese observado con lupa, dadas sus posibles consecuencias imprevisibles.

El 13 de agosto de 1986, en un escenario de formalidad y diplomacia, el entonces presidente de México, Miguel de la Madrid, visitó la Casa Blanca para encontrarse con su par de Estados Unidos, Ronald Reagan. Este encuentro no era uno más en la agenda de las relaciones internacionales; llevaba consigo un tema a discutir encomendado por el Tigre. Antes de esta fecha, Azcárraga, aún optimista, había solicitado al equipo que acompañaría al presidente De la Madrid que interviniera en su favor para exponer ante el gobierno de Estados Unidos, al que consideraba un fuerte aliado, la situación de la licencia de SIN. El Tigre pensaba que merecía ser protegido.

La tensión era palpable entre el círculo cercano del Tigre, que aguardaba con ansias noticias de la cumbre llevada a cabo en Washington. El magnate mexicano esperaba noticias y fue Carlos Salinas de Gortari, quien en aquel entonces desempeñaba el cargo de secretario de Programación y Presupuesto en México, el encargado de notificar las conclusiones del punto de agenda del encuentro presidencial referente a la situación de SIN y el término de su licencia para transmitir su señal en Estados Unidos.

Las largas conversaciones registradas entre Reagan y De la Madrid evidencian que el primero lideraba la mayoría de los diálogos. Reagan no dejaba hablar a nadie más. Al lado de Reagan en las reuniones de trabajo sobresalía el vicepresidente George H. W. Bush, quien no solo fungía como testigo, sino que en el entorno del presidente de México se rumoraba que Bush empezaba a tomar un papel más activo y parecía ser el cerebro detrás de todo.

Con elecciones presidenciales en el horizonte en Estados Unidos y el final del mandato de Reagan acercándose, el rol protagónico de Bush era obvio y el Tigre sabía que debía redoblar sus esfuerzos, porque el tiempo para capitalizar la influencia del actual gobierno se estaba agotando rápidamente.

El regreso del equipo presidencial a la Ciudad de México no trajo las noticias esperadas para el Tigre y su entorno. Al contrario, el ambiente estaba cargado de una tensión que indicaba cambios drásticos en el horizonte y los días de SIN como entidad independiente estaban contados. El Tigre se vio forzado a replantear su estrategia, considerando la venta rápida y decisiva de las acciones como la única salida viable para evitar un desenlace financiero catastrófico para los intereses de la familia Azcárraga. La conclusión, aunque no validada oficialmente, era fácil de deducir: el mensaje del encuentro entre los presidentes era claro y la administración Reagan-Bush imponía una única solución que debía ser ejecutada rápidamente. SIN debía ser vendida, y la venta debía ser coordinada por el Departamento de Justicia. No había más alternativas. Si no se ejecutaba de esa manera, la decisión sobre el futuro de SIN quedaría en manos de la FCC, con la probabilidad de que no renovara la licencia a sus propietarios.

En días posteriores al histórico encuentro de Reagan y De la Madrid, la jueza Pfaelzer, conocida por su capacidad de mediación y resolución efectiva, citó a todas las partes implicadas a una reunión que prometía ser decisiva. Su intención fue la de proponer un acuerdo que, si bien no era ideal para ninguna de las partes, ofrecía una solución práctica que evitaría un escándalo mayor y preservaría una faceta de dignidad para los accionistas actuales de SIN. Esta convocatoria urgente de la Corte Federal del Sur de California a las partes del litigio añadió un nivel adicional de presión.

El futuro de SIN pendía de un hilo, dejando en el aire la pregunta de si continuaría siendo un bastión de la cultura y lengua hispanas o si sería absorbido por el insaciable mercado de medios anglosajones que reclamaba para sí un cuarto gran *network* de televisión.

En medio de esta atmósfera, la jueza propuso una salida que parecía equilibrar las tensiones: la venta total de las acciones de SIN a un tercero. Bajo este arreglo, tanto Fouce como los demás accionistas recibirían una compensación justa por la licencia. El esquema planteado por la jueza se asemejaba a una expropiación sin una orden ejecutiva, visto más bien como un acuerdo extrajudicial negociado. Anselmo, el CEO de la empresa, rechazó la propuesta con vehemencia, convencido de que aún podían revertir la situación sin sacrificar la independencia de la compañía. Sin embargo, no contaba con el apoyo mayoritario.

El Tigre vende SIN

En un giro inesperado para Anselmo, el Tigre decidió respaldar la propuesta de la jueza. Con un mandato firme a sus abogados, hizo saber a la corte su intención de aceptar la venta de sus acciones, y solicitó que en el proceso de venta se constituyera un comité que incluyera a tres ejecutivos de SIN para consultar las propuestas de compra. La determinación del empresario mexicano de sugerir a René Anselmo como parte del comité no solo cambió la dinámica del caso, sino que también intensificó la presión sobre el propio Anselmo.

Anselmo se sintió traicionado al ver cómo su compañero de tantas lides se distanciaba en el momento más crítico. Mientras tanto, los abogados del Tigre ejecutaron su mandato informando a la jueza que la mayoría de los accionistas habían aceptado la venta de SIN a terceros. Aunque esta era una resolución amarga, prometía ser menos dolorosa que la alternativa. La empresa estaba en la cúspide de superar los 100 millones de dólares en ventas, proyectando un cierre de década exitoso. Los asesores legales alineados con el Tigre estimaban la potencial venta en al menos unos 300 millones de dólares. Posteriormente, el Tigre encontró un momento para hablar con Anselmo, a quien intentó explicarle que ya no había más opciones viables. Las hermanas Azcárraga Milmo, involucradas también en el entramado empresarial, respaldaban firmemente esta decisión, sumándose al consenso que dejaba a Anselmo en una incómoda minoría.

El Tigre, después de una profunda reflexión, había llegado a entender que la situación de SIN en Estados Unidos trascendía lo meramente empresarial: se había convertido en un símbolo de resistencia cultural y política. Los líderes proinmigrantes habían convertido el éxito de SIN en un bastión en su lucha contra las corrientes antiinmigrantes impulsadas desde distintas regiones del país, lo que añadía una dimensión emocional y política a la situación a favor del empresario azteca. Esta perspectiva permitió al Tigre ver la venta no solo como una salida desesperada ante la potencial pérdida financiera, sino también como una oportunidad para reafirmar la relevancia del canal como voz de la comunidad hispana en Estados Unidos, lo que podría mantener a Televisa como un proveedor clave de contenido.

Esta visión estratégica llevó al Tigre a ver más allá del fracaso en la venta inmediata. Entendió que, aunque la propiedad del canal pudiera cambiar, la influencia y la importancia de mantener una programación que reflejara y apoyara a la comunidad hispana le permitiría mantener cierta influencia en el canal y, ¿por qué no?, aspirar a una posible compra de acciones en el futuro. El Tigre volvió a sacar las garras para hacer de esta venta un movimiento táctico, en vez de una rendición total.

Azcárraga hizo con la venta de SIN una retirada táctica, convencido de que su visión a largo plazo prevalecería. El Tigre estaba decidido a dejar su huella y preparar el terreno para un posible retorno. La clave era dejar un aura misteriosa que no permitiera a nadie pensar en un posible propósito de regresar. El Tigre nunca se mostraba derrotado. Aquella no era una derrota, sino una transformación necesaria.

Aunque Anselmo luchaba internamente con la decisión de ceder ante la presión de sus socios y el destino incierto que esto podría deparar para el legado de SIN, las circunstancias lo obligaban a reconocer la dirección tomada por el Tigre y los demás accionistas. A pesar de su férrea oposición y los años dedicados a defender la visión original de la empresa, su batalla parecía llegar a un inevitable final.

En este contexto, el Tigre se movilizó para demostrar la vital importancia de la comunidad inmigrante hispana en Estados Unidos, apelando no solo a argumentos económicos sino también a los políticos y culturales. Convencido de que su estrategia ofrecía tanto dignidad como un potencial regreso, se preparaba para negociar no solo términos de venta, sino condiciones que aseguraran la continuidad de SIN como un canal esencial para el público hispano, sea cual sea su próximo propietario. Además, se preocupó por mantener la posibilidad de regresar al mercado hispano de Estados Unidos con otro formato distinto al de la televisión abierta.

Más allá de salvaguardar su legado, el Tigre también vislumbraba una ventaja estratégica para su propio negocio. Si lograba garantizar que el nuevo propietario del *network* que él estaba a punto de vender mantuviera el negocio dedicado a la comunidad hispana y en idioma español, podría él mantener a Televisa como el principal proveedor de contenido y así asegurar que su influencia y presencia en el mercado estadounidense permanecieran fuertes. Su empresa Televisa seguiría siendo indispensable, logrando así un equilibrio perfecto entre la preservación de su legado y el fortalecimiento de su posición en el mercado.

René Anselmo decidió viajar entonces a México para reunirse con el Tigre. En una conversación tensa y decisiva, Azcárraga expuso con franqueza que la única opción que les quedaba era vender sus acciones. Explicó que, a pesar de todo, Televisa podría beneficiarse económicamente de la venta y continuar vendiendo contenido a los nuevos propietarios, y por qué no, comenzar de nuevo con una televisora vía cable. Además, señaló que Anselmo también podría hallar un nuevo rol valioso, aprovechando su amplio conocimiento e ideas innovadoras sobre la tecnología satelital, que se perfilaba como una solución emergente y efectiva para distribuir contenido audiovisual. Esta tecnología, aún en sus primeras etapas, prometía reducir significativamente los costos de transmisión mientras aumentaba el alcance y la eficiencia, presentando así una oportunidad única para Anselmo no solo financiera, sino de contribuir de manera significativa y mantener su influencia en la industria.

Cuentas opacas entre el Tigre y Anselmo

La situación era mucho más compleja que una simple transacción comercial. El Tigre había descubierto información crucial y confrontó a Anselmo con los hallazgos. Durante una revisión minuciosa de las cuentas financieras de SIN, se supo que Anselmo había utilizado algunas cuentas de gastos de la empresa para financiar su ambiciosa incursión en la tecnología satelital, sin el conocimiento de los demás accionistas.

A pesar de estas irregularidades, el Tigre no buscó escandalizar el asunto. En lugar de eso, utilizó la información para reforzar su argumento de la necesidad de vender SIN. Explicó a Anselmo que los fondos obtenidos de la venta no solo cubrirían los deslices financieros, sino que también dejarían un excedente sustancial. Este capital sería suficiente para que Anselmo continuara con su proyecto satelital. Así, el Tigre buscó asegurar una transición que, aunque forzada por circunstancias difíciles, prometía un futuro viable tanto para SIN como para los proyectos personales de Anselmo.

Sin embargo, lo más urgente era la presión que enfrentaban por parte de la FCC en Washington, que mostraba una postura cada vez más firme contra los accionistas mayoritarios de SIN. El Tigre compartió que las comunicaciones con sus contactos políticos eran claras: sin una resolución rápida, SIN corría el riesgo inminente de perder su licencia de transmisión. La gravedad de la situación era palpable y esta travesía empresarial había llegado a un punto de no retorno. Confrontado con la realidad de su situación comprometedora y el peso de las decisiones de la FCC, Anselmo aceptó las condiciones propuestas, marcando un giro decisivo en su carrera y el futuro de SIN.

Fue en octubre de 1986 cuando la jueza Mariana Pfaelzer decidió, con la venia de todos sus accionistas, que SIN debería ser vendida, pero sin penalidades ni excepciones. La empresa se vendería a precio de mercado. La jueza también aceptó la constitución de un comité técnico que incluiría a René Anselmo para colaborar en los análisis técnicos en la valoración de SIN.

En su decisión sin precedentes, la jueza se apoyó en la Regla del 20 %, para explicar que debido a conflictos en el caso por el número de accionistas efectivos extranjeros había un arreglo entre las partes para que SIN fuese vendida inmediatamente.

Tras una decisiva sentencia acordada entre todos, la jueza Pfaelzer asumió un papel aún más activo en el proceso de venta de SIN, marcando un proceder poco común en casos de este tipo. No satisfecha con solo dictaminar la venta, ella misma se encargó de convocar a potenciales inversores interesados en adquirir la licencia de SIN. Este movimiento inusual demostraba su compromiso con la resolución eficaz y equitativa del caso, asegurándose de que el proceso fuera transparente y justo para todas las partes involucradas.

Con la autoridad de su cargo, la jueza estableció un protocolo riguroso para la selección del nuevo propietario, invitando a inversionistas a presentar sus propuestas. Ella revisaría personalmente cada oferta. La jueza Pfaelzer se reservó el derecho de tomar la decisión final sobre quién sería el adecuado para tomar las riendas de SIN, garantizando así que el futuro del canal estuviera en manos capaces y comprometidas. Había mucho temor y al mismo tiempo esperanza dentro de la comunidad hispana y del mismo Azcárraga de que la jueza californiana reflejara su entendimiento de la importancia cultural y social del canal, más allá de su valor comercial.

La competencia por la adquisición de SIN involucraba a varios actores importantes en el panorama mediático, pero no todos mostraban un interés genuino en continuar la misión original del canal de servir al mercado hispanohablante. Rupert Murdoch y Ted Turner, dos de los pretendientes más prominentes, tenían otros motivos y estrategias que parecían alejarse del contenido en español.

Rupert Murdoch, nacido en Australia, se nacionalizó como ciudadano estadounidense el 4 de septiembre de 1985. Murdoch mostraba un interés estratégico en SIN que estaba más alineado con su deseo de expandir su imperio mediático. Por otro lado, Ted Turner, el visionario detrás de CNN, estaba enfocado en consolidar su proyecto de noticias las 24 horas del día, que estaba revolucionando la manera en que el mundo recibía información. Su interés en los activos de SIN podría interpretarse como un movimiento para diversificar su cartera de medios y aprovechar cualquier sinergia posible, pero no necesariamente para enfocarse en el contenido en español.

La cadena se mantiene en español

Esta falta de compromiso con el mantenimiento del contenido en español era una preocupación significativa para muchos activistas que exigían a la jueza decidirse por un grupo proinmigrantes, para evitar un cambio radical en la programación de SIN y una posible pérdida de su identidad como cadena dedicada a la comunidad hispana. Aun se desconocía si la decisión de la jueza Pfaelzer no solo tendría que considerar las ofertas financieras, sino también el impacto cultural y social de elegir un propietario que pudiera desviar a SIN de su misión original, afectando no solo a la cadena sino también a su audiencia.

Durante la década de 1960, el empresario estadounidense Andrew Jerrold «Jerry» Perenchio era uno de los candidatos para adquirir SIN. Perenchio se destacó como representante artístico de Ronald Reagan, entonces actor en Hollywood, y se convirtió en uno de los principales contribuyentes en todas sus campañas políticas, primero para gobernador en California y después la presidencial de 1980. A través de su amistad con Reagan, que para 1981 ya era el presidente de Estados Unidos, Perenchio llegó a comprender el creciente poder e influencia de la audiencia hispana en Estados Unidos, un conocimiento que daría forma a sus futuras estrategias y empresas, tema al que le dedicamos un capítulo más adelante. Perenchio ya era dueño de una estación de televisión en Nueva Jersey desde 1979 (WNJU) y en 1982 empezó a explorar la adquisición de contenido en español.

Posiblemente influido por su acceso a información privilegiada debido a sus conexiones con la Casa Blanca durante la administración Reagan, Perenchio hizo su primera incursión en el litigio contra los accionistas de SIN buscando obtener un rol protagónico en el caso.

Perenchio veía en SIN la oportunidad de replicar su éxito previo en otros proyectos mediáticos, transformando potencialmente la cadena en un jugador clave en el mercado hispano de Estados Unidos. Perenchio era percibido como un candidato con altas posibilidades para quedarse con SIN.

Hallmark Cards, liderada por Irvine O. Hockaday, buscaba expandir sus horizontes más allá de su negocio tradicional de impresión y comercialización de tarjetas y productos de regalo. Con su sede central en Kansas City, Misuri, una región históricamente conocida por sus tensiones raciales y escasa presencia hispana, Hallmark representaba un candidato inusual para hacerse cargo de una cadena como SIN, dedicada principalmente a la audiencia hispanohablante.

El interés de Hockaday representando a Hallmark Cards en adentrarse en el sector de los medios de comunicación a través de la adquisición de SIN podría parecer, a primera vista, un desvío significativo de su enfoque de mercado tradicional. Este movimiento levantaba interrogantes no solo sobre la adaptabilidad de Hallmark a una nueva audiencia, sino también sobre cómo una empresa arraigada en un contexto tan diferente podría gestionar efectivamente un canal que servía a una comunidad con necesidades y expectativas tan distintas a su consumidor original.

Además, el respaldo de Hockaday al Partido Republicano y sus contribuciones a la campaña de George H. W. Bush, en ese momento vicepresidente de Estados Unidos, añadían otra capa de complejidad al asunto. Estos vínculos políticos podrían interpretarse como estratégicos en un periodo donde las políticas y las posturas sobre la inmigración y las minorías estaban en el centro del debate nacional. A esto se sumaban los rumores persistentes de que Bush desempeñaba un rol cada vez más dominante en la administración, particularmente durante un periodo en que se especulaba sobre un posible deterioro en la salud mental de Reagan. Estas especulaciones sugerían que Bush, en la práctica, tenía una influencia considerable en la toma de decisiones en la Casa Blanca, lo que intensificaba la relevancia de sus apoyos empresariales y las posibles implicaciones de su política interna en decisiones comerciales significativas como la venta de SIN. También era cierto que Reagan estaba de salida y Bush era el favorito para continuar en la Casa Blanca, ahora como presidente.

Además de estos gigantes mediáticos y empresariales, mostraron interés varios grupos con líderes hispanos y empresarios asociados tanto al Partido Demócrata como al Republicano de diversos estados, donde el voto latino era cada vez más influyente.

Estos grupos vieron en SIN una herramienta potencial para ganar influencia y apoyo dentro de la comunidad hispana, crucial para las futuras batallas electorales. Estos actores no solo reconocían el valor comercial de SIN, sino también su potencial político como un medio para conectar y movilizar a la comunidad hispana, lo que podía traducirse en un poder electoral significativo.

La influencia de estos grupos no se limitaba a simples manifestaciones de interés; también incluía presiones ejercidas sobre la jueza Mariana Pfaelzer, quien estaba al frente del caso. Estas presiones buscaban asegurar un resultado que no solo fuera favorable desde el punto de vista financiero, sino que también reflejara y respaldara los intereses políticos y sociales de la comunidad hispana.

Meses antes de decidir quién sería el comprador de las acciones de SIN, la jueza Pfaelzer convocaba regularmente a las partes del juicio, así como a potenciales compradores. Un día, coincidió que René Anselmo y Jerry Perenchio, uno de los potenciales compradores más insistentes, fueron llamados a una reunión en su despacho. Anselmo y Perenchio se conocían por ser competidores en Nueva York, pero no entendían por qué la jueza los quería a ambos en una misma entrevista. Frente a ella se presentaron dos hombres cuyas decisiones marcarían la historia de la televisión hispana en Estados Unidos: René Anselmo, obligado a vender, y Jerry Perenchio, un ambicioso comprador amigo de los Reagan. El ambiente estaba cargado de tensiones y expectativas.

La jueza, tras una pausa, expresó su preocupación por los intereses de la comunidad hispana en el país. Anselmo fue acusado tácitamente de favorecer a un socio extranjero, Emilio Azcárraga Milmo, quien se había negado a presentarse ante ella. Aunque Anselmo impugnó las acusaciones, la jueza ignoró sus evasivas. Había investigado a fondo el ascenso de Anselmo y Azcárraga en el mundo de las estaciones de televisión hispanas en Estados Unidos, sabiendo que Anselmo había utilizado el dinero del Tigre para sus logros. Anselmo defendió su colaboración con el Tigre, argumentando que había beneficiado a la comunidad hispana, impulsándola hacia el progreso.

A continuación, la jueza dirigió su escrutinio hacia Perenchio, cuyo interés parecía ser más el poder y el dinero que la causa de la comunidad hispana. Perenchio, triunfalista y soberbio, respondió fríamente que la televisión era un negocio. La jueza le aclaró que ese negocio tenía el potencial de cambiar vidas y era más que un simple intercambio de dinero.

La presión política y cultural de aquel tiempo era evidente. Las amenazas de los supremacistas colonizadores anglosajones que querían limitar el uso del español en televisión oscurecían aún más la atmósfera. La oportunidad de adquirir una red de televisoras en Estados Unidos era muy atractiva para inversionistas que veían a esa red como una potencial cuarta cadena en el país. Ni Turner, ni Murdoch, ni los propietarios de ESPN, ni Disney pensaban en una televisora hispana. La jueza Pfaelzer sabía que otorgar la venta a estos grupos podría significar el final de la televisión hispana en Estados Unidos, al menos en ese momento. Hallmark Cards, por su parte, prometía su intención de mantener el contenido de la televisora en español en caso de ganar la propiedad de SIN.

Había otro hispano haciendo cabildeo desde California con intenciones de adquirir SIN: Tirso del Junco, médico cubano y director ejecutivo del Partido Republicano en California. Del Junco atrajo a 32 hombres de negocios de California en su intento por adquirir SIN, pero su grupo no convenció a la jueza Pfaelzer, posiblemente debido a que presentó una propuesta de compra improvisada y poco profesional.

La jueza Pfaelzer pocas veces se negaba a recibir comentarios y sugerencias a través de cartas, visitas y hasta llamadas telefónicas a horas inusuales. En esa época, sin redes sociales, la información delicada y ofensiva se filtraba a través de llamadas anónimas desde teléfonos públicos, cartas sin remitente o carteles distribuidos por jóvenes pagados. La jueza recibía presiones y amenazas, algunas anónimas, para que no incluyera en la venta de SIN ninguna cláusula que obligara a la red a tener contenido 100 % en español luego de su venta. Sin embargo, la jueza Mariana Pfaelzer no era una mujer fácil de intimidar. En esta saga, la matriarca Fouce, madre de Frank Fouce Jr., también jugó un papel clave. A pesar de la adversidad, su determinación y carisma conectaron bien con la jueza Pfaelzer, y esta relación sería crucial en el curso de los eventos.

Una lucha de identidad cultural en Estados Unidos estaba en pleno apogeo, y estos personajes estaban en medio de ella, aun sin saber la importancia de su rol. Cada persona jugó su papel en el drama de la televisión hispana y del uso y la importancia del español en la nación. Cada decisión, cada negociación, tendría profundas repercusiones en la vida de millones.

Al final, fueron seleccionados solo dos grupos finalistas que pujarían por la mejor oferta para quedarse con SIN. Las maniobras políticas entre dos bandos opuestos no se hicieron esperar: el conglomerado Hallmark Cards/First Chicago/Warburg Pincus, representando el enfoque institucional muy bien relacionado con el vicepresidente George H. W. Bush, y TVL Corp., una entidad legal formada para esta adquisición y liderada por el carismático Diego C. Asencio, un exembajador con conexiones estratégicas en círculos políticos hispanos.

Los documentos legales del juicio demuestran que hubo un encuentro clandestino entre Asencio y el CEO de Hallmark Cards, Irvine Hockaday Jr., en el que Asencio propone un plan audaz: usar su influencia política para obtener un descuento del 25 % en la venta, al designar la transacción como una «venta por crisis» a compradores hispanos unidos a Hallmark Cards. Hockaday no solo no aceptó la propuesta, sino que denunció la oferta de Asensio ante la juez como una estrategia moralmente cuestionable para asegurar beneficios por fuera de los lineamientos impuestos por la juez. La negativa y denuncia de Hockaday establece el tono para el enfrentamiento final.

La narrativa da un giro más oscuro cuando documentos judiciales revelan que representantes del grupo de Asencio amenazaron con utilizar su peso político para bloquear a Hallmark Cards.

TVL explota la identidad étnica como un arma para deslegitimar a sus oponentes no hispanos, mientras Hallmark Cards, en un movimiento brillante, negocia acuerdos de participación en acciones con los gerentes generales de SIN, entre ellos Blaya y Villanueva, quienes eran clave para mantener la operación de las estaciones. En palabras de un periodista contemporáneo, «Hallmark Cards, desde este punto, cedió a todo lo que los gerentes querían, lo que resultó ser un movimiento brillante y oportunista».

La oferta inicial de Hallmark Cards fue de 276 millones de dólares, incluyendo incentivos clave como ofertas de empleo y opciones sobre acciones para ejecutivos importantes como William Stiles, Andrew Goldman, Joaquín Blaya, Emilio Nicolás, padre, Daniel Villanueva y Blain Decker. Además, incluía un acuerdo de programación con Televisa.

Por su parte, TVL presentó una oferta inicial más alta, de 311 millones de dólares. Sin embargo, no logró asegurar acuerdos de programación con Televisa ni establecer confianza con los principales gerentes de SIN. De hecho, según informes, TVL llegó a generar incertidumbre entre los empleados, insinuando que algunos podrían perder sus puestos tras la venta.

A mediados de julio, Hallmark Cards aumentó su oferta a 290 millones de dólares, eliminando ciertas condiciones financieras para fortalecer su posición. Mientras tanto, TVL se esforzaba por reunir los fondos necesarios, pero su falta de experiencia como organización dificultaba sus esfuerzos. Finalmente, TVL presentó una oferta de 320 millones de dólares el 16 de julio, pero esta aún contenía asuntos sin resolver.

En respuesta, Hallmark Cards subió su oferta nuevamente, alcanzando los 301 millones de dólares el 15 de julio. Sin embargo, Warburg Pincus, uno de los socios de Hallmark, decidió retirarse del grupo, considerando que el precio era demasiado alto y que las condiciones de la empresa presentaban riesgos significativos.

El 18 de julio, la decisión recayó en el tribunal. Ese mismo día, la jueza Mariana Pfaelzer dictaminó su decisión.

Hallmark Cards

En septiembre de 1986, a un año del anuncio de la decisión de la jueza y las partes por una resolución en vender SIN, y con la aprobación de la FCC y el visto bueno de la Casa Blanca (la administración Reagan/Bush un año antes de finalizar el segundo periodo en la Casa Blanca), la empresa fue vendida a Hallmark Cards, una empresa familiar dominada por la familia Hall. Fundada en 1910 por Joyce Clyde Hall, conocida principalmente por sus tarjetas de felicitación, ya habían anunciado al público que deseaban tener presencia en la industria de los medios y el entretenimiento.

A pesar de los factores antes mencionados, y de manera sorpresiva, Hallmark Cards se posicionó como el ganador en la puja por SIN. Esta decisión dejó a muchos preguntándose cómo una empresa cuyas raíces y prácticas parecían tan alejadas de las realidades de la audiencia hispana podría manejar un canal que era, en muchos aspectos, su antítesis. La intriga y el escepticismo rodeaban este desarrollo, dejando a los observadores y a la comunidad hispana en vilo sobre el futuro de la cadena. El temor de que SIN dejara de transmitir en español se hizo más palpable, pues Hallmark Cards era percibida por muchos hispanos como una empresa sin conocimiento alguno de su comunidad.

Pero la decisión de la jueza se anunció explicando que la empresa compradora Hallmark Cards se comprometía a:

a) Pagar 301 millones de dólares por SICC (dueña de SIN).
b) Pagar 115 millones de dólares por el 100 % de las acciones de SINS, la empresa proveedora de contenido propiedad de Televisa.

Y de manera contundente y certera la jueza exigió que durante la vigencia de la licencia:

c) Las televisoras continuarían produciendo y transmitiendo contenido en español durante al menos 14 años más, lo cual sería el plazo de la nueva licencia, ahora a nombre de Hallmark Cards.

El despertar llegó con la venta forzada de SIN por más de 400 millones de dólares. Esta transacción, más que un intercambio de propiedad, era un estandarte de reconocimiento al valor del mercado hispano dentro de la principal economía del mundo. De hecho, esa era la visión de la transacción que había dirigido la jueza demócrata californiana Mariana Pfaelzer. La larga e incisiva investigación que había ejecutado el organismo regulador de las comunicaciones (FCC), que era comandada desde la Casa Blanca administrada por los republicanos, respaldaba el fallo de la jueza.

Después de cuadrar cuentas, el Tigre y sus hermanas obtuvieron poco más de 300 millones de dólares, Anselmo 80 millones netos después de pagar sus deudas al Tigre, y más de 35 millones fueron repartidos entre los otros accionistas minoritarios. De estos pequeños, a algunos se les permitió permanecer como accionistas junto con Hallmark, si así lo deseaban.

En el caso de los Fouce, en lugar de recibir un millón por sus acciones en 1976, recibieron 75 millones en 1986. Esta suma de dinero invita a muchos a pensar si fue bueno o malo el curso que tomó el futuro de SIN y de los bolsillos de sus accionistas. ¿Fue un golpe de suerte o una consecuencia inevitable de las decisiones tomadas años atrás?

La jueza Mariana R. Pfaelzer, la brújula en la tormenta, se convertiría en un personaje central de la narrativa. Su papel en la transición de propiedad de SIN y su transformación a lo que hoy en día es Univision fue tan formidable como imprescindible. Ella no solo presidió el caso con firmeza y convicción, sino que también se mantuvo fiel a su creencia de que el público hispano merecía una representación auténtica.

Desde la corte, lidiando con los interesados externos, Pfaelzer se mantuvo imperturbable. Desafió a los líderes políticos y activistas que se oponían al crecimiento de una red de televisión con contenido cultural distinto al anglosajón.

La capacidad de la jueza Pfaelzer para equilibrar intereses contradictorios y mantener la integridad del proceso legal fue incuestionable. Su contribución a la evolución de los hispanos y el español en Estados Unidos es digna de un reconocimiento significativo y del más profundo respeto.

Años más tarde, en 1995, la jueza Pfaelzer se hizo famosa cuando anuló la Propuesta 187, una iniciativa aprobada en 1994 por casi el 60 % de los votantes de California. La Propuesta 187, también conocida como la iniciativa «Save Our State», proponía establecer un sistema de verificación de ciudadanía a nivel estatal y prohibir que los inmigrantes indocumentados utilizaran servicios de salud no urgentes, educación pública y otros servicios en el estado. Aunque entendía que los californianos estuvieran frustrados con la ineficaz aplicación de las leyes de inmigración por parte del gobierno federal, la jueza Pfaelzer declaró: «La autoridad para regular la inmigración pertenece exclusivamente al gobierno federal». Esta decisión allanó el camino para otros fallos judiciales que anulaban leyes estatales y locales que aún intentan negar vivienda y otros beneficios a los inmigrantes indocumentados o también leyes que permiten a las policías estatales arrestar a sospechosos de estar ilegalmente en el país.

Mientras tanto, en los estudios de televisión y oficinas de SIN nada se sabía sobre los acontecimientos en la Corte Federal de California sobre el futuro de su empleador, hasta que la decisión de la jueza Pfaelzer fue anunciada públicamente. Los rumores eran muchos, pero nadie se imaginaba que Anselmo y el Tigre Azcárraga ya no estarían más a cargo.

Un extrabajador de SIN compartió conmigo su reacción inmediata a la noticia: «Cuando nos enteramos, inmediatamente pensamos que unos vaqueros nunca podrían manejar SIN y que seguro cambiarían la identidad del canal a otro más en inglés».

De SIN a Univision

La transacción financiera que llevó a la compra de la empresa SIN fue extraña para la época, por no decir opaca. Hallmark Cards se asoció con una innovadora firma de inversiones llamada First Chicago Venture Capital, que se encargó de estructurar un préstamo puente de 270 millones de dólares para poder realizar una parte de la compra. Es decir, la compra de SIN fue apalancada casi totalmente a través de un préstamo puente a corto plazo. Poco tiempo después de finalizada la compra, en 1988 los socios (Hallmark Cards 78 % y First Chicago Venture 22 %) cambiaron el nombre de SIN a Univision y constituyeron una empresa *holding* llamada Univision Holdings que inmediatamente después de creada emitió 270 millones de dólares en bonos a largo plazo con un rendimiento de un poco más de 13 % anual. Los fondos fueron utilizados para cancelar el préstamo puente.

Es legítimo preguntarse cómo es posible que Univision surgiera sin grandes anuncios ni fanfarria, y cómo una empresa de Misuri, sin relación aparente con la comunidad hispana, estuviera detrás de su creación. La realidad es que el nacimiento de Univision como el canal de los hispanos fue discreto y lleno de incertidumbre. La decisión de fundar la marca fue probablemente precipitada, destinada a dar forma a una empresa que, desde su origen, estaba endeudada y enfrentaba serios desafíos financieros.

Algunos podrían haber pensado en justificar su posible fracaso para luego convertirla en una cadena anglosajona. Sin embargo, Univision, como un hijo no del todo deseado, contaba con la lealtad y pasión de sus empleados y audiencia, quienes se aseguraron de que la cadena no solo sobreviviera sus primeros años, sino que prosperara.

El misterio sobre la creación de la marca Univision agrega otro nivel de intriga a su historia. Según Norm Leventhal, abogado de los Azcárraga y de René Anselmo, la marca fue ideada entre el Tigre y Anselmo. Desde que heredó las empresas de su padre, el Tigre buscaba cambiar el nombre de la operación en Estados Unidos de SIN a Univisa, pero sus socios, Fouce, Nicolás, padre, y Villanueva, no aceptaron el cambio. De acuerdo con Leventhal, Anselmo y el Tigre crearon el nombre Univision para una empresa que vendería publicidad compartida entre Televisa y SIN, una aventura que fracasó, dejando el nombre archivado en SIN.

Fue dentro del departamento legal de Hallmark Cards donde surgió la idea de utilizar la marca Univision para romper con el pasado sin desvincularse completamente de él. Inicialmente, su lanzamiento se percibió como un vehículo financiero para justificar la compra de SIN, pero posteriormente, Hallmark Cards decidió impulsar Univision como la nueva imagen del canal, marcando con ello el inicio de lo que se convertiría en el gigante de los medios hispanos.

Y así nació Univision, el canal de los hispanos. «Uni» era como un homenaje sutil a Estados Unidos, donde la cadena tiene su base de operaciones y su principal público objetivo. Por otro lado, «vision», sin acento para mantener la uniformidad en su pronunciación tanto en inglés como en español, aludía a dos conceptos: TV y visión.

¿Y quién podría estar interesado en comprar unos bonos de una empresa nueva dueña de un canal de TV en español con una marca nueva apenas conocida que apenas ostentaba poco más de 100 millones de dólares en ventas anuales? Los bonos fueron adquiridos casi en su totalidad por Continental Illinois Bank, una institución financiera que había sido rescatada por el gobierno de Ronald Reagan dos años atrás. Un rescate que dio vida a una frase que ahora es común en cualquier crisis financiera: «*Too big to fail*» (Demasiado grande para fracasar).

Después de constituida Univision Holdings, ya endeudada con los mencionados bonos, el Continental Illinois Bank (todavía bajo control del gobierno) también autorizó un préstamo adicional de 300 millones de dólares para costear la adquisición de SINS (la empresa que compraba el contenido a Televisa) e inyectarle capital de trabajo a la nueva Univision, en manos de Hallmark Cards. En conclusión, Hallmark Cards pidió prestado para comprar Univision y después endeudó a Univision para repagar el préstamo. Más adelante veremos en detalle lo que ocurrió con el repago de dichos bonos y préstamos.

La lista de los compradores de estos bonos tan inusuales era muy corta, lo cual no es sorprendente dada la naturaleza poco ortodoxa de la transacción. Sin embargo, llama la atención que entre los compradores no solo figurara el banco intervenido, sino también una empresa llamada Chartwell, propiedad del reconocido empresario Jerry Perenchio. Astutamente, Perenchio se hizo de un pequeño monto de estos bonos para estar al tanto de lo que sucedía en Univision Holdings, una empresa que él tenía intenciones de adquirir, pero que la jueza Pfaelzer se lo había negado.

Univision Holdings estaba obligada a mantener un nivel de transparencia y divulgación de información que permitía a todos los tenedores de bonos, incluyendo a Perenchio, acceso a los mismos datos financieros y operativos que los accionistas de una empresa pública. Esta jugada facilitó a Perenchio mantener una posición estratégica y vigilar de cerca los movimientos de Univision, evidenciando su interés constante y su capacidad para maniobrar en un entorno financiero complejo.

Un estadounidense llamado J. William Grimes, quien pocas semanas antes de la venta de Univision era presidente ejecutivo de una naciente estación televisiva de contenido deportivo de nombre ESPN, fue contratado por Hallmark Cards como presidente y CEO de Univision. Su primera decisión fue la de designar al chileno Joaquín Blaya, quien era gerente de la estación WLTV en Miami y accionista minoritario de la empresa desde los tiempos del León, como nuevo director de la costa este. Blaya fue el encargado de desmarcar de la memoria colectiva la marca SIN y promover la nueva imagen de la empresa bajo el nombre de Univision. En la costa oeste permanecía a cargo el accionista minoritario Danny Villanueva.

Al final de esta etapa, no sin cierta ironía, fue el accionista minoritario Blaya quien tomó un papel importante en el futuro de Univision. El Tigre salió, Anselmo salió —ciertamente en contra de su voluntad— y Blaya se quedó. Esto es algo que el Tigre nunca olvidó.

CAPÍTULO 6

1986: El año que revolucionó las noticias en televisión

El 14 de marzo de 1986, solo meses antes de los bruscos cambios que se avecinaban en SIN, el Tigre, haciendo todo lo posible por fortalecer su relación con la Casa Blanca en Washington, decidió aceptar la petición que había recibido Televisa de su amigo el embajador de Estados Unidos en México, que en aquel momento era John Gavin, cuyo nombre original era John Anthony Golenor, pero su nombre de nacimiento era Juan Vicente Apablasa Jr. Gavin, nacido en Los Ángeles, era hijo de madre mexicana y padre chileno. Cuando tenía dos años de edad sus padres se divorciaron y fue entonces cuando su padrastro estadounidense le cambió su nombre a John. Fue un reconocido actor en Hollywood, pero además se graduó en Filosofía y Letras en la reconocida Universidad de Stanford. Después de trabajar como actor, decidió seguir una carrera política —que lo llevó a posiciones en la Organización de Estados Americanos (OEA)— y diplomática, gracias a la cual fungió como embajador de Estados Unidos en México entre los años 1981 y 1986, siempre acompañado por su esposa, la también reconocida actriz de Hollywood, Constance Towers.

La solicitud consistía en entrevistar al presidente Ronald Reagan, en directo desde la Casa Blanca, pero con la condición de hablar de un solo tema. Era una entrevista preparada que necesitaba diseminar información sobre la estrategia de la administración Reagan en Nicaragua en aquellos tiempos en los que el sandinismo de Daniel Ortega se había convertido en una amenaza a las democracias de Centroamérica y el Caribe. Se exigía no cubrir ningún otro tema.

El Tigre intentó imponer a su hombre de noticias en Televisa, Jacobo Zabludovsky, para realizar este trabajo, pero René Anselmo lo convenció de hacerlo con personal del *Noticiero SIN*. El cubanoamericano Gustavo Godoy, en aquel entonces director del *Noticiero Nacional* de SIN que se producía en Miami y presentador del programa semanal *Temas y Debates*, encomendó la tarea a su corresponsal en Washington, D. C., el peruano Guillermo Descalzi.

El video de la entrevista completa está disponible en la Biblioteca Presidencial Ronald Reagan en Simi Valley, California, y en el mismo se puede escuchar cómo, tras finalizar el encuentro formal, y sin saber que los micrófonos aún estaban grabando su intercambio personal, el presidente Reagan le pregunta en inglés a Descalzi: «Me compraste todo lo que vine a venderte?», a lo que Descalzi responde: «No había necesidad de venderme nada, yo estoy comprado ya desde hace tiempo y quiero que sepa que tanto *Temas y Debates* [su programa semanal] como SIN estamos a su disposición para lo que usted necesite».

La entrevista era muy importante para el Tigre, René Anselmo y Gustavo Godoy. Los dos primeros sabían que el futuro de su control en SIN dependía de una decisión crucial de una jueza que quizás podría dar su brazo a torcer por presión de la Casa Blanca. Para el tercero, esta entrevista representaba además una señal del poder de su noticiero. Godoy tenía ya convencido a

Anselmo de convertir el *Noticiero SIN* en una máquina de poder, similar a CNN, que ya estaba resonando en todas partes con su cobertura continua y en tiempo real de eventos a nivel mundial.

La revolución de CNN

Desde junio de 1980, la televisión experimentó una transformación sin precedentes con la llegada de CNN, el primer canal en Estados Unidos dedicado exclusivamente a la transmisión de noticias las 24 horas. Este innovador proyecto revolucionó la manera en que la audiencia accedía a la información, ofreciendo cobertura continua y en tiempo real de eventos a nivel mundial. La creación de CNN no solo alteró el panorama mediático, sino que también estableció un nuevo estándar en el periodismo televisivo.

Turner siempre demostró interés en experimentar en el mercado hispano como estrategia de globalización, y ya había sugerido interés en comprar SIN, pero su oferta nunca fue formalizada, y además existía la duda de si de verdad el innovador empresario estaba dispuesto en mantener el *network* con contenido en español.

Ted Turner se convirtió rápidamente en un magnate de las noticias, arrebatando una porción significativa del mercado a los tradicionales dueños de periódicos. Muchos creían que las televisoras y estaciones de radio eran medios destinados únicamente a las masas que requerían entretenimiento y noticias de última hora. Sin embargo, CNN revolucionó el panorama al ofrecer análisis profundos y noticias en tiempo real, y con imágenes en vivo. Turner siempre aspiró a tener la cuarta cadena de televisión, pero su intento de comprar SIN fue frustrado por la jueza Mariana

Pfaelzer. Entonces se enfocó en expandir su CNN a través de la televisión por cable, y lo logró con gran éxito, especialmente cuando el primer satélite de René Anselmo entró en órbita y uno de sus primeros clientes para transmitir contenido audiovisual en distintos países fue Ted Turner y su CNN.

Con el lanzamiento de CNN, el primer canal de noticias las 24 horas, y ESPN, una señal dedicada a los deportes las 24 horas, se generó una explosión en la demanda de televisión por cable entre la audiencia estadounidense. Los magnates de las tres grandes redes de televisión abierta no anticiparon el impacto que la televisión por cable tendría en las masas. Para entender la magnitud de este cambio, en las décadas de 1960 y 1970 solo existía la televisión abierta, y apenas unos pocos privilegiados tenían acceso a circuitos cerrados de televisión para eventos especiales, conferencias, películas y transmisiones en vivo. Estos circuitos se convirtieron en canales de transmisión por cable, disponibles únicamente en algunas ciudades y en zonas con un alto poder adquisitivo. No fue hasta que CNN y ESPN llegaron a los hogares que la necesidad de tener acceso a la televisión por cable se hizo evidente para una vasta audiencia. Cabe aclarar que, si bien Turner se erigía en lo más alto, su reinado estaba en realidad amenazado. Diez años de monopolio informativo se vieron interrumpidos cuando Rupert Murdoch, el magnate de los medios de origen australiano, decidió lanzar Fox News en 1996. Por su parte, Turner, astuto y siempre vigilante, convenció a la gigante Time Warner de adquirir CNN por 7.2 mil millones de dólares. Sabía que la competencia de Murdoch era seria, y decidió vender.

La irrupción de la televisión por cable a través de CNN y ESPN marcó el comienzo de una nueva era en la forma de consumir información y entretenimiento, similar a lo que ocurriría décadas después con la llegada del internet y su impacto en los periódicos impresos. Antes del internet, los periódicos dominaban el panorama informativo, con ediciones diarias que llegaban a millones de hogares. Sin embargo, la difusión de noticias en línea transformó radicalmente el acceso y la distribución de la información. Los lectores ya no necesitaban esperar hasta mañana para enterarse de los eventos de hoy, sino que podían obtener actualizaciones en tiempo real con solo dar clic en su computadora.

De manera similar, la televisión por cable, con su programación ininterrumpida y especializada, obligó a las redes de televisión abierta a reconsiderar sus modelos de negocio y a innovar para mantenerse relevantes en un mercado mediático cada vez más fragmentado y competitivo. Además, la televisión por cable operaba bajo un marco regulatorio menos estricto que las redes de televisión abierta. Este entorno desregulado es comparable al del internet, donde la libertad de contenido y la falta de restricciones han permitido una variedad nunca antes vista de información y formas de entretenimiento. La transformación ilustra cómo la tecnología y la desregulación pueden reconfigurar de manera profunda y duradera los hábitos de consumo de la audiencia, estableciendo nuevos paradigmas en diversas industrias.

El primer noticiero nacional hispano en Estados Unidos

A principio de la década de 1980, desde los estudios de WLTV de Miami se comenzó con la idea de producir un noticiero de audiencia hispana nacional: *Noticiero Nacional SIN*, el único programa de noticias en español en horario estelar transmitido en todo

Estados Unidos. Hasta finales de la década de 1970, las noticias en SIN tenían dos fuentes: la fuente local en cada una de las ciudades desde donde salía la transmisión y la del noticiero de Televisa que llegaba desde México. La nueva idea era entonces que, a través de la transmisión vía satélite, podían centralizar un contenido y llegar a millones de pantallas con información nacional. Pero ¿cuál debía ser ese contenido que aceptaran todos los hispanos en Estados Unidos? René Anselmo había aprendido a entender el poder y la importancia que podía lograr un buen noticiero nacional en televisión. También reconocía que el noticiero producido por Televisa presentaba una línea editorial muy marcada en su apoyo al gobierno mexicano y no conectaba con los hispanos en Estados Unidos; ni siquiera con los mexicanos que venían a buscar una mejor vida esquivando las calamidades económicas que orgánicamente eran achacadas a la mala gestión de los políticos gobernantes de sus tierras de origen. La búsqueda de ese contenido informativo ideal para el hispano en Estados Unidos era un gran reto para Anselmo.

El director de SIN en Florida era el chileno Joaquín Blaya, quien antes de ser promovido y mudado allí había trabajado para René Anselmo en el departamento de ventas en la estación de SIN en Nueva York. Fue en esa ciudad donde Blaya y Anselmo se enteraron de que había un periodista hispano con experiencia en producción de noticias que trabajaba en la estación filial de CBS. Se trataba del cubanoamericano Gustavo Godoy. Godoy se comunicó con Blaya para decirle que quería trabajar en SIN para narrar y producir noticias al estilo CNN. Anselmo y Blaya decidieron contratarlo con la condición de que se mudara a Miami. Florida se convirtió en el centro de poder de Godoy, quien además de comenzar a trabajar en SIN decidió unirse al grupo de cubanos que hacían política anticastrista desde la península americana. Godoy ayudó a convertir las reuniones en el legendario restaurante Versalles, aún ubicado en la Calle 8 de Miami, de ser reuniones conspirativas contra la dictadura de Fidel a convencer a los líderes empresariales, religiosos y comunitarios de construir un poder político en Estados Unidos para promover la prosperidad e influencia entre los cubanos que ya hacían vida en Florida. Godoy dedicó gran parte de su vida a promover el poder cubano en Florida y en todo Estados Unidos.

Anselmo y Blaya fueron convencidos por Godoy, quien sugirió desarrollar un noticiero distinto al que provenía de Televisa. Anselmo, pensando en el éxito que venía teniendo CNN, aprobó la idea. Así nació el *Noticiero Nacional SIN*. En el comienzo, había mucha desconexión entre la costa este y la costa oeste. Por ejemplo, el tema de la inmigración era sumamente importante para los periodistas en California y Texas, mientras que los cubanos y boricuas que trabajaban en la mesa de redacción en Miami no contemplaban el tema porque sus coterráneos no tenían problemas de documentos ni de legalización para trabajar en Estados Unidos. Recordemos que, desde el 2 de noviembre de 1966, cuando el presidente Lyndon B. Johnson firmó la Ley de Ajuste Cubano (Cuban Adjustment Act o CAA, por sus siglas en inglés), se proporcionó un camino hacia la residencia permanente legal para los cubanos que llegaban a Estados Unidos después de la revolución de Fidel Castro. Específicamente, dicha ley permite a los cubanos y sus familiares directos solicitar la residencia permanente (Green Card) después de estar físicamente presentes en Estados Unidos durante al menos un año. Los ejecutivos de SIN en California y Texas opinaban que la audiencia del trabajador jornalero inmigrante hispano necesitaba ser atraída con información de la vida cotidiana, con humor y educación. El Tigre Azcárraga solía decir que su audiencia en México y Estados Unidos tendía a ignorar y rechazar el contenido demasiado serio y con «palabrotas», pero Godoy se oponía a esta tesis e insistía en un periodismo dedicado a educar política y económicamente al hispano, narrando el acontecer nacional e internacional. Al verse algunos episodios del *Noticiero Nacional SIN* que fueron emitidos a principios y mediados de la década de 1980 (disponibles en YouTube) se puede corroborar el peso del contenido de economía, política y asuntos internacionales proveniente de los informes desde Miami, Nueva York y Washington, comparado con el contenido que llegaba desde Los Ángeles y San Antonio, que se enfocaba en temas locales de la vida del hispano, por ejemplo, el fuerte calor y los altos costos de la electricidad en Texas o un asesino en serie buscado en el área de California. El noticiero nacional fue creciendo y mejorando año tras año, al tiempo que iba ganando su audiencia.

En 1986 la promoción de ventas de SIN describía que la audiencia era de un poco más de seis millones de espectadores en la parte continental de Estados Unidos. Según esa misma herramienta de mercadeo, se explicaban los programas con más audiencia, y ahí destacaba el *Noticiero Nacional SIN* que, según ellos, era uno de los programas más vistos.

Gustavo Godoy también dirigía el programa *Temas y Debates*, en el que se realizaban entrevistas y se concluían opiniones editoriales del propio director del noticiero sobre el ambiente político en Estados Unidos.

Las diferencias eran notables entre Godoy, su equipo de Miami y muchos otros en el equipo de redacción en SIN en la costa oeste. A mediados de 1986, Godoy se percató de que su protector,

René Anselmo, disminuía en poder. El director en Miami era Joaquín Blaya, un chileno que estaba enfocado en lograr una posición de liderazgo en el tren ejecutivo de SIN, pues sospechaba que la lucha de poder entre los propietarios iba a implosionar en cualquier momento. Godoy estaba consciente de que debía prepararse para el futuro, y que quizás este sería fuera de SIN.

El éxito de CNN y la visión de Ted Turner fueron admirados por el Tigre. En su constante búsqueda de innovación, Azcárraga encargó a su hombre de confianza en noticias, Jacobo Zabludovsky, que le presentara una idea similar a CNN pero en español para lanzarla globalmente. Zabludovsky le presentó un proyecto llamado ECO sin mucha explicación más que el significado metafórico de ser el eco de las noticias en el mundo. El Tigre creó la definición literal al estilo estadounidense usando un acrónimo: Empresa de Comunicaciones Orbitales (ECO). El canal se dedicaría a la transmisión de noticias en español las 24 horas, cuya distribución se conectaría a nivel mundial vía los satélites de PanAmSat, la empresa de Anselmo asociado con el Tigre. Este contenido sería redistribuido por cable en las áreas donde este mecanismo estuviera disponible en América Latina y Europa. El Tigre tuvo la gran idea de ofrecer la señal de ECO a todos los afiliados de la Organización de Telecomunicaciones Iberoamericanas (OTI). La primera orden de retransmisión de ECO se hizo a través de SIN, con instrucciones claras de que el noticiero internacional, que Televisa producía y transmitía desde México, ahora sería liderado por Zabludovsky y se llamaría *Noticiero ECO*; así, se emitiría en horario estelar en la costa oeste de Estados Unidos, mientras que en la costa este sería transmitido justo después del *Noticiero Nacional SIN*. Esta noticia no fue bien recibida en la sala de redacción liderada por Godoy en Florida.

Godoy *vs.* el Tigre: Rebelión y ambición en Miami

Como inminente presagio de una tormenta, una rebelión se gestaba entre el personal del noticiero en Miami. En el centro de la controversia se encontraba Gustavo Godoy, quien primero intentó hablar con Anselmo —cuya posición ya se había debilitado bastante por la inminente resolución desfavorable del largo litigio que se había disputado contra los Fouce—, pero que terminó por levantarse, junto con su equipo, contra la imposición de ECO.

Miami volvía a ser un problema para el Tigre. Recordemos aquella premonición narrada en el capítulo 2 de este libro cuando el Tigre le increpó a su padre y a Anselmo la compra de la televisora en Miami: eso solo iba a traer problemas.

Godoy no esperó el desenlace final del mentado juicio, ni el posterior anuncio de la venta de SIN, y en aquel noviembre de 1986 utilizó la noticia de la supuesta llegada de Jacobo Zabludovsky —el carismático ancla del noticiero nacional de Televisa en México a Miami— como líder global de ECO para anunciar su salida de SIN. Esta decisión se entendió por los ejecutivos del canal como una huida anticipada, pero lo cierto es que Godoy nunca previó que el Tigre sería expulsado de SIN, ni que Joaquín Blaya tomaría un rol más importante en la empresa. Ni siquiera imaginó que ECO nunca sería parte de la programación en Miami ni que SIN cambiaría de nombre a Univision en el corto transcurso de un año. Lo que Godoy tenía era un plan de independencia ya bastante adelantado.

Godoy explicó a los miembros de su equipo —muchos de los cuales habían abandonado una Cuba dominada por Fidel Castro— que no podrían trabajar con Zabludovsky, quien era visto por muchos como la voz de Televisa y, por ende, la voz sumisa al gobierno mexicano, un régimen amigo de la Cuba de Castro. Sin embargo, esta no era simplemente una cuestión de orgullo profesional. Había un profundo conflicto cultural y político en juego. En aquellos días, los mexicanos eran vistos como demasiado blandos con el líder cubano Fidel Castro, incluso llegaban a aplaudir y recibir al comandante con los brazos abiertos. Esta visión contrastaba de forma tajante con la de los exiliados cubanos en Miami, para quienes Castro era un dictador criminal comunista que los había obligado a abandonar su país. En palabras de la reconocida periodista María Elena Salinas, quien recogió algunos de los incidentes de este periodo en su libro *Yo soy la hija de mi padre*: «Antes de que se cerrara la venta a Hallmark Cards, un golpe cultural estremeció a Miami…». Y así comenzó la rebelión, y con la misma pasión y determinación que los había llevado a abandonar su tierra natal, los periodistas de Miami se prepararon para oponerse al Tigre.

Fue en ese momento cuando Gustavo Godoy y su equipo montaron una movida temeraria y se lanzaron a las ondas de las emisoras de radio locales en Miami en español, incluyendo la WAQI, para vociferar una alerta a la población de exiliados cubanos: «Se dice que Jacobo Zabludovsky, la voz del gobierno mexicano, viene a Miami a tomar control de nuestro noticiero».

En el corazón de la tormenta, dos decisiones críticas de Godoy definieron el futuro de lo que sería SIN. Televisa negó que enviaría a Zabludovsky a Miami, pero Gustavo Godoy, utilizando su poder de información, no hizo caso al mensaje y junto a un grupo compuesto por 14 personas, entre periodistas y personal de redacción y producción, decidieron renunciar inmediatamente a SIN. Ya Godoy tenía preparada su propia plataforma de noticias en Miami —llamada Hispanic Broadcasting

Corporation— financiada principalmente por el propietario de la estación de radio WAQI de Miami, Amancio Víctor Suárez, quien prometió conseguir ocho millones de dólares para este nuevo emprendimiento de Godoy. WAQI, también conocida como Radio Mambi, fue creada por exiliados cubanos anticomunistas liderados por Suárez. Aquellos que no se unieron a Godoy decidieron quedarse y aguardar para ver lo que estaba por venir. Tras el cisma, el noticiero de SIN quedó en ruinas, sin dirección, sin suficiente personal. El Tigre ya no tenía tiempo de reaccionar ante ese cataclismo ocasionado por Godoy, porque vino el golpe de gracia: se dictó la sentencia del famoso juicio entre la sucesión de los Fouce y los dueños mayoritarios de SIN.

Cada telenovela mexicana, cada programa de comedia y variedades producido por Televisa, seguía siendo muy querido por los espectadores. Pero la información de los noticieros se convirtió en un asunto distinto, un ámbito separado, casi sagrado, donde los intereses y las sensibilidades nacionales se enfrentaban con intensidad desgarradora. Cualquiera que fuera el destino de SIN, tenía que convertirse en un medio difusor de noticias que tuviera fines comunes de información para los inmigrantes hispanos.

Las cifras de audiencia del noticiero SIN eran significativas. En 1986 todos en la industria de la televisión soñaban con tener su propio CNN y Godoy no era la excepción. Así surgió Hispanic Broadcasting Corporation, un proyecto gestado por Godoy para rivalizar con ECO y, obviamente, contra SIN, que había sido su hogar y cuna de su carrera profesional en Miami.

El tablero de ajedrez mediático estaba en plena efervescencia. Las piezas se movían con astucia y rapidez.

María Elena Salinas y Jorge Ramos: Una alianza transformadora

Dos presentadores de noticias llegaban por coincidencia a Miami trasladados desde Los Ángeles, con una idea que tenía la vicepresidenta de Programación de SIN, Rosita Perú. La ejecutiva quería apostar por un programa matutino que mezclara noticias con información útil para mejorar la calidad de vida de los hispanos en Estados Unidos. Rosita Perú decidió crear el programa nacional matutino *Mundo Latino*. Quiso negociar con Danny Villanueva, a quien pidió que soltara a María Elena Salinas. De inicio, el ejecutivo se negó a cambiar a Salinas como ancla del noticiero local de Los Ángeles, pero esta, al enterarse de lo sucedido, muy disgustada y frustrada amenazó a Villanueva con abandonar la cadena para ir en busca de otras oportunidades. Ella tenía, de hecho, suficiente potencial como para llegar a ser ancla de cualquier otro canal, aun en inglés. Fue así que Villanueva tuvo que ceder, y Salinas aceptó la oferta de cambio de trabajo. Entonces, Rosita Perú convenció a Joaquín Blaya, director del canal en Miami, y a Danny Villanueva, director del canal en Los Ángeles, para producir ese programa con dos talentos provenientes de la ciudad angelina: María Elena Salinas y Jorge Ramos.

María Elena Salinas, quien habría de convertirse en una destacada presentadora de noticias, nació en Los Ángeles, California, en 1954. Perfectamente bilingüe y con una firme convicción de aprender periodismo, Salinas estaba decidida a construir una carrera que impactara a su comunidad hispana. Su carrera en los medios inició en una emisora de radio hispana de Los Ángeles, lo hizo en el área de ventas, donde tenía experiencia, pero con el deseo de saltar a la televisión.

En aquel tiempo el Tigre Azcárraga frecuentemente criticaba la apariencia física de los reporteros y presentadores de SIN en California, comparándolos desfavorablemente con los talentos de Miami y los de Televisa en México. Insistió a Danny Villanueva, el director del canal en Los Ángeles, que contratara a personas «más guapas».

En 1981, Villanueva descubrió a María Elena Salinas. Primero fue puesta frente a las cámaras para reportar el clima, pero muy pronto fue enviada a las calles de Los Ángeles a reportear, a pesar de no tener experiencia como periodista. La capacidad de trabajo y el afán de aprender de Salinas la llevaron a convertirse rápidamente en una reconocida presentadora del noticiero local de Los Ángeles.

Mientras tanto, en Miami, Teresa Abate era la presentadora del *Noticiero Nacional SIN*. Ante el torbellino de la renuncia de Godoy, ella también decidió ser parte de la estampida. Después de varios años, Teresa regresaría al canal, ahora renombrado Univision, y lo haría con un nuevo apellido, presentándose ahora como Teresa Rodríguez, pero ya no como el ancla del noticiero nacional.

Siguiendo las instrucciones del Tigre de contratar a personas con buena apariencia física, Danny Villanueva incorporó a Jorge Ramos en 1984 como reportero en SIN. Ramos, un periodista mexicano cuatro años más joven que María Elena Salinas, había nacido en la Ciudad de México y estaba cursando estudios en la Universidad de California en Los Ángeles. Cumplía con todos los requisitos y, como no quería regresar a México, aceptó el modesto salario que le ofrecía Villanueva.

En pocos años, Ramos ascendió a presentador de noticias en el noticiero local de SIN en Los Ángeles. Su deseo de crecer tanto profesional como económicamente lo llevaron a Miami, donde junto a María Elena Salinas se encontró con una oportunidad inesperada.

Al comenzar *Mundo Latino*, en paralelo ocurría la estampida del personal de *Noticiero SIN* en Miami, y rápidamente esta bella y muy profesional pareja de Salinas y Ramos saltaría al estrellato frente a las cámaras, al conducir el nuevo programa de noticias, uno que en cuestión de meses pasaría a llamarse *Noticiero Univision*.

En una entrevista con la periodista Stephania Taladrid de *The New Yorker*, Jorge Ramos explicó así la situación a su llegada a Miami: «Hubo una gran protesta en Estados Unidos, específicamente en Miami, en contra de su presencia [de Jacobo Zabludovsky]. Al final, la empresa decidió no traerlo». Taladrid le preguntó entonces a Ramos qué era lo que preocupaba a la gente sobre la llegada del veterano periodista mexicano a las emisiones de la cadena en Miami, a lo que Ramos respondió: «La censura. Él [Zabludovsky] representaba al gobierno mexicano, y no iba a presentar las noticias de manera neutral e imparcial». Entonces Taladrid preguntó a Ramos si él, a título personal, compartía dicha preocupación, a lo que el periodista mexicoamericano respondió: «Simplemente no quería trabajar con él. Nunca habría trabajado con él. Así que terminé siendo el único corresponsal masculino en la oficina de Miami, y me ofrecieron hacer el noticiero por unos días. Les dije que lo haría con la condición de tener total libertad para reportar».

Jorge Ramos y María Elena Salinas trascendieron como luminarias en el firmamento de la información, convirtiéndose en símbolos de una era para la comunidad hispana en Estados Unidos. Su presencia en el noticiero de Univision no solo informaba, sino que también inspiraba.

El *Noticiero Univision* se lanzó en 1987. Su primer director fue Luis Nogales, esposo de Rosita Perú, y todo surgió rápidamente bajo el liderazgo del chileno Joaquín Blaya, quien jugó un papel crucial en la transformación del canal y el establecimiento de un estándar que respetara el periodismo profesional.

Salinas y Ramos llegaron a un acuerdo entre ellos para no competir: ambos tendrían el mismo tiempo en pantalla, y se repartirían las primicias y las aperturas. Incluso el lado que cada uno tomó en el estudio se respetó de por vida. María Elena Salinas fue la presentadora del *Noticiero Univision* durante 30 años, desde 1987 hasta 2017. En diciembre de 2024 Jorge Ramos culminó sus cuatro décadas en *Noticiero Univision*, pero en páginas sucesivas comentaremos este retiro.

María Elena Salinas se ganó el respeto de los distintos directores de noticias y demás miembros directivos de Univision durante sus 30 años de experiencia. Ni siquiera un muy esperado embarazo la hizo suspender una entrevista con el subcomandante Marcos en plena efervescencia del Ejército Zapatista de Liberación Nacional (EZLN), la cual se llevó a cabo en un punto desconocido de Chiapas, México. Salinas aprendió junto a Ramos la mejor manera de realizar entrevistas, un formato muy bien manejado por ambos. Presidentes, dictadores, gobernadores, artistas y otras celebridades fueron entrevistados por Salinas o Ramos, quienes también se repartían las entrevistas importantes.

Más allá de su tiempo en Univision, María Elena Salinas ha tenido una carrera llena de logros y reconocimientos. En 2014, Salinas recibió el premio Emmy por su Trayectoria Profesional, un galardón que destaca su contribución al periodismo. También fue la primera latina en recibir el Premio a la Trayectoria de la Asociación Nacional de Periodistas Hispanos (NAHJ, por sus siglas en inglés). Además, Salinas ha sido reconocida por su trabajo filantrópico, enfocado en el empoderamiento de la comunidad hispana y la defensa de los derechos de los inmigrantes.

Jorge Ramos, por su parte, ha sido una figura influyente y a menudo considerado un titán en el periodismo hispano. Su estilo directo y su enfoque en temas relevantes para la comunidad latina lo han convertido en una voz poderosa en los medios. Una de sus intervenciones más notables en la audiencia global fue cuando confrontó a Donald Trump, en 2015, sobre sus políticas de inmigración. Lo hizo durante una conferencia de prensa, lo que no fue del agrado del entonces candidato presidencial, y culminó en su expulsión del evento.

Ramos ha recibido numerosos galardones a lo largo de su carrera, incluyendo múltiples premios Emmy y el premio Maria Moors Cabot de la Universidad de Columbia, que reconoce su excelencia en la cobertura noticiosa de América Latina. También ha sido un firme defensor de los derechos de los inmigrantes y utilizado su plataforma para dar voz a las personas y comunidades marginadas.

Ambos periodistas han publicado libros que reflejan sus experiencias y perspectivas. María Elena Salinas publicó *Yo soy la hija de mi padre: Una vida sin secretos* en 2006, una autobiografía que ofrece una visión íntima de su vida y su carrera. Jorge Ramos ha escrito varios libros, incluyendo más recientemente *Stranger: El desafío de un inmigrante latino en la era de Trump* (2018), *17 minutos: Entrevista con el dictador* (2021), que narra su controversial encuentro con Nicolás Maduro, presidente de Venezuela, y en 2024 publicó un compendio de sus columnas personales en la prensa escrita hispana: *Así veo las cosas: Lo que nunca te conté*.

María Elena Salinas y Jorge Ramos no solo fueron presentadores de noticias, fueron los pioneros que transformaron y moldearon la manera de informar a la comunidad hispana en Estados Unidos en español. Y la decisión audaz y pionera de elevar a una mujer, María Elena Salinas, a la misma estatura profesional que su colega masculino, Jorge Ramos, no fue solo un hito en la historia del periodismo, sino también un poderoso mensaje de igualdad y respeto.

CAPÍTULO 7

Telemundo y Univision: Finanzas, poder y la lucha por la audiencia

En la década de 1950, Desi Arnaz, productor de *Yo amo a Lucy* (*I Love Lucy*), utilizaba audazmente el idioma español. El carismático esposo cubano de Lucille Ball, coproductor del histórico *show* de comedia semanal que llevaba el nombre de su esposa, logró ingeniosamente que la integración del bilingüismo en un programa tan exitoso creara una euforia por el uso del español en la TV estadounidense. Pero el entusiasmo duró poco.

Ricky Ricardo, interpretado por el propio Desi Arnaz, representaba orgullosamente sus raíces cubanas, con escenas donde recurría al español en momentos de emoción o frustración, mientras Lucy intentaba comunicarse con cómicos malentendidos. La serie fue pionera al incluir diálogos en español sin subtítulos y números musicales completamente en español, lo que celebraba la riqueza cultural hispana y rompía esquemas en una época en la que estas representaciones eran inusuales.

Aunque el uso del español disminuyó con el tiempo debido a restricciones culturales y preocupaciones sobre la comprensión del público mayoritario, el programa dejó un legado importante. Más allá del humor, *Yo amo a Lucy* conectó con una audiencia diversa al tiempo que abordaba temas de identidad cultural, integración y los retos de las relaciones bilingües.

El 3 de octubre de 1954 marcó un momento histórico. Durante el aclamado *Show de Ed Sullivan*, transmitido por CBS y visto por millones de televidentes, se celebró una cena en honor a Arnaz y su esposa. Este evento, transmitido en vivo, contó con la presencia de altos ejecutivos de CBS, líderes corporativos y figuras destacadas del gobierno. En su emotivo discurso de agradecimiento, Arnaz compartió su conmovedora trayectoria desde su humilde llegada a Estados Unidos procedente de Cuba, siendo su primer trabajo el cuidado de aves. Recordó cómo, a pesar de las dudas de algunos ejecutivos de CBS (imagino que algunos estaban ahí presentes) sobre su idoneidad para interpretar al esposo de Lucille Ball, su matrimonio de 12 años en la vida real se convirtió en una prueba irrefutable de su autenticidad para el papel. Las risas nerviosas resonaron cuando mencionó este detalle. Esa noche, la historia de un inmigrante hispano que alcanzó el éxito se narró en el programa más popular de la nación, generando una mezcla de elogios y rechazo. Con su discurso, «*Thank You America*» (Gracias, Estados Unidos de América), pronunciado entre lágrimas, Arnaz no solo celebró su éxito personal, sino que también destacó las complejas dinámicas de racialidad y representación en la televisión estadounidense de la época.

Desi Arnaz fue un pionero que ayudó a la consolidación del continuo uso del español en Estados Unidos. Después de Arnaz, la ausencia de historias de los hispanos en Estados Unidos, ignorados en gran medida por las cadenas televisivas dominantes durante las décadas de 1960 y 1970, ayudó al nacimiento y crecimiento de SIN.

El gran despertar llegó en 1986, cuando los intereses políticos y financieros se enamoraron del emergente poder electoral de la población hispana. Por un lado, ocurrió el controversial juicio en boca de todos que impulsó la venta forzada de SIN por más de 500 millones de dólares a Hallmark Cards. Por otro lado, y al mismo tiempo, el financiero Saul Steinberg anunció la sorprendente noticia de que estaba invirtiendo un poco más de 280 millones de dólares para adquirir John Blair & Co., empresa propietaria de estaciones de televisión en Florida, y de una en Puerto Rico, WKAQ, que utilizaba la marca Telemundo.

Steinberg, Silverman, Telemundo, Drexel y más bonos basura

A principios de la década de 1960, Saul Steinberg, un estudiante de último año en la Facultad de Negocios Wharton de la Universidad de Pensilvania, en Filadelfia, ideó una manera innovadora de financiar computadoras IBM a terceros con mejores condiciones que las ofrecidas por la propia gigante tecnológica. A sus 22 años, convenció a un banco para que le prestara el dinero necesario para comprar computadoras a IBM, las cuales dejaba en garantía al ente financiero y luego las alquilaba, obteniendo una ganancia entre el costo del banco y la renta que cobraba.

Con el dinero acumulado a temprana edad, y utilizando un ingenioso mecanismo (para la época) de emisión de bonos con altísimas tasas de interés, Steinberg logró adquirir la empresa de seguros Reliance. En 1969 intentó sin éxito comprar el gigante Chemical Bank, y en 1984 también falló en liderar una compra hostil de Disney. En 1986 decidió promover a Henry Silverman como CEO de su brazo de inversiones, Reliance Capital.

Steinberg, pionero en el uso de bonos con altas tasas de interés en Wall Street, junto con Silverman, buscaron oportunidades de inversión utilizando fondos provenientes de este tipo de bonos, que luego fueron catalogados como bonos basura (*junk bonds*). Decidieron explorar el mercado hotelero y la televisión hispana, realizando transacciones coordinadas con el banco de inversiones Drexel Burnham Lambert, conocido por su dominio en el mercado de bonos basura antes de su caída en desgracia en la década de 1990. A Silverman lo llamaban el «*Asset Stripper*», lo que podríamos traducir como el «Desmantelador de Activos».

Reliance compró la cadena hotelera Days Inn el mismo año en que adquirieron estaciones de televisión. En 1987 compraron WNJU, ubicada en Nueva Jersey, con una cobertura que llegaba hasta la ciudad de Nueva York. WNJU transmitía contenido en español bajo el nombre de NetSpan y había sido propiedad de Jerry Perenchio y otros socios, quienes ya experimentaban con su recién descubierto mercado hispano. Reliance pagó 60 millones de dólares por NetSpan, una compañía cuyo director de Programación era el cubano Carlos Barba.

Ni Silverman ni Steinberg tenían experiencia en el negocio de la televisión ni en el mercado hispano. Entre todas las estaciones adquiridas hasta ese momento, Carlos Barba, nacido en Cuba, era el único ejecutivo que hablaba español. Venía de trabajar varios años para Gustavo Cisneros en el canal de televisión venezolano Venevisión, siempre en el área de ventas.

Si resultó sorprendente la opacidad en el financiamiento de la compra de Univision por parte de Hallmark Cards, las maniobras financieras utilizadas para lanzar la cadena de televisión rival, Telemundo, no se quedaron atrás. La revelación que ofrece un análisis preparado por especialistas de AIG (American International

Group) para denunciar a Henry Silverman ante la SEC (la Comisión de Bolsa y Valores, por sus siglas en inglés; el organismo regulador del mercado de valores y de Wall Street), quien competía contra ellos por la adquisición de una aseguradora en Estados Unidos, nos permite ver el oscuro trasfondo de la operación.

El 24 de diciembre de 1986 Reliance Capital Group, L. P., pagó 283.5 millones de dólares por el 100 % de las acciones en circulación de John Blair & Co., la cual renombraría posteriormente como Telemundo Group, Inc. La compra se financió con 226 millones de dólares en bonos basura emitidos por Drexel Burnham Lambert, Inc. Para agosto de 1987, Reliance Capital Group ,L. P., controlaba el 85 % de las acciones en circulación de Telemundo, y Henry Silverman fungió como presidente de la empresa desde octubre de 1986 hasta febrero de 1990.

Los mencionados nuevos propietarios de Telemundo Group, Inc., inmediatamente endeudan a la compañía y comienza un malabarismo financiero que consiste en ir adquiriendo propiedades de transmisión pertenecientes a Reliance, al tiempo que comienzan un programa acelerado para desmantelar y vender todos los demás activos heredados de John Blair & Co. Para el 30 de junio de 1987, Telemundo Group, Inc., poseía y operaba cinco estaciones de televisión en español, y en 1988 adquirió una estación de televisión en Texas y otras instalaciones de televisión en Florida.

Con una deuda de 189 millones de dólares y la adquisición de las estaciones de televisión en español en Los Ángeles y Nueva York, la empresa perdió 26.3 millones de dólares en los primeros seis meses de 1987, así que solicitó a sus banqueros una exención en los pagos de la deuda. En agosto de 1987, Telemundo emitió dos millones de acciones ordinarias y 220 millones de dólares en bonos basura al público, una operación coordinada por Drexel.

Según un artículo de *Business Week* del 10 de agosto de 1987, «Telemundo debe tanto y gana tan poco que está pagando más por intereses de lo que genera en ingresos». Al 31 de diciembre de 1987, la empresa tenía una deuda a largo plazo de 240.7 millones de dólares (más de tres veces sus ingresos).

Esta era la lista de directores y ejecutivos de Telemundo en 1987, de los cuales solo Carlos Barba tenía experiencia en televisión hispana:

- Saul P. Steinberg, presidente de la Junta Directiva
- Henry R. Silverman, presidente y CEO
- Donald G. Raider, vicepresidente ejecutivo, director de operaciones
- Peter J. Housman II, vicepresidente sénior, tesorero, director financiero
- Leónard P. Forman, vicepresidente sénior
- Thomas J. McKee, vicepresidente sénior, director jurídico y secretario general
- **Carlos Barba, vicepresidente, director de Programación y Difusión**
- Nancy R. Alpert, vicepresidenta, asistente del director jurídico y asistente del secretario general
- Kevin M. Sheehan, vicepresidente y contralor
- W. Gary McBride, vicepresidente, director de mercadeo y ventas
- George E. Bello, director
- Robert V. Cahill, director
- Martin J. Edelman, director
- Lowell C. Freiberg, director
- Andrew R. Heyer, director

- Daniel Hirsch, director
- Howard E. Steinberg, director
- Robert M. Steinberg, director

En 1986 Univision Communications y Telemundo Group, Inc., estaban listas para su registro. El 16 de mayo de 1987, Univision, y meses más tarde la marca Telemundo, se presentaron ante la Oficina de Patentes y Marcas Registradas de Estados Unidos (USPTO, por sus siglas en inglés). En 1988 las dos marcas fueron aprobadas y registradas oficialmente. Las dos empresas fueron endeudadas fuertemente en 1987 por sus propietarios, quienes utilizaron esas deudas para justificar sus adquisiciones y realizar las inversiones que veían convenientes. La llegada avasallante de los anglosajones al control de los dos grupos empresariales con mayor alcance e influencia en la comunidad hispana de Estados Unidos es, cuando menos, sorprendente.

La expansión de Telemundo se dio un poco más tarde y con mayores dificultades que la de Univision, ya que esta contaba con una programación establecida proveniente de SIN, había tenido propietarios hispanos y un personal mucho más preparado. Telemundo, por su parte, solo contaba con un ejecutivo hispano de alto rango, Carlos Barba, y apenas comenzaba a consolidar su contenido de programación. Barba tuvo que batallar para convencer a sus colegas, la mayoría de los cuales eran ajenos a la industria y no hablaban español.

En el numeroso grupo que conformaba la Junta Directiva y el equipo ejecutivo de Telemundo había quienes veían al canal como una oportunidad para mezclar el inglés con el español y fomentar la asimilación de los hispanos al mundo anglosajón. Algunos incluso proponían experimentar con el uso del *spanglish* y,

¿por qué no?, con contenido en inglés dirigido a los hispanos de habla inglesa, un segmento en crecimiento. Esta estrategia tenía un doble propósito: servir a una audiencia que poco a poco iba olvidando el español o, al mismo tiempo, inducir el olvido del español.

Aunque hubo algunas pruebas exploratorias de esta oscura estrategia, no solo fue una idea que fracasó, sino que el director de Programación de la propia empresa, Carlos Barba, nunca estuvo convencido de esa ruta. Mientras estos experimentos se implementaban en la programación, los costos operativos y financieros empezaron a carcomer las arcas de la recién nacida Telemundo. Los intentos por atraer a una audiencia bilingüe no lograron los resultados esperados, y la empresa se enfrentó a desafíos significativos en su esfuerzo por encontrar una identidad clara y una estrategia de programación que resonara con su público.

En el excelente trabajo «Mapping Latinidad: Language and Culture in the Spanish TV Battlefront» (Explorando la Latinidad: Idioma y cultura en el frente de batalla de la televisión en español), escrito por Arlene Dávila, la autora explica un ejemplo de los mencionados experimentos bilingües en uno de los programas que Telemundo en sus comienzos transmitía:

> El inglés aparece solo en la forma de *spanglish*, que se usa selectivamente como un «condimento» y se limita principalmente a los programas de comedia. En *Solo en America* —programa en Telemundo—, que gira en torno al choque de idioma y cultura entre una latina venezolana, divorciada y de habla hispana, y sus dos hijas adolescentes bilingües y biculturales en Brooklyn, uno de los principales recursos cómicos es la reprimenda de la madre sobre el español

contaminado de sus hijas. La madre constantemente insinúa los males de volverse demasiado americanizadas. Aunque se supone que las jóvenes son completamente bilingües, solo se las muestra hablando frases cortas y mayormente palabras sueltas en inglés o *spanglish*. El significado real de su discurso, sin embargo, casi siempre se transmite por el contexto, por una traducción inmediata de la madre o por una reformulación deliberada en español. Los resultados son construcciones como «*Mom, I can't believe* que tú a mí me mentiste» o «Frank, no sé por qué te abrí la puerta, tú no entiendes *nothing*» o «*Mom, have you decided,* ¿qué vas a hacer?».

Nace el Noticiero Telemundo

En enero de 1987, Barba fue contactado por su coterráneo Amancio Víctor Suárez, propietario de Radio Mambi WAQI y principal inversionista del nuevo equipo de noticias comandado por Gustavo Godoy, quien había sido responsable de la reciente estampida del equipo de noticias de SIN. Suárez y Barba llegaron a un acuerdo, y el primer noticiero de Telemundo fue producido por la recién creada Hispanic Broadcasting Corporation comandada por Godoy. Con el dinero de Suárez y el pago de Telemundo, Godoy pensaba que tenía los recursos necesarios para desarrollar un nuevo canal de noticias equivalente a CNN para los hispanos. El proyecto de Godoy arrancó con un estudio en Miami y corresponsalías en Washington, D. C., Nueva York y Los Ángeles, y planes de abrir más corresponsalías en México, Sudamérica y Europa. Sin embargo, el precio que Suárez quiso cobrar a Telemundo fue tan elevado que Barba pidió comenzar con un noticiero diario de solo media hora.

Godoy insistía en demostrar su capacidad de crear un *network* de noticias. Incluso intentó persuadir infructuosamente a Barba para que convenciera a sus jefes en Reliance Capital de invertir y adquirir a su Hispanic Broadcasting Corporation. El noviazgo entre Telemundo con Godoy duró apenas un año.

En la euforia por el mercado de bonos basura surgió una firma de inversión que lideró la mayor cantidad de transacciones con este vehículo financiero que fue utilizado para la adquisición de Telemundo por parte de Reliance Capital y también de MGM por parte del empresario Ted Turner. El nombre de la firma de inversión era Drexel Burnham Lambert y el banquero que se ganó el apodo de «Rey de los Bonos Basura» (*The King of the Junk Bonds*) era Michael Milken. Como buen banquero, conectó a su cliente y amigo Ted Turner con su otro cliente y amigo Saul Steinberg. Turner ya había adquirido Metro-Goldwyn-Mayer/United Artists (MGM) a principios de 1986 asesorado por Milken, y Steinberg había adquirido Telemundo de la mano del mismo Milken. Turner había intentado comprar SIN sin resultado, y le pidió a Milken que le presentara a Steinberg. De esa conexión surgió entonces el reemplazo de la aventura de Godoy por un noticiero coproducido en Atlanta por Telemundo y la ya famosa CNN de Ted Turner. Económicamente era mucho más viable apoyarse en la estructura de producción de CNN en Atlanta que pagar por el costo de toda una infraestructura del recién creado proyecto de Gustavo Godoy.

La decisión de Barba de no continuar adquiriendo el noticiero de Godoy significó el fin de su proyecto y este tuvo que desmontar su sueño. En 1988 Godoy intentó convencer a René Anselmo para que invirtiera y le distribuyera su noticiero, pero este no se arriesgaría a respaldar lo que pudiera percibirse como una traición en medio de una situación ya complicada, así que le expresó que no se prestaría a esa maniobra, le deseó suerte y le sugirió que buscara otro proveedor de satélites, ya que no contaría con PanAmSat. Gustavo Godoy siguió una carrera periodística exitosa, pero nunca más probó ser administrador o empresario.

Para conducir el nuevo *Noticiero Telemundo-CNN*, Silverman contrata a un talentoso periodista uruguayo de nombre Jorge Gestoso. Él convence a Barba, y este convence a Silverman, de contratar a la chilena Cecilia Bolocco, quien fuera Miss Universo, para que lo acompañe en el noticiero que habría de competir contra la pareja de Univision: Jorge Ramos y María Elena Salinas.

Alianza Telemundo-Viacom

Otro esfuerzo que Barba impulsó fue una alianza entre Telemundo y Viacom Music Television, creando el proyecto *MTV Internacional*. Este proyecto tenía como presentadora a la joven cubanoamericana Daisy Fuentes, quien a sus 21 años tenía un poco más de dos años de experiencia como presentadora del pronóstico del tiempo en NetSpan, que después se convirtió en Telemundo.

Nacida en La Habana, Cuba, en 1966, Daisy Fuentes decidió probar suerte en el novel canal de televisión en español comandado por Barba y propiedad de Jerry Perenchio. Poco tiempo después, en 1987, de ser la chica del tiempo, Fuentes aprovechó que Barba, su exjefe en NetSpan, era ahora quien presidia Telemundo y le pidió la oportunidad para convertirse en la presentadora de videos musicales dos veces por semana que el programa *MTV Internacional* estaba buscando. Barba aceptó y el futuro de Daisy Fuentes resplandeció.

Mientras Telemundo perseveraba, aprendiendo entre errores y aciertos, y ajustando su enfoque para centrarse en servir mejor a la comunidad hispana en su lengua materna, se acercaba la tormenta financiera generada por sus propios dueños. A pesar de que hacia finales de 1988 las deudas y sus intereses ya ahogaban a Telemundo, los experimentos con el contenido sentaron las bases para el crecimiento y su influencia en el mercado hispano de Estados Unidos.

El *Noticiero Telemundo*-CNN, que marcó una época en la televisión hispana, llegó a su fin en 1993. De igual forma, la alianza entre Telemundo y MTV concluyó ese mismo año. Esta ruptura se produjo en un contexto turbulento para Michael Milken, el Rey de los Bonos Basura. Su imperio se derrumbó cuando admitió en tribunales ser culpable de seis delitos graves relacionados con violaciones de normas de valores y reportes financieros, lo que le valió una sentencia de 10 años de prisión. El mercado de bonos basura, que alguna vez fue visto como una innovadora fuente de capital, quedó expuesto como una práctica irregular. Milken colaboró con las autoridades, desvelando los detalles de los financiamientos que había realizado, incluyendo los de Steinberg y Silverman a través de Reliance Capital. Este colapso financiero afectó directamente a los vehículos de financiamiento de Telemundo y, en consecuencia, terminó con la alianza entre Turner (CNN) y Steinberg (Telemundo). Milken logró reducir su sentencia a 22 meses a raíz de su reveladora colaboración con las autoridades.

A pesar de estos desafíos, Turner continuó su ascenso, transformándose en un magnate de las noticias y los medios. CNN, por su parte, siguió adelante con su proyecto hispano, creando noticieros internacionales transmitidos desde Atlanta. Jorge Gestoso, quien había sido una figura prominente en Telemundo, se unió a

CNN para liderar estos nuevos esfuerzos que siguieron creciendo hasta convertirse en 1997 en «CNN en español», un canal de cable con 24 horas de noticias en español. MTV también logró avanzar con éxito, estrenando en octubre de 1993 MTV Latino, un canal de TV que transmite videos musicales las 24 horas. Daisy Fuentes fue la presentadora principal de MTV Latino hasta 1997. La salud de Saul Steinberg se fue deteriorando y en 1995, a los 55 años de edad, sufrió un derrame cerebral que lo obligó a retirarse de la gestión de Reliance. Henry Silverman quedó al mando.

En medio de estos cambios, Telemundo Group, Inc., enfrentó una crisis financiera significativa. El 8 de junio de 1993, la compañía solicitó la protección por bancarrota bajo el Capítulo 11 del Código de Bancarrota, después de que se presentara una petición de bancarrota involuntaria en el Tribunal de Bancarrota de Estados Unidos para el Distrito Sur de Nueva York. Esta medida reflejaba las dificultades económicas y estructurales que atravesaba la empresa y su propietaria, Reliance Capital. Este periodo estuvo lleno de desafíos tanto financieros como estratégicos para Telemundo. Sin embargo, la cadena logró salir adelante.

Why don't you learn English?

No se puede negar que la trama litigiosa previa a la creación de Univision, que duró una década, causó un cambio radical en la dirección de la televisión hispana en Estados Unidos. Durante esos 10 años, de 1976 a 1986, se consolidó el español como el segundo idioma más hablado en el país, con una audiencia hispanohablante que ya superaba los seis millones de residentes. En 1986 se aprobó la Ley de Reforma y Control de la Inmigración (IRCA, por sus siglas en inglés), también conocida como la «amnistía de Reagan», que otorgó la legalización y un camino a la ciudadanía a cerca de tres millones de inmigrantes indocumentados, la mayoría hispanos. Mientras tanto, el trío dominante de la industria de la televisión abierta en Estados Unidos —ABC, CBS y NBC— hizo caso omiso a una revolución silenciosa que se gestaba en la creciente prosperidad de la comunidad hispana, tanto en términos económicos como de población.

Este periodo fue crucial para el desarrollo de los medios en español, ya que sentó las bases para la creación de una programación que respondiera a las necesidades y preferencias de una audiencia hispana en constante expansión. La negligencia de las grandes cadenas en reconocer y atender este mercado emergente permitió a Univision y Telemundo ocupar un espacio vital que aún mantienen hoy en día. Este vacío dejado por las grandes cadenas no solo subestimó el potencial del mercado hispano, sino que también subrayó la importancia de una representación auténtica y dedicada en los medios de comunicación.

Curiosamente, la respuesta de las tres gigantes anglosajonas de la televisión no fue adaptarse ni apreciar el valor del público hispano. En lugar de ello, impusieron una narrativa que subrayaba la supremacía del idioma inglés y la necesidad de que los hispanos se asimilaran a la cultura anglosajona. Sostenían ante el mercado de anunciantes que no era necesario hacer publicidad en español, argumentando que los hispanos debían aprender inglés y adaptarse a la cultura dominante.

Esta postura no solo ignoraba a la creciente población hispana, sino que también subestimaba su poder adquisitivo y su influencia cultural. Mientras los anunciantes eran persuadidos de invertir en canales en inglés, se pasaba por alto el potencial de un mercado que valoraba su propio idioma y su cultura. Las cadenas anglosajonas mantenían tarifas publicitarias elevadas, justificadas por su alcance y prestigio, mientras desestimaban la importancia de conectarse auténticamente con la audiencia hispana.

Esta miopía permitió a Univision y Telemundo capitalizar la oportunidad de ofrecer contenido relevante y en español, atrayendo a millones de espectadores leales. Sin embargo, la disparidad en los costos publicitarios reflejaba una subvaloración persistente: un anuncio publicitario en Univision, de hecho, se contrataba por una décima parte de lo que costaba en cualquiera de las otras tres cadenas. Esta brecha no solo reflejaba una falta de reconocimiento del valor del mercado hispano, sino también una oportunidad que aprovecharon los anunciantes para llegar efectivamente a una audiencia creciente y económicamente potente con una mínima inversión.

En 2023, la disparidad continuaba: un anuncio de publicidad en TV en Univision costaba aproximadamente la mitad de lo que cuesta en los principales canales de televisión de habla inglesa en Estados Unidos. Esta diferencia de costos destaca la persistente subestimación del poder y la influencia del público hispano.

Con las redes de estaciones de televisión de Univision conectadas vía satélite, se estableció un nuevo orden en los medios de comunicación audiovisuales en Estados Unidos. Es un hecho notable que SIN pavimentó el camino para que gigantes como CNN, ESPN, CNBC, A&E, HBO, Cinemax, Discovery y Fox pensaran que podían también posicionarse y competir con los tres monstruos. El marco regulatorio que debió regir el crecimiento y control de las televisoras por cable llegó tarde y eso también ayudó al crecimiento vertiginoso del alcance de la TV por cable frente a las narices de las tres gigantes.

La consolidación del español y la creciente influencia de la comunidad hispana marcaron el inicio de una nueva era en la televisión estadounidense que sería imposible ignorar en los años venideros.

El progreso y el retroceso

Siempre ha existido —de manera más o menos influyente— un esfuerzo concertado para erradicar el uso del español en Estados Unidos. Entre las décadas de 1950 y 1960 existía una fuerte presión sobre los niños y las familias hispanas para que abandonaran su lengua materna. En algunas escuelas de California y Texas el uso del español estaba prohibido y los estudiantes eran castigados severamente si se les sorprendía hablando español. En la frontera entre México y Texas muchos de los estudiantes eran incluso obligados a escribir planas, en inglés, con la frase «hablaré menos en español», hojas que luego debían enterrar en una tumba simbólica marcada con una cruz que decía «Spanish», y las siglas RIP, la abreviatura en latín de «Descanse en Paz».

«Death Mr. Spanish».
(Fotografía: Museo Institute of Texan Cultures, en San Antonio, Texas).

«Why don't you learn English?», que en español significa «por qué no aprenden inglés», era la típica respuesta que René Anselmo y su equipo de ventas en SIN estaban acostumbrados a escuchar de los anunciantes de publicidad en las décadas de 1960 y 1970. Pero la persistencia en demostrar que había un segmento del mercado que siempre preferiría el español continuó. Inculcar a través de la televisión hispana la idea de permanecer culturalmente conectados funcionó.

El contenido local que comenzó a impulsar el equipo de Danny Villanueva, director de SIN en California, y Joaquín Blaya, director de SIN en Miami, los dos comandados por René Anselmo, resonó en la población que comenzó a reconocer su potencial y se involucró más en la sociedad estadounidense. SIN informaba y entretenía a sus espectadores y con números reales fue como los ejecutivos comenzaron a persuadir también a los anunciantes. La población comenzaba a reconocer su influencia potencial, al tiempo que los intereses económicos y políticos reconocían el potencial de ganancias y poder de un grupo social en auge. El reconocimiento también se intensificó entre políticos y legisladores locales, estatales y federales, quienes entendieron que el engrosamiento de la comunidad hispana representaba un crecimiento en el total de votantes. Los medios de comunicación en español empezaban a reflejar una posición clave beneficiosa como principal canal de intercambio entre estos grupos. SIN redescubrió a los hispanos en Estados Unidos.

Con todo, Frank del Olmo, primer periodista mexicoamericano en conseguir una posición de relieve en el periódico *LA Times*, escribió en 1989 que, aunque la década de 1980 fue especial para los hispanos, también «había dejado a muchos (particularmente chicanos y puertorriqueños) peor de lo que estaban». Frank del Olmo afirmó sarcásticamente que «el impacto más evidente que los latinos tuvieron en los años 80 fue en las artes». Kenton Wilkinson, en su libro sobre la televisión en Estados Unidos, relacionó esta opinión de Del Olmo con el argumento de John Hoberman que explicaba cómo los afroamericanos «amenazan menos los intereses dominantes angloamericanos cuando sobresalen en la cultura popular y el deporte en lugar de en los negocios y la política».

El reporte de la Fundación Nacional Cubano-Americana en 1989 define con crudeza que «el progreso y el retroceso son dos corrientes contradictorias pero no obstante poderosas que están transformando a las comunidades hispanas». El párrafo de conclusión del informe dice:

> El aumento en el empoderamiento político, el surgimiento de un mercado hispano y el emprendimiento, y la aparición de una agenda hispana nacional son desarrollos poderosos que pueden apoyar el progreso hispano a largo plazo. Pero el declive educativo sostenido y la perpetuación y profundización de la pobreza son signos inquietantes de estancamiento hispano a largo plazo. Es el choque de estas fuerzas lo que define con mayor precisión el destino de los hispanos en los años ochenta, una década quizás mejor denominada «La década elusiva de los hispanos».

La consolidación del español y la adaptación de la programación a los modelos anglosajones

Era obvio que William Grimes, el primer CEO de Univision asignado por el nuevo propietario Hallmark Cards, no tenía la menor idea de lo que significaba liderar un medio de comunicación hispano. Sin embargo, el ejecutivo venía de transformar y hacer crecer el novel canal de cable ESPN, dedicado las 24 horas a la diseminación de contenido deportivo. Grimes se hizo famoso cuando anunció que ESPN había pagado 153 millones de dólares a la NFL por los derechos de transmitir los partidos de futbol americano. Cuando Grimes tomó las riendas de ESPN en 1981, el canal vendía poco más de un millón de dólares. En 1983 ya era el canal de cable con la mayor cantidad de suscriptores, con más de 30 millones. En 1987 ESPN alcanzó su meta de 600 millones de dólares en ventas. La diferencia entre lo que había hecho en ESPN y lo que tenía que hacer en Univision era que ESPN se fue capitalizando mientras iba creciendo, en cambio Univision ya tenía una deuda inmensa cuyos fondos habían sido utilizados para la compra de la empresa y no para sus operaciones. Aun así, Grimes asumió el reto y comenzó de inmediato una reestructuración del negocio que brindó buenos frutos.

A principios de 1988, Grimes fue oficialmente designado como presidente y CEO de Univision. Su reto, además del financiero, era nada más y nada menos que reemplazar a la dupla de René Anselmo, agresivo líder bilingüe desde la fundación, y a su socio y amigo, el Tigre Azcárraga. En julio del mismo año, Grimes anunció la separación de sus dos cargos y explicó que él, como CEO, se encargaría de liderar el negocio y las finanzas, al tiempo que promovía a Joaquín Blaya como presidente de Univision, quien tendría la responsabilidad de gestionar la programación y supervisar la producción del contenido de toda la cadena. Mantuvo a Daniel «Danny» Darío Villanueva en la dirección de las operaciones de Univision en California y Texas.

Villanueva, nacido en 1937 en un pequeño pueblo llamado Tucumcari, ubicado al norte del estado de Nuevo México, fue uno de los primeros jugadores de futbol americano profesional de origen hispano en Estados Unidos. Tuvo una carrera exitosa, entre 1960 y 1967, jugando como pateador en los Carneros (Rams) de Los Ángeles y los Vaqueros (Cowboys) de Dallas. Es conocido, entre los fanáticos del deporte, como «el Kickeador».

En una entrevista con ESPN, Villanueva recordó su experiencia de cultura racial en la NFL: «En ese entonces había un autobús para llevar a los jugadores negros y un autobús para los blancos; estábamos segregados». Recordó cómo en una ocasión un compañero de equipo le anunció: «Todos los chicos negros suban a ese autobús, los chicos blancos al otro autobús y, Danny, tú toma un taxi». «Entonces comprendí», continuó Villanueva, «que yo no era ni pescado, ni res».

En 1962, para complementar sus ingresos del futbol americano, Villanueva comenzó a trabajar como locutor deportivo para KMEX, entonces una estación de televisión en español poco conocida en Los Ángeles perteneciente a SIN. Tuvo que re-aprender español, del cual se había alejado en respuesta a la presión para asimilarse.

«Éramos esa generación de transición que pensaba que al distanciarnos de nuestra cultura, nuestro idioma y nuestros antecedentes, de alguna manera seríamos aceptados mágicamente por la comunidad en general», dijo Villanueva en una entrevista de 1985 con *LA Times*. «No funcionó», recalcó.

Después de ser traspasado a los Vaqueros, Villanueva viajaba en avión a su trabajo de televisión en Los Ángeles. Eventualmente Villanueva se convirtió en el director de Noticias de KMEX. Bajo el liderazgo de Villanueva, KMEX se puso en la punta de las estaciones de Spanish International Network. Villanueva llegó a ser copropietario y vicepresidente sénior de SIN hasta poco después de convertirse Blaya en CEO.

Grimes entendió que, para que Univision tuviera éxito, necesitaba aprovechar la experiencia y el conocimiento de líderes hispanos como Daniel Villanueva y Joaquín Blaya, quienes comprendían profundamente las necesidades y deseos de la audiencia hispana. Mientras Grimes se enfocaba en estabilizar las finanzas y optimizar los recursos, Blaya y Villanueva trabajaban en enriquecer la programación y asegurar que Univision continuara siendo relevante y atractiva para su público.

Otra de las acciones de Grimes fue explicar internamente a todo el personal que Univision comenzaba una nueva era, y a partir de entonces todas las comunicaciones corporativas debían hacerse en inglés (una regla que aún se mantiene en Univision hoy en día) y cualquier asunto sobre programación debía incluir a Blaya, Villanueva, o a ambos.

El 31 de agosto de 1988, *The New York Times* publicó una nota sobre un cambio clave en el liderazgo de Univision: «El periodista Daniel Cuff informó sobre el nombramiento de Joaquín F. Blaya, de 42 años, como presidente de Univision Holdings, Inc.». La nota describe cómo Blaya anteriormente se había desempeñado como gerente general de WLTV-Canal 23 en Miami y gerente regional de la zona este del grupo de estaciones Univision, y ahora era designado para liderar la cadena de televisión en español.

El artículo habla de cómo voceros de Univision afirmaban que la cadena llegaba al 84 % de los hogares hispanos de Estados Unidos a través de emisiones por satélite y afiliadas de cable. La nota reveló que Blaya vivía en Miami junto a su esposa Isabel y sus hijos. Blaya declaró al diario que planeaba dividir su tiempo entre Nueva York y Miami. «Estamos realmente concentrados en el desarrollo de nueva programación», dijo Blaya a *The New York Times*.

La nota narra cómo Blaya comenzó su carrera televisiva en 1970 en Nueva York como ejecutivo de ventas para lo que entonces era la Spanish International Network, SIN. En 1972 se trasladó a la estación de Miami y en 1974 fue nombrado gerente general.

Semanas más tarde, después de este nombramiento, Grimes promovió al cubano Ray Rodríguez como gerente general de WLTV, la estación de Univision en Miami.

Bajo esta nueva estructura de liderazgo, Univision comenzó a experimentar un crecimiento sostenido. La combinación de la experiencia en el negocio de Grimes y la visión culturalmente informada de Blaya permitió enfrentar los desafíos financieros y operativos, estableciendo las bases para convertirse en el gigante de medios que es hoy. La transformación de Univision bajo ese liderazgo demostró que, aunque la cadena enfrentaba una deuda considerable y retos operativos, con una estrategia clara y un equipo comprometido era posible lograr un cambio significativo y duradero.

Sin embargo, financieramente esto no satisfacía las metas y objetivos de Hallmark Cards, propietarios de Univision. Para sorpresa de William Grimes, en el último trimestre de 1990 la Junta Directiva de Hallmark lo citó a una reunión en la que fue notificado que habían decidido evaluar la posibilidad de vender la empresa. El peso financiero de la deuda de Univision requería aportes de capital por parte de sus propietarios, quienes no se mostraban motivados para hacerlo y, por ende, preferían vender Univision Holdings. Grimes expresó su desacuerdo, pero la posición de Hallmark Cards era firme. No había vuelta atrás.

Mientras tanto, en la competencia, Telemundo enfrentaba una crisis financiera. Carlos Barba notaba el oscuro futuro que presentía para sus jefes, Saul Steinberg y Henry Silverman, a raíz del desmoronamiento estrepitoso de su principal financista, Michael Milken, y su empresa Drexel Burnham Lambert. Durante su carrera en Telemundo, Barba había retomado contacto con su exempleador, el empresario venezolano Gustavo Cisneros. Al enterarse de las intenciones de Silverman de solicitar la protección de bancarrota para Telemundo, Barba, consciente de la frágil situación de la empresa, decidió anunciar su renuncia.

Así como la descripción anterior sobre la comunidad hispana reflejaba tanto progreso como retroceso, Univision y Telemundo también experimentaban crecimientos vertiginosos en alcance de televidentes y en ventas, pero sus propietarios no podían, o, mejor dicho, no estaban dispuestos a soportar el peso financiero propulsado por las deudas asumidas para la adquisición de ambos gigantes de la televisión hispana. En 1991, Hallmark Cards anunció que vendería Univision, mientras Telemundo se preparaba para solicitar protección por bancarrota.

Las decisiones tomadas durante estos años tendrían repercusiones duraderas, moldeando el panorama de los medios hispanos. Sin embargo, lo que nadie podía prever era cómo un inesperado giro del destino cambiaría para siempre las reglas del juego, desencadenando una serie de eventos que pondrían a prueba la resiliencia de Univision y Telemundo, y revelarían secretos que estaban destinados a sacudir el futuro de estos dos gigantes.

CAPÍTULO 8

Rosita Perú y Don Francisco con su *Sábado Gigante*

En su influyente libro *Megatrends*, publicado en 1982, John Naisbitt predijo que para el año 2000 habría tres idiomas predominantes en Estados Unidos: inglés, español y computación. Esta predicción, que en su momento parecía futurista, subrayaba la importancia creciente de la comunidad hispana en el país. Para las empresas que deseaban capturar este emergente y potente mercado, simplemente traducir anuncios del inglés al español resultó ser insuficiente, y en muchos casos, hasta contraproducente. Este enfoque superficial a menudo causaba confusión y fallaba en influenciar a los consumidores hispanohablantes, evidenciando la necesidad de agencias de publicidad especializadas en este sector.

A mediados de los años ochenta, reconocidas marcas comenzaron a notar el potencial del mercado hispano. Empresas como Coca-Cola, Budweiser y McDonald's, entre otras, empezaron a implementar estrategias de *marketing* dirigidas específicamente a este grupo demográfico. En 1984 una campaña de publicidad de McDonald's incluyó la firma del grupo musical juvenil Menudo para giras promocionales, mientras que la cervecera Coors repetía una y otra vez que se vivía la «Década del hispano».

El despertar del interés de las empresas por el mercado hispano, impulsado además por la importante mención en el exitoso *bestseller Megatrends* de John Naisbitt, no solo cambió la forma en que se comercializaban productos y servicios, sino que también tuvo un impacto significativo en la programación de la televisión hispana. Univision, consciente de la creciente inversión publicitaria de grandes marcas, vio la necesidad de adaptar su contenido para atraer y retener a la audiencia hispana en Estados Unidos, justificando así las inversiones publicitarias que empezaban a crecer.

El papel de Rosita Perú fue primordial en esta transformación. Perú, que había sido cantante, conductora y ejecutiva de ventas de SIN, fue una visionaria en el ámbito de los medios hispanos. Entendió la importancia de ofrecer contenido relevante y culturalmente «resonante», producido primordialmente en Estados Unidos para capturar la lealtad y conectar con la audiencia.

La fórmula de Rosita Perú

Rosa Berruezo Granados, mejor conocida como Rosita Perú, no solo fue una exitosa cantante en la industria de la televisión en español en Estados Unidos durante la década de 1970, sino también una de sus arquitectas más influyentes. Su historia es tan rica como la de la cultura hispana en Estados Unidos, a la cual ayudó a dar forma. Rosita era una atractiva dama que cautivaba con su mirada a su audiencia, incluyendo al Tigre. Nacida en Lima, Perú, el 20 de septiembre de 1940, Rosita era hija de la concertista de guitarra y bailaora de flamenco Asunción Granados y del empresario Martín Berruezo. Su amplia carrera la llevó a explorar diversos roles como cantante, productora, locutora, animadora, vendedora y, por último, como ejecutiva de televisión. Viajó por América y Europa, destacándose en la industria del entretenimiento y dejando su huella a cada paso.

Su talento como cantante la llevó a grabar para el sello Odeón de Madrid, y hay toda una generación que recuerda cómo con astucia invitó a su *show* en SIN al cantante Tito Rodríguez, quien en esa época era el principal representante de la cultura puertorriqueña en Nueva York. Rosita Perú y Tito Rodríguez, también conocido como «el Inolvidable», cantaron sus éxitos juntos. Ese *show*, ideado por ella, le dio la entrada triunfal a la audiencia hispana en Estados Unidos. Perú fue una visionaria en la televisión hispana que dejó una marca indeleble en la industria con su ingenio y determinación. En 1981 se unió a Spanish International Network en Nueva York. En ese momento, los puestos ejecutivos en la televisión hispana eran dominados por hombres, pero Rosita, con su talento y perseverancia, rompió barreras al convertirse en la primera mujer nombrada vicepresidenta ejecutiva en la historia de la televisión hispana.

Durante 12 años, Rosita estuvo a cargo de la programación y la producción de Univision. Su liderazgo no se limitó a estas áreas; también fue responsable de las ventas internacionales, un rol que le permitió entender y experimentar el poder que viene unido al éxito financiero. Desde sus inicios como cantante en su tierra natal hasta sus años en Estados Unidos, Rosita siempre tuvo claro que el dinero no era el único componente para lograr la vida que deseaba; el poder y la influencia eran igual de importantes.

En su etapa como artista, primero en su país de origen y luego en Estados Unidos, Rosita alcanzó un nivel de fama significativo. Presentaba su propio *show* y sus finanzas mejoraban, aunque no al nivel que ella aspiraba. Fue en este punto que Rosita descubrió su habilidad para atraer clientes y forjar relaciones comerciales, lo que le permitió combinar dinero y poder de manera efectiva. Los propietarios de SIN en ese momento, René Anselmo y el Tigre, inmediatamente pusieron sus ojos en ella.

Anselmo deseaba que Rosita permaneciera en Nueva York cerca de él, pero Rosita, siempre estratégica, decidió seguir al Tigre a Los Ángeles, donde la sede de SIN estaba ubicada. Esta decisión fue crucial para su carrera. En Los Ángeles, Rosita comenzó a amasar una fortuna y a entender las finanzas a una escala mayor. Su papel en la compañía se volvió imprescindible, especialmente cuando Hallmark Cards tomó las riendas de SIN. A pesar de sus vínculos con la administración anterior, Rosita manejaba relaciones comerciales con grandes cuentas como Ford Motor Co., The Coca-Cola Co., McDonald's Corp. y Barnett Bank, entre otras.

Incluso Joaquín Blaya, ya como presidente de Univision, abogó por Rosita. En lugar de despedirla por su estrecha relación con Anselmo y el Tigre, hizo que la promovieran a vicepresidenta ejecutiva. En este rol, Rosita implementó una estrategia audaz: vender a SIN, ahora Univision, como el cuarto *network* de televisión en Estados Unidos. Ella les insistía a los clientes que Univision no competía con Telemundo, sino con las tres gigantes de la TV estadounidense: NBC, ABC y CBS. Esta visión fue revolucionaria y cambió la forma en que la industria veía al negocio de la televisión en español.

En Los Ángeles conoció a quien fuera el amor de su vida, Luis Nogales, en aquel entonces vicepresidente ejecutivo de Noticias en SIN. Luis Nogales, graduado en leyes en la reconocida Universidad de Stanford, fue cofundador de MEChA (Movimiento Estudiantil Chicano de Aztlán), tanto en Stanford como a nivel nacional. MEChA es una organización estudiantil que promueve la conciencia política y cultural de los estudiantes chicanos y latinos en Estados Unidos. Nogales se convirtió en el primer asistente del presidente de la universidad para asuntos mexicoamericanos en Stanford un día después de graduarse de la Facultad de Derecho de dicha casa de estudios en 1969. Como líder estudiantil y miembro del equipo sénior del presidente de la universidad, fue instrumental en institucionalizar la inscripción y participación de estudiantes, profesores y personal latinos en Stanford. Dejó la institución cuando fue seleccionado como becario de la Casa Blanca, y de ahí siguió una carrera en comunicaciones, siempre involucrándose en el activismo en pro del desarrollo y prosperidad de la comunidad mexicoamericana. Nogales se rindió a los pies de Rosita, y juntos formaron una pareja influyente tanto en el SIN del Tigre y Anselmo como en la Univision de Hallmark Cards.

Rosita comprendió el pulso del mercado hispano y utilizó su sensibilidad artística para colaborar con sus jefes y llevar a la cadena a nuevas alturas. Ayudó a traer equilibrio entre el temible Tigre, el líder Anselmo y los directores de las estaciones Joaquín Blaya en Miami (costa este) y Danny Villanueva en Los Ángeles (costa oeste), logró descubrir y promover a nuevos talentos creando nuevas oportunidades de trabajo a hispanos. Entre sus contribuciones más notables se encuentra la modernización de la programación de SIN, la apertura del mercado estadounidense para los productores latinoamericanos, la creación de la venta internacional del producto hecho en Univision y la promoción de nuevos talentos.

A Rosita Perú le encantaba la visión de Joaquín Blaya, quien desde Miami impulsaba a convertir a SIN en un canal menos mexicano y más americano, uno que abarcara todas las nacionalidades del continente. A Rosita también se le atribuye la relevancia que Univision ganó en América Latina. A principios de la década de 1990 todo artista de la televisión de Latinoamérica quería aparecer en las pantallas de Univision en Estados Unidos, y muchos trabajadores detrás de cámara también querían trabajar para Univision.

Rosita Perú poseía otra cualidad que la hacía destacar: su excepcional dominio del español. Su acento procedente del Perú era percibido como neutro y sofisticado, un rasgo que le confería una ventaja única en el ámbito de la comunicación en el mundo hispanohablante. Este tipo de español, libre de regionalismos marcados, no solo facilitaba su entendimiento por una audiencia más amplia, sino que también añadía un toque de elegancia y claridad a su discurso.

Desde Los Ángeles, Perú era aliada del chileno Joaquín Blaya, director de WLTV en Miami, a quien conocía desde sus comienzos en SIN en Nueva York. Rosita imploraba a los talentos que trabajaran el acento con el que hablaban para intentar crear una forma «neutra». Si vemos los noticieros de los primeros reportajes de Jorge Ramos recién llegado de México, y los comparamos con los actuales, se puede percibir el cambio en su acento. La periodista María Elena Salinas también es reconocida como una de las primeras en imponer un acento neutro en español más parecido a los reporteros y narradores de noticias de cadenas de televisión estadounidenses en inglés.

Mario Luis Kreutzberger Blumenfeld, conocido como Don Francisco, también impuso ese acento de presentador de circo en su exitoso *show Sábado Gigante*. Después de varios intentos, el programa sabatino empezó a calar en la audiencia, encontrando finalmente el tono y la fórmula que resonaba con los televidentes hispanos. Es palpable esta realidad al escuchar a Don Francisco animando el *Sábado Gigante* junto a Rolando Barral en 1985 y él mismo en 1987 junto a Javier Romero. El Tigre le dio los créditos de ese nuevo acento en la TV hispana a la insistencia casi obsesiva de Rosita Perú.

En 1984, Rosita hizo una propuesta audaz a Danny Villanueva y a Joaquín Blaya. Sugirió que valía la pena refrescar la pantalla y explorar el catálogo de las telenovelas venezolanas. Ella sabía que había una productora de telenovelas llamada Coral Pictures con sede en Caracas que ya exportaba sus programas a otros países de habla hispana. Aseguró que el acento neutro con un toque caribeño, la calidad de producción y las atractivas actrices venezolanas podrían ser una alternativa perfecta a las telenovelas mexicanas dentro de la programación de SIN. Eso fue algo que nadie se atrevía a insinuarle al Tigre, propietario de Televisa y el único proveedor de telenovelas en Estados Unidos en ese momento; sin embargo, Rosita encontró la manera de empujar la idea.

Un exmiembro de la Junta Directiva de Televisa, con quien conversé, recuerda una reunión de programación en México donde se discutió la influencia de las telenovelas venezolanas. Durante esta reunión, se planteó la idea de explorar lo que estaban haciendo en Venezuela, sugiriendo que Televisa podría considerar la adquisición de un estudio productor de telenovelas en ese país para fomentar su propio crecimiento. La referencia de la actriz Lupita Ferrer y el impacto positivo que tuvo en la audiencia mexicana se utilizó como ejemplo del atractivo de las producciones venezolanas. También se mencionó la creciente popularidad de las mujeres venezolanas, incluso en la vida personal de figuras públicas mexicanas, lo que resaltaba la posibilidad de buscar talentos en Venezuela para colaborar con artistas mexicanos. La estrategia propuesta fue identificar al mejor actor y actriz de telenovelas venezolanas y encontrar una manera de integrarlos con los artistas de Televisa.

En ese momento, Venezuela ya era reconocida por la belleza de sus mujeres. Maritza Sayalero había sido coronada Miss Universo en 1979, y en 1981 se casó con el destacado tenista mexicano Raúl Ramírez, quien ganó múltiples torneos internacionales, incluyendo el de Wimbledon en Inglaterra y el Roland Garros en Francia. Una de las pocas personas a las que jocosamente el Tigre decía envidiar era al tenista Ramírez, y le gustaba vociferar la razón, que no era por su habilidad en el deporte, sino por haberse casado con una Miss Universo, mientras que a él apenas lo miraban las concursantes de Señorita México. Ese mismo año del matrimonio Ramírez-Sayalero, Venezuela ganó nuevamente el título de Miss Universo con la bellísima Irene Sáez. Los derechos de la organización que preparaba a estas mujeres en Venezuela pertenecían a Venevisión, propiedad de la familia Cisneros, liderada por Gustavo Cisneros. Como mencionamos en capítulos anteriores, Gustavo y el Tigre ya venían construyendo una sólida amistad. Cisneros llegó a ser miembro de la Junta Directiva de Televisa en México. Por cierto, un exejecutivo cercano al magnate me confirmó que el Tigre le ofreció a Gustavo Cisneros un pago nada despreciable de 5,000 dólares por cada reunión de la Junta Directiva de Televisa, con la única condición de que por cada pregunta o intervención que él se atreviera a hacer le descontaría 1,000 dólares.

Venevisión era un gran productor de telenovelas en Venezuela y competía ferozmente con Radio Caracas Televisión, cuyos propietarios también poseían Coral Pictures, el brazo de comercio internacional de sus telenovelas que ya venía negociando con

Rosita Perú y Joaquín Blaya. El Tigre dio la orden de investigar la naciente industria de las «*misses*» y las telenovelas venezolanas. En 1985 Televisa contrató a José Luis Rodríguez, el Puma, para protagonizar, o al menos intentar protagonizar la telenovela *Tú o nadie* junto a la talentosa actriz Lucía Méndez, favorita y consentida, muy consentida del Tigre.

El Tigre había escuchado a Rosita Perú, pero no siguió su consejo a cabalidad. En lugar de comprar una telenovela venezolana y transmitirla en Estados Unidos, quiso controlar todo el proceso desde un inicio, tal y como acostumbraba. Decidió contratar el talento venezolano del Puma, y así probar el talento venezolano en su país. Aquel intento, como ya vimos, fue un fracaso.

A pesar de ello, el poder de convencimiento de Rosita Perú era tal que el Tigre le pidió personalmente, en 1991, que lo ayudara a modernizar la producción de Televisa en México. Otro de los logros más destacados de Rosita Perú fue su papel en el lanzamiento de PanAmSat, la empresa satelital de Anselmo. Trabajó directamente con René Anselmo y logró que Perú, su país de origen, se convirtiera en el primer gobierno en comprar los servicios de PanAmSat, aquella extraordinaria idea del visionario René Anselmo que narramos a comienzos de esta historia. Rosita era capaz de complacer al Tigre y a Anselmo en sus negocios mientras se ocupaba de la programación en SIN.

Perú siempre había mantenido una visión progresista sobre el futuro de la televisión. En una de las pocas alocuciones públicas de la ejecutiva en una ceremonia en la que recibía una condecoración por su trayectoria, dijo: «Hoy por hoy veo la televisión, y pienso que se podrían hacer muchas más cosas debido a todos los avances de la tecnología, el acercamiento con el mundo hispano, con los nuevos talentos, y sobre todo con el potencial que hay en las agencias de publicidad y la compra de anuncios en español».

Después de 12 años (1981-1993) como la primera mujer vicepresidenta ejecutiva de Univision, y de jugar un papel clave en la creación de la exitosa parrilla de programación *prime time* (el lapso típico de mayor audiencia) de la cadena Univision, Rosita Perú hizo el *crossover* en el mundo ejecutivo de la televisión, siendo parte de la mesa directiva de PBS (Public Broadcasting Service), la red de TV oficial sin fines de lucro en Estados Unidos.

En aquellos años, el mundo del espectáculo estaba marcado por una dinámica de poder profundamente desigual, especialmente en lo que respecta al género. En las décadas de los años ochenta y noventa, el machismo era una realidad palpable y persistente en la industria del entretenimiento. Las mujeres, a menudo, eran valoradas más por su apariencia que por su talento o inteligencia. Esto se traducía en una cárcel de roles que solo explotaban su imagen, ya que eran relegadas a meros adornos en un escenario dominado por figuras masculinas. En los despachos ejecutivos de las grandes corporaciones televisivas, la presencia femenina era escasa o nula. Las mujeres enfrentaban un techo de cristal casi infranqueable que les impedía acceder a posiciones de verdadera autoridad y decisión. Esta realidad contrastaba agudamente con la riqueza y diversidad de talento femenino que se manifestaba en pantalla, pero que rara vez se reflejaba en los puestos de liderazgo. La determinación de Rosita Perú de no ser solo una cara bonita entre la multitud, sino una figura de poder e influencia, era una postura revolucionaria en un entorno donde las reglas estaban escritas, en su mayoría, por y para los hombres.

Hacia 1985 Rosita ya ocupaba el cargo de vicepresidenta ejecutiva de Programación en SIN, pero su influencia iba mucho más allá de su rango nominal. Con una belleza que cautivaba incluso al Tigre, Rosita se convirtió en una consejera valiosa y respetada en la industria. Su habilidad para navegar en un mundo dominado por hombres, combinada con su carisma, le permitió establecer una red de contactos influyentes y fortalecer su posición dentro de la empresa. A pesar de las especulaciones y las habladurías, Rosita siempre se mantuvo enfocada en su trabajo, demostrando una y otra vez que su verdadero poder residía en su capacidad para entender las dinámicas del mercado y anticipar las necesidades de la audiencia hispana.

La habilidad de Rosita para entender las dinámicas de poder y de la industria televisiva se manifestó en varias decisiones clave. Fue ella quien eligió a Jorge Ramos y María Elena Salinas para ser el rostro del noticiero de Univision. También abogó por la inclusión de palabras en inglés en la programación, desafiando el purismo del español en una época en que tal idea era revolucionaria. Sugería juguetear con el uso del *spanglish* en el noticiero, con palabras como «*White House*», «*CEO*», «*Small Business*», «*Marketing*», entre otros términos. Rosita también sabía cómo construir programas de éxito. Fue ella quien le dio al productor de *Sábado Gigante*, Antonio Menchaca, las directrices para cautivar al público hispano, y les sugirió a él y al famoso conductor del *show* sabatino que viajaran por el país e interactuaran con su audiencia. Fue ella quien comprendió que Cristina Saralegui tenía el carisma para presentar su propio programa, y fue ella la que vio en Lili Estefan un potencial que luego se materializaría en su futuro dentro de Univision.

Más allá del éxito personal, Rosita no solo entendía lo que era comercialmente viable, sino también lo que no lo era. Supo que un poco de vanidad en el noticiero no le haría daño a una audiencia trabajadora que, después de largos días de trabajo duro, prefería ver caras bonitas y noticias ligeras al llegar a casa. El primer canal en Estados Unidos que mostró a presentadoras de noticias de pie y en faldas cortas fue Univision. Algo que después implementó (o copió) el controversial Roger Ailes en sus presentadoras de noticias en Fox News.

Otro de los grandes logros de Rosita Perú fue el descubrimiento de un programa cómico que venía enlatado de Venezuela llamado *Bienvenidos* (por «enlatado» me refiero a programas que ya están grabados y listos para ser distribuidos, en lugar de ser producidos en vivo o localmente). Los derechos de este programa pertenecían a la empresa venezolana Venevisión, propiedad del grupo Cisneros, pero fue descubierto por Rosita Perú a través de Televisa México, que ya lo transmitía en el Canal 9 en México. El programa *Bienvenidos* tenía la particularidad de contar con dos guionistas muy talentosos: el venezolano Miguel Ángel Landa, creador y productor principal del programa, y el escritor mexicano Raúl Zenteno, quien se encargaba de la «internacionalización» del guion para que este no se escuchara «tan venezolano». «Hagan bien y no miren a quién», fue la frase utilizada Miguel Ángel Landa despidiendo cada programa de *Bienvenidos*.

Aunque *Bienvenidos* era exitosísimo en Venezuela desde su estreno en 1982 a través de Venevisión, no fue sino hasta 1987 que el guionista mexicano logra adaptar el programa para un público más global. Para 1988 se decide transmitirlo como prueba en Univision. Este programa llegó a ser tan popular como los tradicionales exitazos mexicanos de *El Chapulín Colorado* y *El Chavo del Ocho*, es decir, rápidamente capturó la atención del público hispano en Estados Unidos. Uno de los asesores de Landa comentó que *Bienvenidos* llegó de carambola a Univision gracias a la negociación facilitada por Rosita Perú y sus conexiones en Televisa a través del Tigre.

El éxito de *Bienvenidos* en Estados Unidos fue tal que sus artistas viajaban anualmente para realizar presentaciones en distintas ciudades, personificando a los famosos personajes del programa.

Miguel Ángel Landa era frecuentemente abordado por numerosos promotores de varias productoras independientes en Miami, quienes le ofrecían tentadoras sumas de dinero e intentaban convencerlo de mudarse y producir el programa desde allí. Sin embargo, Landa siempre se negó. Su contrato con Venevisión era lo suficientemente bueno como para nunca pensar en irse de su país, donde también dedicaba una parte importante de su tiempo a la producción de películas para el cine venezolano.

Rosita Perú, la exitosa ejecutiva, con su imponente presencia y su enfoque pragmático en el mundo de Univision, no solo se destacaba, sino que también suscitaba envidia y controversia entre sus colegas. Una de sus excompañeras me comentó cómo varias artistas y trabajadoras tras bastidores comentaban en voz baja cómo Rosita parecía comprender y manipular las dinámicas masculinas a su favor, un talento que le permitía moverse con soltura en un terreno dominado por hombres. «Ella se metía en la mente de los hombres», me dijo, y eso hace que otras compañeras recelosas se quejen de su habilidad para navegar en un mundo tan competitivo. Por otro lado, no faltaban quienes criticaban su aparente conformidad con el *statu quo*, especialmente en lo que respecta a la desigualdad salarial y la cosificación de las mujeres en la pantalla: «Era como otro hombre más», se decía, aludiendo a su actitud pragmática y a veces insensible hacia la lucha por la igualdad de género.

No todos los programas sugeridos por Rosita Perú fueron exitosos. Sin reservas, Rosita aceptaba y cancelaba cualquier experimento en programación que no cumpliera con las expectativas. Una apuesta importante del canal fue el programa *Estamos Unidos*, que transmitía entrevistas con celebridades. Sin embargo, Rosita tomó la decisión de cancelarlo debido a su alto costo en comparación con los ingresos en ventas que generaba. En su lugar, optó por reemplazarlo con un programa de videos musicales.

Rosita aceptaba, e incluso promovía, la idea de que mostrar las piernas y parcialmente los senos en pantalla era una estrategia efectiva para atraer audiencias, tanto masculinas como femeninas. Esta postura, aunque válida desde una perspectiva de negocios, le granjeaba críticas y resentimientos en un ambiente donde muchas mujeres luchaban por cambiar la narrativa en busca de un reconocimiento que trascendiera lo puramente sensual.

Rosita Perú se destacó por su longevidad y resistencia en el cambiante mundo de Univision, manteniéndose firme en su cargo a través de los reinados de tres grupos propietarios distintos. Permaneció bajo la doble égida del Tigre y Anselmo, luego sobrevivió a la era de Hallmark Cards y, finalmente, siguió siendo una figura de autoridad hasta 1992 cuando renunció a Univision. En 1992, Rosa y Luis Nogales formalizaron su relación. A través de todos estos vaivenes, la posición de Rosita Perú nunca se vio amenazada. No hubo reproches, no hubo rencillas; ella permaneció imperturbable en su cargo. Luis Nogales dejó el canal en 1988 para acompañar al Tigre en su proyecto de noticias internacionales ECO. Rosita Perú dejó de usar ese apellido artístico al salir de Univision y desarrolló una nueva vida como asesora ejecutiva de estrategia de medios, apoyando al Tigre en sus proyectos

«Rosita Perú», Rosa Berruezo Nogales. (Fotografía: The Hispanic Production Magazine).

y a Anselmo en su PanAmSat, entre otros clientes. Desde ese momento, Rosita se convirtió en Rosa Berruezo Nogales.

El fenómeno de *Sábado Gigante*

Joaquín Blaya ya era jefe y director de la estación de televisión WLTV en Miami. En 1986, el destino cruzó los caminos de dos destacados chilenos en la industria televisiva en Miami: Mario Kreutzberger, ya famoso en Chile como Don Francisco, y Joaquín Blaya, quien dirigía WLTV, la operación de la Spanish International Network en Miami, aún bajo el liderazgo de René Anselmo y el Tigre. Kreutzberger tenía una visión: expandir su icónico programa chileno *Sábados Gigantes* más allá de las fronteras nacionales, y vio en la televisora hispana en Miami la oportunidad perfecta para llevar a cabo su ambición internacional. *Sábados Gigantes* fue un programa de televisión de variedades en español, creado y conducido por Don Francisco. Inició sus transmisiones el 5 de agosto de 1962 en Chile bajo el nombre de *Show Dominical*, y posteriormente se trasladó a los sábados, adoptando el nombre *Sábados Gigantes* en 1963. El programa se caracterizaba por su formato maratónico, con una duración aproximada de tres horas, y ofrecía una mezcla ecléctica de concursos, humor, música, información y una constante interacción con el público. Aunque en Chile el programa no difería mucho de otros espacios de revista musical sabatinos en países latinoamericanos, su alcance y popularidad lo convirtieron en un fenómeno televisivo sin precedentes.

En ese momento, WLTV emitía un *talk show* (programa de entrevistas) conducido por Rolando Barral, un respetado actor, presentador de televisión y locutor cubanoamericano, conocido por su amplia trayectoria en telenovelas y como anfitrión de programas musicales en Cuba, Venezuela, Puerto Rico y Estados Unidos. Aunque Barral y Kreutzberger compartían la misma edad, 47 años, y una experiencia similar en la industria, el programa de Barral no terminaba de convencer a figuras clave como Rosita Perú, René Anselmo ni al Tigre Azcárraga para su proyección a nivel nacional.

Fue entonces cuando a Blaya se le ocurrió dar la oportunidad a Kreutzberger de grabar unos pocos programas piloto de *Sábados Gigantes* en los estudios de SIN, con la condición de que se hiciera acompañar por Barral. La idea era que el carismático y reconocido actor cubano se beneficiara del nivel de producción más sofisticado que Don Francisco traía de Chile. El 12 de abril de

1986 el primer episodio grabado en Estados Unidos de *Sábados Gigantes* salió al aire conducido conjuntamente por Barral y Don Francisco, y el programa debut contó con la participación del famoso cantante venezolano José Luis Rodríguez, el Puma, como primer invitado. «Mario es muy supersticioso y siempre me invitaba a sus *shows* cuando necesitaba un toque de suerte», afirma al respecto el Puma.

Sin embargo, esta primera etapa del programa pasó relativamente desapercibida. El *show*, con un formato idéntico al del exitoso programa chileno, no convencía. El equipo de producción era el mismo que se usaba para el *talk show* de Barral, y la frustración en el plató era doble, porque por un lado Kreutzberger culpaba la falta de experiencia del equipo, y por el otro Barral estaba molesto por tener un rol secundario frente a la figura predominante de Don Francisco. En aquellos tiempos los periodos de prueba de una apuesta por un nuevo programa eran muy cortos.

Durante 1986, en las oficinas y los estudios de SIN se comenzaban a sentir las crecientes presiones que llegaban de aquel litigio que los Azcárraga y Anselmo disputaban con los Fouce y el cual terminó con el cambio de manos a Hallmark Cards (véase el capítulo 5). Estas tensiones hicieron que Rolando Barral decidiese abandonar el proyecto de *Sábado Gigante* en SIN y se fue a Telemundo. Rolando Barral convenció a Carlos Barba, quien apenas tomaba riendas del proyecto de expansión de Telemundo, para que los contratara, a él y a su equipo de producción. *Súper Sábados*, el programa conducido por Barral, no duró un año en Telemundo.

A finales de 1986, con Hallmark Cards ya como dueños de la recién creada Univision, Joaquín Blaya, ahora presidente de la cadena, decidió apostar por un relanzamiento de *Sábado Gigante*, así que convenció a Hallmark Cards para que lo apoyaran en la apuesta.

La decisión de Joaquín Blaya de impulsar *Sábado Gigante* bajo el amparo de Hallmark Cards no fue solo una movida audaz, sino una clara visión de futuro. Convencidos por Blaya del potencial sin explotar del programa, Hallmark Cards inyectó recursos significativos para elevar la calidad de producción a niveles sin precedentes. Este flujo de capital no solo permitió una mejora técnica en términos de equipos y tecnología de grabación, sino que también ayudó a aumentar significativamente los ingresos del presentador Mario Kreutzberger Blumenfeld (Don Francisco) y de su director y productor, el también chileno Antonio Menchaca. Este último, con mayores recursos, enfocó sus esfuerzos en la creación de nuevos segmentos más elaborados y atractivos para la audiencia. Con esta renovada inversión, *Sábado Gigante* no solo mantuvo su esencia carismática y su conexión con el público, sino que también se posicionó como un referente de calidad y entretenimiento en la televisión hispana. La apuesta de Blaya demostró ser un acierto estratégico.

El cambio de nombre de *Sábados Gigantes* a *Sábado Gigante*, en singular, fue decisión de un empleado técnico del canal, quien eliminó las letras «s» en el generador de caracteres apoyado en el razonamiento de que «nosotros aquí no pronunciamos la "s"».

Al principio, algunos miembros del equipo de Blaya dudaban de Don Francisco. Sin embargo, a pesar del recelo y la subestimación, Mario, quien en realidad era un hombre introvertido y serio, pero ambicioso y estratégico, demostró su capacidad de trabajo, pasión y obsesión por el éxito y sagacidad en la búsqueda de ingresos por venta de publicidad en su *show*. Y en esa búsqueda llegó Liliana Estefan.

El descubrimiento de Liliana «Lili» del Carmen Estefan y su impacto comercial en *Sábado Gigante* es parte de la historia en la que la influencia de Rosita Perú se hizo sentir en las oficinas ejecutivas de Univision. En 1986, Lili, con apenas 19 años de edad, es presentada como una de las tantas modelos que comenzaban sus intervenciones artísticas en la televisión a través de la revista musical *Sábado Gigante*, que aún daba tumbos en su intento por calar en la audiencia hispana de Estados Unidos a través de la nueva pantalla de Univision. Lili era sobrina de Emilio Estefan, creador, junto a su esposa, Gloria, de la banda Miami Sound Machine, que vivía uno de sus mejores momentos en el mundo musical al haber sido uno de los primeros grupos latinos de pop en lograr el éxito entre una audiencia multicultural, angloparlante, y no solo entre los hispanos. Lograron el *crossover*.

Lili confirma que en esos tiempos ella recibía apenas 50 dólares por programa. Para muchos, la llegada de la flaca y sonriente Lili hizo que *Sábado Gigante* comenzara a dispararse en audiencia. No era la modelo típica. Lili tenía que aguantar el *bully* (acoso) de Don Francisco y el público que se burlaba de su flacura y la prominencia de sus dientes. Este maltrato no solo era tolerado, sino que era una parte integral del programa. En aquella época, el *bullying* no era mal visto y se utilizaba como un toque de comedia que mantenía a los televidentes entretenidos. Lili entendía que este comportamiento era parte del *show* y lo aceptaba como una necesidad de su rol, e incluso un aliciente para su carrera.

Pero fue la propia Lili, con la anuencia de Rosita Perú, quien logró destacarse por su capacidad innovadora para comercializar los productos que los anunciantes querían promover durante el programa. A diferencia de las tradicionales revistas musicales latinoamericanas, *Sábado Gigante* comenzaba a diferenciarse y calar entre la audiencia.

Hay una historia contada por Don Francisco, invitado a participar en uno de los primeros programas del *Tonight Show* conducido por el estadounidense Jay Leno en mayo de 1992. Jay Leno y su esposa vivían en uno de los suburbios de Los Ángeles y tenían a una empleada hispana encargada de dirigir el servicio del mantenimiento y la cocina en su casa. Fue ella misma la que sugirió a Leno que debería acercarse a la comunidad hispana y propuso que invitara a Don Francisco a su *show*. Y así fue.

Bajo la conducción inicialmente de Johnny Carson, *The Tonight Show* alcanzó un gran éxito durante décadas en la NBC, convirtiéndose en el pilar de la televisión nocturna estadounidense. El programa se emitió con Carson como anfitrión desde 1962 hasta 1992, consolidándose como un referente cultural y de entretenimiento durante su extenso periodo. Jay Leno reemplazó a Johnny Carson en *The Tonight Show* en mayo de 1992 después de ser el presentador invitado regular de Carson.

En una noche cargada de estrellas y sorpresas, el cuarto programa de Jay Leno fue el emitido el 28 de mayo de 1992, y se convirtió en un espectáculo inolvidable, al menos para la comunidad hispana. Entre los invitados estaba la icónica actriz Sigourney Weaver, quien promovía una electrizante secuela de la película *Alien*. Pero la noche tenía reservada una sorpresa aún más singular. Don Francisco, el legendario presentador, llevó consigo a su modelo estrella Lili Estefan, sumando un toque más latino al *show*.

El ingenioso Jay Leno, siempre curioso y perspicaz, no pudo evitar su fascinación por la peculiar habilidad de Don Francisco de vender productos en medio de sus programas. En un giro inesperado y lleno de humor, Don Francisco invitó a Estefan al escenario para hacer una parodia de un comercial de un jabón llamado Suavecito. La escena se convirtió en una hilarante actuación, con Jay Leno repitiendo el eslogan «Suavecito» de manera cómica, creando un momento televisivo memorable.

Este episodio, que mezcla la espontaneidad de Leno, el carisma de Don Francisco y el encanto de Lili Estefan, es una joya de la televisión que uno no se puede perder. El video se puede encontrar en YouTube tecleando «Don Francisco y Jay Leno», y siempre trae una buena dosis de risas y nostalgia.

Desde 1987 y durante la década de 1990 y más adelante, Don Francisco presentó un programa que tenía un particular estilo patriarcal y machista. El programa alcanzó un gran éxito, en parte debido a su diseño orientado a entretener, y en parte por el propio carisma de su presentador, por su capacidad y preparación a la hora de interactuar con sus invitados y con su audiencia. El *show* también fue el trampolín para muchas artistas y modelos.

«Miss Pechonalidad»

En 1991, el año en que Hallmark Cards vende Univision, el nuevo tren ejecutivo de la empresa propuso organizar un certamen de belleza hispana en Estados Unidos. La propuesta inicialmente encontró resistencia por parte de algunos ejecutivos. Estos ejecutivos, conscientes del éxito del Miss Universo, veían el certamen como una inversión costosa para un evento que solo ocurriría una vez al año. Argumentaban que sería más estratégico invertir en el *show* de los sábados, *Sábado Gigante*, ya que atraía a una audiencia nutrida y constante.

Entonces se sugirió la idea de crear un certamen semanal —dentro de *Sábado Gigante*— que destacara características atrevidas y provocativas, como el mejor trasero, los mejores pechos, pero también la mejor personalidad. Exigieron una propuesta audaz, diseñada para captar la atención de una audiencia mayor, más frecuente y crear un fenómeno televisivo que nadie podría ignorar. Los anuncios de publicidad en ese programa llegarían camuflajeados a través de sus compras en *Sábado Gigante*.

Al cabo de unas semanas la propuesta llegó: «Miss Pechonalidad», nombre que fusionaba las palabras «pechos» y «personalidad». La idea, aunque controvertida, fue vista como una estrategia para atraer tanto a hombres como a mujeres, asegurando una mayor sintonía y la atención de los anunciantes.

La mayoría aprobó la idea de invertir en *Sábado Gigante* e incluir «Miss Pechonalidad» como un segmento de ese programa. La clave era la comercialización y la generación de ingresos, y «Miss Pechonalidad» prometía ser un nombre que se grabaría en la mente del público. Con esta propuesta atrevida, Univision buscaba consolidar agresivamente su posición como líder en la televisión hispana, cautivando a una audiencia amplia y diversa.

En las semanas siguientes se promovió la audaz propuesta de un *casting* para «Miss Pechonalidad». La convocatoria fue un rotundo éxito, atrayendo a mujeres de todas las nacionalidades y hasta a aquellas cuya lengua materna era el inglés, convencidas de que la idea era genial.

El certamen se extendió por tres largos años, cautivando a la audiencia y convirtiéndose en un verdadero fenómeno. *Sábado Gigante* vendía millones de dólares en publicidad y parecía no tener límites en su éxito. Sin embargo, las críticas comenzaron a llegar, cuestionando la moralidad y las normas éticas del programa.

A mediados de la década de 2010, sin embargo, el programa comenzó a cambiar, para adaptarse a los tiempos y dejar atrás el machismo y otros elementos que ya no eran aceptables. Se eliminaron concursos de belleza y se comenzó a dar importancia a temas de salud y orientación a los inmigrantes, siempre con música y humor.

La contribución de Don Francisco a la representación de la cultura latinoamericana en Estados Unidos fue sustancial. Si bien el programa incluía segmentos que se podrían considerar controvertidos o desfasados en la actualidad, como los concursos de belleza que cosificaban a las mujeres, también sirvió para resaltar el talento y la diversidad de la comunidad hispana. Durante sus viajes por Estados Unidos, Don Francisco y su equipo se enfocaron en comprender las necesidades y aspiraciones de los inmigrantes hispanos. Esta percepción les permitió diseñar contenido que se sentía relevante y auténtico para su audiencia. Después de muchos años, Don Francisco reconoció y aceptó las críticas a aspectos de su programa, como su enfoque en la apariencia física de las mujeres, refiriéndose, sin justificarse, al cambio de las reglas morales en la televisión entre las décadas anteriores y los tiempos actuales.

El legado de Don Francisco también incluye la promoción de profesionales exitosos. A pesar de su trágica muerte prematura, la cantante tex-mex Selena Quintanilla dejó una marca indeleble en la música y la cultura latinas, y sus presentaciones en SIN, y luego en Univision en *Sábado Gigante*, jugaron un papel importante en su camino al estrellato.

La historia de *Sábado Gigante* y su influencia es un mosaico complejo, cuya interpretación puede variar significativamente dependiendo del lente cultural e histórico que se utilice. A lo largo de su historia, *Sábado Gigante* y otros *shows* en Univision hicieron representaciones de las mujeres que podrían ser vistas hoy día como inaceptables. Sin embargo, estas representaciones cumplían las normas y expectativas sociales de la época. Paralelamente, Univision fue un trampolín para un gran número de mujeres que iniciaron carreras profesionales exitosas. Muchas de estas mujeres, gracias a su personal talento y carisma, lograron destacarse en el mundo del entretenimiento y más allá. Ejemplos notables incluyen a figuras públicas como Odalys García, Lili Estefan, Maty Monfort, Jackie Nespral, Sofía Vergara, Giselle Blondet, Nanci Guerrero, Isabel Fleitas, Rashel Díaz, Barbie Simons, Karol Rosa, Maribel Rodríguez, Carolina Vielma, entre muchas otras. El impacto que tuvieron programas como *Sábado Gigante*, *Primer Impacto*, *Fuera de Serie*, *República Deportiva* y *Despierta América* en sus carreras, fue determinante en la trayectoria y evolución de las mencionadas celebridades.

A pesar de los cambios, Don Francisco y *Sábado Gigante* supieron mantenerse relevantes en la historia de la televisión hispana en Estados Unidos, hasta su último programa en vivo, que salió al aire el 19 de septiembre de 2015 (Mario Kreutzberger tenía ya 74 años de edad). Don Francisco demostró ser un personaje hábil y resistente a los cambios. A través de sus décadas de carrera, evolucionó y se adaptó a los requerimientos de los dueños, a las censuras e imposiciones morales, y mantuvo a su programa en el corazón de su audiencia.

CAPÍTULO 9

Hallmark Cards: La era de Hockaday y Blaya en Univision

Irvine O. Hockaday Jr. fue una figura influyente en Univision entre 1986 y 1991. Sus allegados lo llamaban Irv. Hockaday. Fue el primer CEO y presidente de Hallmark Cards que no pertenecía a la familia Hall.

Hockaday asumió la presidencia de Hallmark Cards en 1981, comenzando un periodo de liderazgo que se extendió hasta 2005. Durante sus primeros tres años en el cargo, ya demostró una visión audaz y estratégica, lo que lo llevó a incursionar en el mercado de los medios de comunicación mediante la adquisición de SIN.

La elección de Grimes para liderar SIN no fue casualidad; Hockaday buscaba a alguien con una profunda experiencia en televisión y en la transformación de empresas de medios.

Una de las primeras tareas de Grimes al asumir la dirección de Univision era marcar el comienzo de una nueva etapa en la cadena, y para ello necesitaba deshacerse del aura de sus antiguos fundadores, el Tigre Azcárraga y René Anselmo.

Bajo la dirección de Grimes, Univision comenzó a competir directamente con los grandes nombres de la televisión. Hockaday, por su parte, continuó apoyando la transformación desde

Hallmark Cards, asegurándose de que la inversión inicial en SIN se convirtiera en un activo valioso y que pudiera afrontar la deuda contraída para su adquisición.

Joaquín Blaya, presidente de Univision (1987)

Al conocerse la noticia que anunciaba al chileno Joaquín Blaya como nuevo presidente de Univision, y por tanto el encargado de llevar las riendas editoriales de la compañía, Danny Villanueva anunció su retiro. Blaya tuvo la tarea de redefinir la programación y expandir la audiencia de Univision, asegurando que la cadena no solo se enfocara en telenovelas y noticias, sino también en contenido que atrajera a una audiencia más diversa y menos mexicana.

En los años sesenta Blaya, que provenía de una familia que publicaba una revista de sátira política, fue uno de los tantos jóvenes que decidieron emigrar en esa época turbulenta. La revista de su familia dejó de imprimirse justo al comenzar la presidencia del izquierdista presidente Salvador Allende.

En 1970, en búsqueda de trabajo, el joven Joaquín Blaya contactó a René Anselmo a raíz de un aviso en prensa buscando vendedores de publicidad. Anselmo le dio la oportunidad de trabajar en el canal SIN en Nueva York. Anselmo ya se había trasladado a vivir en Connecticut y gestionaba SIN desde una oficina en Nueva York.

Blaya confiesa que le parecía una locura la idea de una cadena de TV en español, pero aceptó el trabajo porque necesitaba la remuneración. Le parecía ingenuo pensar que los anunciantes se interesaran en un canal que transmitía una señal muy pobre en la frecuencia UHF, en un lenguaje discriminado y rechazado. A este respecto, Blaya narra la experiencia que tuvo en una reunión con un ejecutivo de la corporación Colgate-Palmolive a quien intentaba vender publicidad del canal. En un punto este le preguntó con irónica malicia a Joaquín: «¿Y los puertorriqueños se cepillan los dientes?». Blaya también recuerda cómo el responsable de comprar publicidad de una importante cadena de supermercados de Nueva York le dijo: «¡Yo no quiero hablar con gente como usted!». Además, en Nueva York, recibía muchas críticas sobre el contenido del canal que el mismo Blaya le reportaba a Anselmo. La principal queja entre los hispanos era que la programación era toda mexicana y la mayoría de los hispanos en Nueva York eran puertorriqueños y otros tantos procedentes de Colombia y República Dominicana.

Pero a Blaya no le fue nada mal como vendedor. Recuerda que el mismo gerente racista de la cadena de supermercados lo llamó meses después para probar una compra de anuncios de publicidad en SIN y los anuncios dieron resultado; este mismo gerente fue después promovido a jefe de Mercadeo de la empresa, y desde su nuevo puesto siguió llamando a Blaya para comprar anuncios en SIN. Así fue como Blaya se fue ganando la confianza de su jefe, René Anselmo.

En 1972, Joaquín Blaya fue trasladado de Nueva York a Miami, a trabajar en WLTV, la estación de SIN que había causado aquella conflictiva situación entre Anselmo y el Tigre (véase el capítulo 1). Para 1974 Blaya ya era gerente general de la estación en Miami y fue en esa época cuando empieza a interactuar con la audiencia y el talento cubano. La televisión cubana, antes de la llegada de Fidel Castro al poder, era considerada la más moderna de toda Latinoamérica. Tanto es así que los ingenieros de producción y el talento periodístico de la diáspora cubana eran bien cotizados en los tres *networks* hegemónicos CBS, ABC y NBC.

La adquisición y relanzamiento de Univision por Hallmark Cards y su consiguiente control generó una gran controversia debido a la percepción de una disminución de la influencia de la comunidad mexicoamericana en la toma de decisiones. Se sentía la ausencia del Tigre. La designación como presidente de quien había sido gerente general de la estación de Miami, en lugar del líder de la frecuencia en Los Ángeles, fue vista como una señal de la desmexicanización de la televisión hispana, lo que causó inquietud en la comunidad que tenía la mayor cantidad de televidentes. En paralelo, Telemundo también enfrentó críticas por la falta de diversidad en su liderazgo, con Carlos Barba, un cubano, siendo el único ejecutivo hispano de relevancia. Esta situación provocó tensiones entre los subgrupos hispanos, particularmente entre los mexicoamericanos y los provenientes de los países centroamericanos: Guatemala, El Salvador, Honduras y Nicaragua, que tendían a ser más liberales y con menores ingresos económicos (y con frecuencia los agrupaban junto a los mexicanos), y los hispanos de Miami y Nueva York, que provenían de Puerto Rico, República Dominicana, Cuba, Colombia y otros países del Caribe y del cono sur (quienes a menudo eran tildados todos como «cubanos»), que eran más conservadores y poseían mayores recursos económicos. Este conflicto interno reflejaba una lucha por la representación y el poder dentro de los medios hispanos, poniendo en evidencia las diferencias socioeconómicas y políticas que existían. Los mexicoamericanos, por su parte, se sentían cada vez más marginados, mientras que los cubanos, con su creciente influencia, eran vistos como los nuevos «dueños» del espacio mediático hispano.

Además de la lucha interna por el poder y la representación, la situación también se complicaba por los cambios estructurales que Hallmark Cards introducía en Univision. La salida de Danny Villanueva, un veterano con 18 años de servicio en SIN, provocó una ola de renuncias entre los gerentes de estaciones en California y Texas. La comunidad veía su partida como un maltrato por parte de Hallmark Cards y su nuevo liderazgo. Joaquín Blaya, a pesar de no ser cubano, fue identificado como el promotor de la «cubanización» de Univision, lo que generó rechazo especialmente en la costa oeste. Blaya, consciente de la situación, designó a Emilio Nicolás, padre, fundador de la estación en San Antonio, Texas, y figura histórica del canal, como sucesor de Villanueva. Esta movida estratégica buscaba apaciguar a los empleados descontentos y aprovechar la fuerte conexión de Nicolás, padre, con los poderes políticos de Texas, un estado clave para Univision, y en especial para Blaya, quien no quería depender solo de las conexiones políticas de sus nuevos jefes (Hallmark Cards), quienes eran fuertes aliados de la dinastía Bush que comenzaba a tomar posesión de la Casa Blanca. Sin embargo, el descontento persistía, ya que muchos empleados seguían sintiendo que los cambios favorecían a un grupo específico en detrimento de otros. La gestión de Blaya tuvo que enfrentar no solo la resistencia interna, sino también la presión externa de grupos activistas y políticos que demandaban una representación más equitativa y justa dentro de la cadena.

Hockaday, Grimes y Blaya consideraron esencial distanciarse de la influencia del Tigre y por eso deciden mudar la sede original. Las oficinas de Univision quedaban en Laguna Niguel, California, a 90 minutos de Los Ángeles, porque era una zona privilegiada cerca del aeropuerto de Orange County en Santa Ana, donde el Tigre hacía aterrizar sus aviones privados. Laguna Niguel era también donde queda el exclusivo hotel Waldorf Astoria, otro lugar favorito donde el Tigre escapaba de sus rutinas laborales. A pesar de las sugerencias de Emilio Nicolás, padre, de trasladar la sede a San Antonio, Texas, finalmente se optó por Miami, impulsado por la necesidad de una mejor cobertura de noticias entre las costas este y oeste debido a la diferencia horaria. Esta decisión fue justificada estratégicamente, pero aumentó las críticas de los que percibían un dominio cubano en la televisión hispana estadounidense, intensificando la controversia sobre la representación y el control dentro de la televisión hispana.

La elección de Miami como nueva sede no solo representaba un cambio geográfico, sino también un cambio simbólico y cultural dentro de la estructura organizativa de Univision. Miami, con su gran población cubana y su creciente influencia en los medios, se convirtió en el nuevo epicentro del poder hispano en Estados Unidos. Esta relocalización no solo afectó a los empleados y ejecutivos de Univision, sino también a su audiencia, que observaba con interés y preocupación cómo se desarrollaban estos cambios. La percepción de esta supuesta «cubanización» no se limitaba a la esfera interna de Univision; también se veía en la programación y en la manera en que la cadena abordaba los temas de interés para la comunidad hispana.

La presión por mantener una representación equitativa y justa de los diferentes subgrupos hispanos se convirtió en un desafío constante para el liderazgo de la cadena. Blaya y su equipo, entre quienes se contaba Rosita Perú, tuvieron que equilibrar las demandas internas con las expectativas de una audiencia diversa y políticamente activa.

Después de la salida de Villanueva, le siguieron las renuncias de Luis Nogales, director nacional de noticias y esposo de Rosita

Perú, y de Felipe Muñoz, director de noticias en Los Ángeles. Al mismo tiempo, varios gerentes fueron despedidos y otros del departamento de noticias en California debían negociar su jubilación prematura si no estaban de acuerdo en mudarse a Florida.

En septiembre de 1990, la reportera María Newman escribió en *LA Times*:

> La inminente mudanza, sin embargo, reaviva las críticas de que Univision estaba «cubanizando» las noticias. Cuando los nuevos propietarios de SIN debatieron dónde ubicar su sede, los latinos en la costa oeste argumentaron que llevarlo a Florida daría el control de las noticias a los cubanos de Miami, quienes, según ellos, sesgarían las noticias para reflejar opiniones anti-Castro y políticamente conservadoras.

El reportaje de Newman continúa:

> [...] líderes hispanos locales dicen no entender por qué la operación de noticias tiene que mudarse a Florida cuando el grueso de su audiencia está en California y es mayoritariamente mexicoamericana.
>
> «Es algo muy extraño en vista de las tendencias poblacionales, con informes recientes que muestran que California no solo es el estado más grande sino el estado con la mayor población hispana», dijo Esther Rentería, presidenta de la Coalición Nacional de Medios Hispanos con sede en Los Ángeles. «Si vas a servir a tu comunidad, necesitas estar donde ellos están».
>
> Rentería estuvo de acuerdo en que el programa de noticias había presentado una visión equilibrada de los hispanos a nivel nacional, pero dijo que esto solo era porque «está

basado aquí, y no veo cómo puedes estar basado en Miami, a 3 mil millas de la mayoría de tu audiencia. Es un movimiento muy extraño».

Raúl Ruiz, profesor de estudios hispanos declaró: «Que ellos salgan del sur de California y se vayan a Miami es una verdadera bofetada a sus mayores seguidores, la comunidad mexicoamericana».

Después de la renuncia de Luis Nogales, Blaya contrató al veterano periodista cubano Guillermo Martínez, quien creció en el seno de una familia de periodistas en su natal isla, llegó a Estados Unidos siendo un adolescente que seguía a sus padres que escapaban de la revolución de Castro. Martínez estudió periodismo en la Universidad de Florida y desde 1975 empezó a trabajar en el *Miami Herald*, donde fue artífice de la creación de contenido en español que desde 1976 se insertaba como un apartado del diario, hasta que en 1986 se transformó en el diario *El Nuevo Herald*. Blaya se encargó de explicarle a Martínez que tenía que usar su experiencia defendiendo el idioma español en el *Miami Herald* para aplicarla ahora a nivel nacional y así impulsar a la comunidad hispana, dándole un rol de importancia en todo el espectro noticioso. Blaya tenía otra orden: tenía que mantener a Jorge Ramos y María Elena Salinas como anclas del noticiero.

Blaya no se hizo el sordo ante el conflicto con la comunidad mexicoamericana: «No somos un canal mexicano, ni cubano, ni puertorriqueño; *we are an American Television Station in Spanish*», declaró repetidas veces al personal de Univision y ante la prensa en general. Eran también las instrucciones directas que recibía desde Kansas City, Misuri, de convertir a Univision en un *network* estadounidense en español.

Durante los siguientes tres años, la labor de Blaya marcó un hito en la televisión hispana de Estados Unidos. Junto a Rosita Perú y con un presupuesto aprobado por los nuevos propietarios, se dedicó a americanizar el *network*, aunque otros definían su labor como la desmexicanización de la programación de Univision.

A Jorge Ramos había que convertirlo en el Peter Jennings de los hispanos. Entre 1983 y 2005, Peter Charles Archibald Ewart Jennings (29 de julio de 1938-7 de agosto de 2005) fue uno de los presentadores de noticias más famosos de Estados Unidos. Este periodista canadiense-americano fue el presentador principal del noticiero estelar ABC World News Tonight. A pesar de no haber estudiado periodismo formalmente, Jennings fue percibido como uno de los periodistas más prominentes en la historia de la televisión. Cabe resaltar que Jorge Ramos hoy día es considerado el Peter Jennings de la televisión hispana.

Por sugerencia de Misuri, había que tener un *show* diario idéntico al de Oprah Winfrey, pero en español. Con esa premisa, Blaya contrató a la cubana Cristina Saralegui, que era reconocida por ser editora de una importante revista y quien destacaba cada vez que aparecía como invitada en *Sábado Gigante* con Don Francisco. Ciertamente, *El Show de Cristina* fue considerado *El Show de Oprah Winfrey* en español hasta hasta mediados de la década de 2010, cuando ambos programas tuvieron su última emisión.

A Blaya y a los ejecutivos de Hallmark Cards se les ocurrió crear un programa igual al famoso Entertainment Weekly transmitido por Fox, pero en español. Así nació *Primer Impacto*, que continúa siendo uno de los programas más vistos en Univision actualmente.

Además, había que crear un premio equivalente al Grammy, pero hispano. Así nacieron los Premios Lo Nuestro, que siguen siendo un importante galardón entregado a los artistas más queridos de la música latina. Este premio después motivó a la organización Grammy a crear el Grammy Latino.

Los ejecutivos de Hallmark Cards animaron a Blaya para que creara programación para niños en español. Desafortunadamente, esta iniciativa fracasó. Blaya explica que no tomaron en cuenta que los niños en las escuelas tenían un entorno angloparlante y su programación favorita era lo transmitido por los canales en inglés. Aún no existía la motivación para impulsar el bilingüismo en los niños.

Aparte de todo lo anterior, es importante destacar que el programa que le brindó mayores honores, satisfacción y éxitos a Blaya en su carrera profesional como ejecutivo de la TV hispana en Estados Unidos fue *Sábado Gigante*, conducido por su compatriota Don Francisco. Sin embargo, la relación entre estos dos chilenos no terminó de manera feliz, dejando una estela cargada de misterio y tensión. Detalles de este *impasse* los revelo mas adelante.

El impacto social de Univision

Desde el punto de vista empresarial, por ejemplo, uno de los logros de Joaquín Blaya y los ejecutivos de Hallmark Cards fue la negociación de un contrato multianual con la empresa Nielsen para lograr que la gigante que se encargaba de medir los niveles de audiencia entre las redes de televisión tomara en cuenta a Univision y a los hispanos. Según Blaya, Nielsen se comprometió a realizar la medición de la TV hispana por un contrato de 60 millones de dólares. A partir de que Univision comenzó a trabajar con Nielsen, las ventas del canal superaron la barrera de los 200 millones de dólares.

Pero quizás algo mucho más importante para el arraigo de la cultura e influencia hispanas en EE. UU. se dio entre 1990 y principios de 1992, cuando Univision, bajo la gerencia de Joaquín Blaya, logró registrar para votar a miles de cubanos que ya eran ciudadanos naturalizados de Estados Unidos. Miami cambió el liderazgo político gracias a la influencia de varios factores, incluyendo la de Univision, conducida por Blaya y Hallmark Cards. Joaquín Blaya salía en pantalla y hablaba en nombre de los propietarios del canal y comentaba lo importante que era hacerse ciudadano de Estados Unidos y ejercer el derecho al voto para elegir a los nuevos políticos que trabajarían por la comunidad hispana de Florida. Los resultados se fueron viendo poco a poco.

Hoy en día los candidatos hispanos marcan la pauta en muchos sitios y uno los ve como miembros del Congreso, tanto senadores como representantes: Bernie Moreno, Rubén Gallego, Alex Padilla, Catherine Cortez Masto, Ben Ray Luján, Pete Aguilar, Raul Grijalva, Juan Ciscomani, Adriano Espaillat, Darren Soto, Nydia Velázquez, Robert Garcia, Nanette Diaz Barragán, Tony Cárdenas, Joaquín Castro, Veronica Escobar, Sylvia Garcia, Teresa Leger Fernández, Nicole Malliotakis, Salud Carbajal, Henry Cuellar, Anna Eshoo, Lori Chavez-DeRemer, María Elvira Salazar, Linda Sánchez, Alexandria Ocasio-Cortez, que son líderes de bancadas latinas en constante crecimiento. A esto se suma magistrada de la Corte Suprema Sonia Sotomayor, y la reciente ratificación de Marco Rubio como secretario de Estado, consolidando aún más la presencia hispana en los niveles más altos del Poder Ejecutivo.

Da tristeza saber que aun con toda esta transformación que logró parte del tren ejecutivo de Hallmark Cards junto a Joaquín Blaya, el chileno no pudo salir por la puerta grande de Univision.

CAPÍTULO 10

El negocio de las telenovelas

Al igual que en cualquier popular telenovela, los tormentos, alegrías y recompensas de los protagonistas son clave para entender la esencia de lo que hoy en día es Univision. El fenómeno de las telenovelas ha sido una parte clave del negocio de la televisión hispana. A diferencia de las interminables *soap operas* de las televisoras anglosajonas, las telenovelas hispanas mantienen a los televidentes, principalmente mujeres, aferrados a la pantalla, esperando con ansias seguir capítulo tras capítulo hasta llegar al episodio final. En las telenovelas hispanas, a diferencia de las estadounidenses, sí hay un final.

Las primeras telenovelas

Como afirma la profesora Carolina Alzuru de la Universidad de Georgia, especializada en el género de las telenovelas, las primeras fueron creadas en Cuba. Desde allí las escritoras emigraron, como hizo Gloria Magadan, que se apostó en Brasil, o Delia Fiallo, quien viajó a Venezuela, o Inés Rodena, quien primero llegó a Venezuela y después causó un gran impacto en México. En ese país, en lugar de promover y exponer al autor de la telenovela, se anunciaba solo la adaptación por parte de Televisa. De esta manera la televisora controlaba cualquier telenovela que intentara entrar a México. En Estados Unidos las primeras telenovelas fueron transmitidas en SIN, obviamente, todas venían de Televisa. La popularidad de las telenovelas mexicanas en SIN era inducida por Televisa.

El León Azcárraga sabía que desde la Época de Oro del cine mexicano (1936 a 1956) los protagonistas y sus historias habían tenido arraigo en la audiencia y habían impactado en la cultura y la nación mexicanas. Era la mejor forma de mezclar la educación con el entretenimiento y la información. El éxito del cine de oro mexicano demostró que la pantalla grande lograba unificar ánimos y canalizar información a las masas. El control social a través del entretenimiento audiovisual era un hecho. Con la llegada de la televisión, finalizó la Época de Oro del cine mexicano, principalmente por la decisión del gobierno del presidente Adolfo López Mateos de apoyar con más recursos el crecimiento de la televisión *vs.* el del cine. El gobierno mexicano siempre fue el principal inversionista en la industria del cine del país, pues buscaba tener control del contenido y, por ende, aplicar una censura que impidiera la difusión de obras que exponían temas contraproducentes para el poder manejado por el régimen vigente y su partido hegemónico, el Partido Revolucionario Institucional (PRI). El León fue el primer Azcárraga en comprender que una relación estrecha con el gobierno podría servir como escudo contra la entrada de competidores, así ambos podrían crecer conjuntamente, asegurando su permanencia en el poder. Fue muy astuto al convencer a los políticos de turno de que no valía la pena tener más señales abiertas de televisión si se confiaba todo en un empresario aliado que entendiera su relación simbiótica necesaria para consolidarse en el poder. A diferencia de la electricidad, el petróleo, la metalurgia, el cemento, el gas y la aerolínea nacional, la televisión se convirtió en la primera industria que el gobierno permitió que el sector privado gestionara, aunque siempre con una férrea conexión simbiótica que les permitiría controlar el poder y el monopolio por muchos años más. Televisa y el PRI tenían algo en común: el primero era un monopolio preservado por el Estado, y el segundo mantuvo la presidencia de México durante décadas impulsado por Televisa. Uno protegía al otro.

La primera telenovela transmitida de lunes a viernes en México comenzó el 9 de junio de 1958, antes que eso dicha forma de comunicación era solo conocida a través de la radio. *Senda prohibida* narraba la vida de Nora Valdez, una joven fuerte e independiente, y abordaba temas sociales rompiendo esquemas para su época. Aunque escrita por Fernanda Villeli, cuyo nombre real era María Ofelia Villenave Garza —considerada la primera escritora mexicana de telenovelas—, en los créditos el rol de la autora fue disminuido a «Un Argumento de Fernanda Villeli». Como señala la profesora Alzuru, a diferencia de Cuba, Brasil y Venezuela, donde los nombres de quienes escribían las telenovelas eran reconocidos con importancia, en México no era así. Todos sabemos quién era Delia Fiallo, pero pocos saben quién fue Fernanda Villeli.

Lo anterior se debía a que el León y, posteriormente, el Tigre se propusieron monopolizar la propiedad de las telenovelas que transmitía Televisa en México. Este aspecto singular del negocio de las telenovelas explica cómo la visión de los Azcárraga era la de un crecimiento comercial mediante el control del contenido que producían.

El caso de Inés Rodena es un ejemplo de este fenómeno, que buscaba diluir la importancia del escritor de las telenovelas en los créditos, para que la propiedad intelectual perteneciera a la televisora mexicana.

Nacida el 20 de abril de 1905 en La Habana, Cuba, Rodena fue una influyente escritora de radionovelas y telenovelas. Antes de dedicarse a la escritura, Rodena trabajaba como enfermera, y fue gracias a las experiencias con sus pacientes y las historias que le contaban personas cercanas que nació su pasión por contar. En los años cincuenta, Rodena escribió su primera novela para la radio, *La Gata*, que tuvo un gran éxito en la Cuba precastrista. Tras la Revolución cubana, Rodena emigró a Venezuela, donde fue recibida por el productor de telenovelas Arquímedes Rivero, también cubano, quien le recomendó ir a México, ya que en el mercado venezolano ya estaban él y Delia Fiallo.

La llegada de Inés Rodena a México se produjo en 1970. Rodena conoció a Valentín Pimstein, un importante productor chileno residenciado en México y hombre de confianza del León y el Tigre en Televisa. Fue Pimstein quien se ingenió la forma legal de adquirir los derechos de Rodena para México y Estados Unidos. Ese mismo año se lanzó *La Gata* en Televisa, «adaptada por Pimstein» sin nombrar a la verdadera autora. *La Gata* exploraba temas de diferencias sociales, amor prohibido y los obstáculos que la pareja protagonista debía enfrentar para estar juntos. Esmeralda era analfabeta hasta que conoció a Pablo Martínez Negrete, un niño rico que le enseñó a leer y a escribir. Años después, Pablo se da cuenta de que está enamorado de Esmeralda, lo que genera conflictos con su familia. La madre de Pablo intenta separar a la pareja, tratando de que Pablo se enamore de Mónica, una mujer de buena posición social. Esmeralda queda embarazada de

Pablo, lo que desencadena una serie de malentendidos y conflictos. Los padres de Pablo lo envían a estudiar al extranjero, pero Pablo y Esmeralda deciden casarse en secreto antes.

A partir de ese momento, las telenovelas de Inés Rodena comenzaron a producirse en México, destacándose en 1979 el enorme éxito de *Los ricos también lloran*, protagonizada por la joven actriz Verónica Castro. La era de las telenovelas adaptadas o producidas por Pimstein y propiedad de Televisa hizo que en todas las telenovelas transmitidas por SIN en Estados Unidos el nombre de Rodena pasara desapercibido.

En 1987, la telenovela *Rosa salvaje*, basada en la historia original de Inés Rodena, se convirtió en un fenómeno televisivo sin precedentes. Valentín Pimstein otra vez se llevaba todos los créditos como productor: la serie cautivó a la audiencia mexicana y posteriormente conquistó al público hispano en Estados Unidos a través de la transmisión por Univision. La trama, desarrollada a lo largo de 198 episodios, giraba en torno a Rosa García, una joven humilde e impetuosa interpretada magistralmente por Verónica Castro. Su vida da un giro inesperado cuando se enamora de Ricardo Linares, un hombre adinerado. Guillermo Capetillo asumió el desafío de interpretar un doble papel, dando vida tanto a Ricardo como a su hermano gemelo Rogelio Linares, añadiendo así una capa adicional de complejidad e intriga a la historia. El éxito de *Rosa salvaje* fue inmediato y abrumador. En México, la telenovela alcanzó niveles de audiencia históricos, que duplicaba los números habituales de otras producciones. Este fenómeno se replicó cuando la serie se transmitió en Univision, consolidando su estatus como una de las telenovelas más populares de la época.

Las telenovelas no solo eran entretenimiento, sino también reflejos de la sociedad, ya que abordaban temas de relevancia y proporcionaban un espacio para la reflexión y el debate. Las actrices que protagonizaban estas telenovelas, tales como Angélica María, Verónica Castro y Lucía Méndez, se convirtieron en íconos culturales que influyeron en la moda, el comportamiento y las aspiraciones de millones de televidentes.

En el libro *Telenovelas en el mundo latino*, escrito por la profesora de Harvard June Erlick, se narra el impacto de las telenovelas hispanas en países de toda América Latina y más allá. Erlick explica cómo estas historias resonaban con audiencias que encontraban en ellas un espejo de sus propias realidades y sueños.

La influencia de Televisa a través de sus telenovelas fue una estrategia calculada que aprovechó el poder del entretenimiento para consolidar su posición dominante en el mercado mediático hispanohablante. La internacionalización de las telenovelas de Televisa comenzó con la adquisición de los derechos de autor de todas las telenovelas escritas por Delia Fiallo para ser adaptadas y transmitidas en México y Estados Unidos. La famosa escritora de telenovelas cubana, residente en Miami, era más famosa en Sudamérica que en México y Estados Unidos por las razones antes mencionadas.

La prensa hispana de farándula, incluyendo revistas como *Vanidades*, *Cosmopolitan* y *TV Guía*, atraía al lector con historias de amoríos detrás de cámaras del Tigre y otros ejecutivos del canal con actrices consentidas, especialmente las protagonistas de telenovelas. El Tigre, acostumbrado a bloquear y censurar contenido que afectara los intereses de sus empresas, nunca se preocupó por ejercer su poder contra los chismes que lo describían como el galán más galán entre los galanes de las telenovelas que transmitía.

Internamente, su imagen era la de un patriarca que cuidaba a su talento basado en la fama y la lealtad. No hacían falta contratos leoninos que ataran legalmente a los artistas; la actitud del Tigre hacia sus talentos más allegados era paternal. Su liderazgo se basaba en la confianza, pero cualquier intento de deslealtad o filtración de información sobre sus remuneraciones, viajes y veladas junto a él significaba no solo el divorcio laboral, sino una especie de maleficio que todos temían.

Para el Tigre no se trataba solo de proteger su imagen pública, sino de mantener un ecosistema interno sólido y confiable. Los talentos sabían que, al seguir las reglas no escritas de discreción y fidelidad, gozaban de un respaldo inquebrantable. Sin embargo, cruzar esa línea significaba enfrentarse a consecuencias severas, casi como un exilio profesional dentro del mundo de las telenovelas.

En conversaciones que he tenido con algunos productores de telenovelas que se atreven a tocar el tema, afirman que varias de las actrices (y algunos actores) tenían acceso directo a los dueños de las televisoras y sus relaciones fácilmente podrían ser consideradas muy cercanas.

El Tigre prestaba mucha atención al contenido que difundía su televisora. Era una forma de promover una especie de control social, y fue una estrategia clave para ejercer el poder de la comunicación en un país tan grande y complejo como lo era México.

El control social ejercido por Televisa se evidenciaba en los contenidos que transmitía. La televisora se aseguraba de que las telenovelas y otros programas reflejaran una imagen positiva de la alta sociedad y sus líderes, y de que se evitaran temas que pudieran hacer eco de situaciones injustas vividas por los mexicanos. A diferencia de otros países, como Brasil, donde las telenovelas comenzaban a abordar temas de discriminación de clases sociales, color de piel y corrupción, Televisa mantenía una narrativa que apoyaba el *statu quo* y favorecía la imagen de los poderosos. Las tramas de las telenovelas mexicanas, aunque entretenidas, rara vez abordaban de manera crítica la realidad política y social del país. En lugar de eso, se centraban en historias que distraían al público con temas románticos y dramáticos que capturaban la atención de las masas.

Un ejemplo claro de esta estrategia fue la telenovela *Los ricos también lloran*, protagonizada por Verónica Castro en 1979. Esta fue la primera telenovela en mostrar que los ricos también sufrían, humanizando a las clases altas y desviando la atención de las problemáticas sociales reales. Mientras que en Brasil telenovelas como *Roque Santeiro* criticaban abiertamente la corrupción y la hipocresía social, en México las historias se centraban en conflictos personales y amorosos, evitando cualquier implicación política o social que pudiera incomodar al gobierno o movilizar a las masas en contra de ellos.

El 11 de febrero de 1993, en una entrevista con el periodista Alejandro Salazar Hernández, publicada en el diario *El Nacional*, Emilio Azcárraga Milmo afirmó: «México es un país de una clase modesta muy jodida… que no va a salir de jodida. Para la televisión es una obligación llevar diversión a esa gente y sacarla de su triste realidad y de su futuro difícil».

Esta declaración causó gran polémica y ha sido ampliamente citada desde entonces como un ejemplo de la visión que tenía Azcárraga sobre el papel de la televisión en México y su percepción de la audiencia. El comentario refleja una perspectiva controvertida sobre la estratificación social en México y el rol de los medios de comunicación masivas en relación con las clases socioeconómicas menos favorecidas. Sin embargo, hay quienes también entienden la cruda y honesta descripción que el Tigre hace de su teleaudiencia y el rol que su empresa debe tomar ante la misma. Con esa polémica afirmación, Azcárraga desnudó su estrategia de contenido, que fue traspasada a SIN y luego a Univision.

Mientras tanto, entre 1980 y la década de 1990, en Brasil, Colombia y Venezuela, las telenovelas no solo narraban situaciones morales pocas veces confrontadas en público, sino que también denunciaban discriminación económica, racial y hasta realizaban críticas directas a los gobiernos. Sin necesidad de ser directos con nombres, apellidos y localizaciones exactas, los relatos eran fáciles de identificar con situaciones actuales que se vivían en esos países y muchos líderes empresariales y políticos se veían retratados en protagonistas de las telenovelas. Este tipo de guiones eran totalmente editados en Televisa en México, y ninguna denuncia al gobierno o a la discriminación racial era aceptada.

El negocio de las telenovelas se convirtió en una poderosa industria no solo por su capacidad de entretenimiento, sino también por su habilidad para influir en la opinión pública y reflejar, de manera dramática, las realidades sociales de los países hispanohablantes. Televisa, bajo la dirección de los Azcárraga, entendió que el melodrama no solo era una forma de captar audiencias masivas, sino también una herramienta para modelar percepciones y comportamientos. Este entendimiento llevó a la creación de una fórmula de éxito basada en la repetición de ciertos tópicos y arquetipos que garantizaban altos niveles de audiencia.

Las telenovelas mexicanas y venezolanas se convirtieron en productos de exportación de gran valor, representando una fuente de ingresos alterna y sumamente importante para Televisa. Este fenómeno comenzó a consolidarse en los años ochenta y noventa, cuando la demanda por las telenovelas creció significativamente en diversos mercados internacionales. La exportación de telenovelas no solo incrementó los ingresos de Televisa, sino que también fortaleció su presencia y prestigio global.

Entre 1986 y 1991 fue el único periodo en el que ningún Azcárraga fue accionista de Univision. El Tigre intentó mantener una relación a través del noticiero, pero Blaya no lo permitió. Sin embargo, había un negocio que tenía que mantener la relación con Televisa: el de las telenovelas.

Duro de matar

El Tigre comenzó a viajar frecuentemente a Los Ángeles para explorar nuevos negocios y, además, monitorear desde allí la venta de contenido, especialmente de telenovelas, a Univision. Para ello, mantuvo la empresa Univisa. En julio de 1988, la productora cinematográfica lanzó el éxito comercial *Duro de matar* (*Die Hard*, en su idioma original), protagonizado por el actor Bruce Willis. El Tigre instruyó a Jaime Escandón, director financiero (CFO) de Univisa, a comprar el *penthouse* en la torre Fox Plaza (la misma torre donde se filmó *Duro de matar*). Esa torre era ampliamente conocida a nivel mundial como la Nakatomi Tower por la película. Quizás el Tigre quiso enviar un mensaje desde ese *penthouse*, de que él era un felino «duro de matar». Lo que el Tigre nunca imaginó fue que el recién jubilado presidente de Estados Unidos, Ronald Reagan, también se obsesionaría con ese mismo *penthouse*. Según contó el Tigre, su amigo y ahora asesor, el exembajador John Gavin, lo llamó para pedirle que cediera el *penthouse* a Reagan. Y así fue: el Tigre le cedió el PH a la Ronald Reagan Presidential Foundation y decidió tomar un piso más abajo.

Univision continuó comprando telenovelas producidas por Televisa, consolidando la dependencia de la cadena en las producciones mexicanas para mantener una programación popular y brindar un balance para la exigente audiencia mexicoamericana.

Un ejemplo emblemático de esto es la telenovela juvenil *Chispita* (1982), que consta de 200 episodios. Televisa vendió *Chispita* a Univision por un costo un poco superior a los 12,000 dólares por episodio, generando así ingresos significativos. Para Televisa, el negocio era doblemente lucrativo, ya que los costos de producción de *Chispita* y muchas otras telenovelas eran cubiertos durante su transmisión en México. Esto significaba que todo lo obtenido por las ventas de exportación representaba ingresos extraordinarios, sin la necesidad de incurrir en gastos adicionales de producción.

Lo que pocas personas saben es que *Chispita* fue originalmente escrita por el argentino Abel Santa Cruz en la telenovela sureña llamada *Andrea Celeste*. La obra fue adquirida por Pimstein a nombre de Televisa, y este le cambió el nombre a *Chispita* y le hizo breves cambios al guion. Los créditos finales solo anuncian: «Producido y adaptado por Valentín Pimstein».

Las finanzas de las telenovelas

Otro ejemplo de gran éxito financiero para Televisa fue la exportación de la exitosa telenovela *Rosa salvaje*, descrita anteriormente. Los 198 episodios de *Rosa salvaje* fueron vistos en 15 países. El promedio de venta de cada episodio fue de 16,000 dólares. Si sacamos una simple cuenta, podríamos concluir que *Rosa salvaje* llegó a generar casi 50 millones de dólares en ingresos para la Televisa de los tiempos del Tigre. Esto puede justificar el trato especial, casi de reina, que el Tigre le dio a la actriz Verónica Castro, protagonista de *Rosa salvaje*.

Blaya intentó liberarse de la dependencia de las telenovelas de Televisa, pero fue casi imposible. La única alternativa entonces era recurrir a la producción de telenovelas que provenían de Venezuela. Pero la gigante de allá, Venevisión, no podía competir contra Televisa en la práctica, dada la estrecha relación del Tigre y Gustavo Cisneros (a quien varios en Miami incluso llamaban «el Tigrito»). La otra opción era Coral Pictures, que comercializaba las telenovelas transmitidas por el rival de Venevisión, RCTV. Las telenovelas producidas por Coral Pictures, sin embargo, eran costosísimas, superaban un precio de 80,000 dólares por episodio. Las telenovelas brasileñas apenas comenzaban a ser traducidas al español y Telemundo había negociado las primeras. Rede Globo, de Brasil, comenzaba a ganar reconocimiento internacional con telenovelas como *Vale Tudo* (1988), que abordaban temas de corrupción y desigualdad social.

En la década de 1980, la crisis económica en Argentina, Colombia y Perú afectaba cualquier intento de producir y competir contra las telenovelas mexicanas o venezolanas. En Chile, la producción de telenovelas estaba muerta mientras se vivía una de las épocas más conflictivas durante la dictadura de Pinochet, que por entonces se encontraba en su fase final. Blaya fue uno de los primeros ejecutivos de la televisión hispana que empezó a explorar la idea de producir telenovelas en Estados Unidos, pero no tuvo tiempo de concretarlo. El Tigre aprovechó esta dependencia de las telenovelas mexicanas producidas por Televisa para mantener la relación financiera y de poder en Univision, asegurando que las telenovelas mexicanas continuarían siendo un pilar del *prime time* hispano en Estados Unidos.

Además de su astucia para dominar el mercado televisivo en México y Estados Unidos, el Tigre, junto con su soldado-productor Valentín Pimstein, implementó estrategias que impidieron que muchas telenovelas de otros países aprovecharan el *boom* de la exportación. Televisa adquiría los derechos de autoría de telenovelas de varios escritores sudamericanos, especialmente chilenos y argentinos, y luego adaptaba sus obras, a menudo cambiándoles el nombre y eliminando a los escritores originales de los créditos. En algunos casos la compra de los derechos se hacía con la simple intención de que nadie más tuviera acceso a los productos y algunas telenovelas nunca fueron transmitidas ni en México ni en Estados Unidos. Esta práctica no solo aseguraba que Televisa pudiera presentarse como la creadora de contenido original, sino que también monopolizaba el mercado de exportación de telenovelas, evitando que otras productoras pudieran competir. Bajo esta estrategia, Televisa se convirtió en la exportadora número uno de telenovelas a una variedad de países, incluyendo Israel, Rusia, Filipinas, Indonesia, Grecia, Turquía, Italia y España, entre otros. Esta expansión internacional consolidó aún más el poder de Televisa y la figura del Tigre, permitiéndoles influir en el gusto y las preferencias de audiencias globales.

Durante el mandato de Joaquín Blaya en Univision entre 1986 y 1991 se transmitieron 18 telenovelas de Televisa. Junto a Rosita Perú, lograron negociar la compra de tres telenovelas a Venevisión International.

Y en 1990 también adquirieron la telenovela *Emperatriz* (1990), que produjo la empresa independiente Marte Televisión, propiedad del empresario venezolano Hernán Pérez Belisario. Después de 1991 Univision exclusivamente adquiría telenovelas de Televisa y Venevisión.

Telemundo produjo algunas telenovelas en Puerto Rico sin mucho éxito, pero en 1988 sorprendió al mercado atreviéndose a grabar en Miami, Florida, *Angélica, mi vida* con la actriz mexicana Laura Fabián y el actor puertorriqueño Carlos Montalvo. Luego, en 1990 y de manera innovadora, Telemundo se asocia con el empresario peruano José Enrique Crousillat, que era fundador de una nueva productora de telenovelas con sede en Miami llamada Capitalvision International Corporation, la cual también contaba con un millonario inversionista armenio-venezolano. Ese mismo año esta sociedad adapta y produce la telenovela *El magnate*, protagonizada por la actriz venezolana Ruddy Rodríguez y el galán dominicano (nacionalizado mexicano) Andrés García. *El magnate* fue una adaptación de la telenovela brasileña *Novo amor*, escrita por Manoel Carlos.

Esta producción transmitida en Telemundo llamó mucho la atención del Tigre, quien aceptó reunirse con Crousillat para hacer negocios. Televisa terminó comprando Capitalvision International Corporation, y en medio de la crisis financiera y declaración de quiebra de Telemundo los rumores daban a entender que el Tigre podría retornar como accionista de una red de televisión hispana de Estados Unidos adquiriendo a la malograda Telemundo. Crousillat, por su parte, siguió como productor en Miami, pero comenzó a dividir su tiempo entre Perú y Florida, ya que había sido uno de los principales asesores de comunicación del recién electo presidente Alberto Fujimori. Este es uno de los factores que lo hicieron vender su empresa al Tigre.

CAPÍTULO 11

El Tigre regresa

En 1990, las presiones financieras y políticas sobre Univision también eran evidentes. El reto que había asumido el CEO Grimes para lograr un crecimiento exponencial del valor de la empresa, con la esperanza de venderla o refinanciarla, no estaba dando resultado. El peso de la gran deuda y los compromisos asumidos por Hallmark Cards para pagar por la compra de SIN en 1986 ya eran en verdad onerosos. Recordemos que los 300 millones de dólares que debía Univision eran casi en su totalidad emitidos en bonos, la mayoría adquiridos por un banco que estaba en manos del gobierno de Estados Unidos, el Continental Illinois Bank. Los primeros signos de una crisis financiera en Univision se hicieron públicos cuando la empresa convocó a los acreedores para intentar negociar un descuento en la deuda.

Era una negociación difícil que requería el apoyo de un gobierno amigo, el de George H. W. Bush. Para entonces, sin embargo, la popularidad de la administración Bush había caído, y parecía que no continuaría en la presidencia para un segundo mandato. Hockaday y Grimes sabían que tenían que negociar los bonos y vender la empresa antes de las elecciones en 1992. Otra vez se repetiría una venta obligada de Univision, un escenario que nada tenía que ver con la buena recepción de su contenido y hasta con su éxito comercial. Era una liquidación necesaria para unos dueños que habían sobrevalorado su inversión realizada en 1986 y sobreendeudado a la propia empresa, en un panorama político adverso. La candidatura de William J. (Bill) Clinton del Partido Demócrata comenzaba a avasallar, y 1992 terminó con una derrota para el Partido Republicano a nivel nacional.

El arduo trabajo de Blaya para lograr satisfacer las metas de Hockaday y los propietarios de Hallmark Cards —que tenían todas las cartas apostadas a la reelección de Bush— dio resultados, pero no los suficientes para que Bush se llevara la victoria en 1992. Al examinar más de cerca los resultados en Florida y Arizona, dos estados en los que Univision tenía una influencia significativa, se observa un resultado distinto: el Partido Republicano retuvo estos estados críticos por márgenes estrechos. Los analistas políticos sugieren que el voto hispano en Florida y Arizona desempeñó un papel central en la inclinación de la balanza a favor de Bush. Ese fue el último esfuerzo de Blaya en Univision. Su poco conocimiento o, más bien, su poco interés en conocer sobre las finanzas dentro de Univision no le permitieron entender las alternativas que podía haber aprovechado para promoverse ante otro potencial comprador de Univision. Las cartas estaban sobre la mesa, la cadena sería vendida por Hockaday. Los días del reinado de Blaya estaban contados.

Mientras tanto, en Telemundo la crisis implosionaba y en medio estaba el Tigre, quien se acercaba a lo que parecía ser una tentadora oportunidad. El cubano Carlos Barba, vicepresidente de Programación de Telemundo, cautivó al Tigre y lo convenció de producir la telenovela *Marielena* (1992), con Lucía Méndez de protagonista, en Telemundo. La telenovela sería un éxito seguro, así que Méndez contaba con la bendición del Tigre para trabajar con la competencia de Univision sin que esto afectara su relación con él. Lucía Méndez, en esa época, era tratada como reina en Televisa. Las telenovelas protagonizadas por ella eran generadoras de decenas de millones de dólares para el Tigre. Durante la producción de la telenovela *Marielena*, Carlos Barba fue contactado por su antiguo jefe en NetSpan WNJU, Jerry Perenchio, quien no cesaba en su intención por tener un rol protagónico en esta saga. Perenchio le informó a Barba que tenía la intención de adquirir Univision y que lo quería contratar de asesor. Barba contactó al Tigre y le informó lo que estaba sucediendo en Univision. Barba también le informó a su exjefe en Venevisión Internacional, Gustavo Cisneros, lo que estaba sucediendo. Barba le propuso a Perenchio que se reuniera con Gustavo Cisneros antes de tomar cualquier decisión.

Grimes aceleró la negociación de los bonos y la venta de Univision. Fue una maniobra financiera intrincada y sagaz que permitió a Hallmark Cards emerger con su reputación intacta. La negociación dio sus frutos. El principal perdedor financiero en esta ecuación fue el gobierno de Estados Unidos, representado por el Continental Illinois Bank, que, como mayor tenedor de bonos y acreedor, tuvo que aceptar una disminución del 50 % en el pago del capital de los bonos.

La otra perdedora fue Lucía Méndez. Aunque la actriz tenía el permiso del Tigre para protagonizar la exitosa telenovela *Marielena* transmitida por Telemundo, el Tigre desistió de su intención de comprar esa televisora y se enfocó en participar junto a Jerry Perenchio y Gustavo Cisneros en la compra de Univision a Hallmark Cards. Marielena (Lucía Méndez), una joven hermosa de origen humilde que se enamora de su jefe rico y casado, Luis Felipe (Eduardo Yáñez). Lucía Méndez muchos años después habría de explicar cómo el Tigre, de regreso en Univision, ya no quiso contratarla porque eso sería contravenir la regla de oro que había impuesto a su talento para el juego corporativo: nunca trabajar para la competencia. Aquella «infidelidad» había sido aceptada por el Tigre, cosa que nunca aceptó públicamente.

En abril de 1992 Hallmark Cards anunció la venta de Univision a un grupo de inversionistas liderado por Jerry Perenchio, Gustavo Cisneros y Emilio Azcárraga Milmo por un monto de 550 millones de dólares. La estructura de propiedad establecida en la transacción otorgó a Perenchio un control mayoritario del 75 % en el grupo de estaciones de Univision y una participación del 50 % en la comercializadora del *network*. Por su parte, Emilio Azcárraga Milmo, y por otra, los hermanos Gustavo y Ricardo Cisneros, retuvieron cada parte una participación del 12.5 % en el grupo de estaciones y 25 % cada grupo en la comercializadora.

Los activos incluidos en la venta comprendían nueve estaciones de televisión (Full Power) ubicadas en las principales ciudades de Estados Unidos, además de cuatro estaciones de baja potencia (Low Power), todas transmisoras de la cadena Univision. En términos financieros, Perenchio acordó aportar hasta 50 millones de dólares del precio de compra, mientras que Hallmark Cards aceptó un pagaré de hasta 100 millones de dólares. El monto restante se estructuró a través de una combinación de deuda y aportes de contenido a cambio de acciones por parte de los Azcárraga y los Cisneros. Así quedó consolidada una nueva etapa en la historia de la cadena hispana más influyente del país.

La quiebra de Telemundo

Por aquel entonces, Telemundo dejó de pagar su deuda y comenzaba una crisis financiera interna que empeoró con la llegada del huracán Andrew. El tifón, que golpeó el sur de Florida el 24 de agosto de 1992, causó enormes daños en la región, incluyendo las instalaciones de Telemundo. La tormenta, que fue un huracán de categoría 5, destruyó más de 63,500 casas y dañó más de 124,000 edificios, lo que resultó en un impacto económico devastador para la zona. Telemundo, cuya sede estaba ubicada en Hialeah, una ciudad dentro del área metropolitana de Miami, sufrió daños considerables debido a la fuerza del huracán. La infraestructura de la cadena se vio afectada, lo que obligó a realizar reparaciones y ajustes significativos en sus operaciones.

El estrellato del cubano Carlos Barba se iba apagando en paralelo con la debacle financiera de Telemundo. A principios de 1990, el protector de Barba, el magnate Henry Silverman, anunció que dejaba Reliance Capital para convertirse en socio general del Blackstone Group en la ciudad de Nueva York, aunque seguiría siendo miembro de la Junta Directiva de Telemundo por cuatro años más. A mediados de 1991, apenas terminó la producción de la telenovela *Marielena*, Barba renunció a Telemundo. Meses después de la salida de Barba, Telemundo dejó de hacer tanto pagos de intereses sobre su deuda pendiente como pagos de capital al vencimiento. Ya a finales de 1991 la cadena se encontraba en inminente quiebra. Telemundo había incumplido todos sus compromisos de pago sobre una deuda que ascendía a más de 300 millones de dólares. Los acreedores comenzaron a agruparse para ir contra Telemundo y su principal propietaria, Reliance Capital. El conflicto entre acreedores y propietarios duró dos años, y el 8 de junio de 1993 los primeros presentaron una petición involuntaria bajo el Capítulo 11 del Código de Bancarrota contra Telemundo en el Tribunal de Bancarrota de EE. UU. en la ciudad de Nueva York. El 30 de julio de 1993, Telemundo consintió la petición. Por aquel tiempo, Joaquín Blaya cocinaba su salida de Univision y comenzaba a tener conversaciones con Telemundo. En dichas pláticas Blaya ofrecía traerse consigo a Don Francisco y su *Sábado Gigante.*

Mario Kreutzberger, por su parte, confirmó que en aquel momento Blaya intentó llevárselo a él, junto a su Don Francisco, a su equipo de producción y a su *Sábado Gigante* a Telemundo.

Mario Kreutzberger, el individuo que le dio vida a Don Francisco, solicitó una reunión con el Tigre. Hasta ese momento, nunca se habían conocido personalmente. El Tigre accedió a la reunión y citó a Mario para un encuentro en su yate, el *ECO*, en aguas de Fort Lauderdale, Florida.

Kreutzberger, quien también tenía un yate, dio instrucciones para navegar hasta el *ECO*. Al llegar a la marina, no vieron ningún gran yate y fue cuando el capitán le informó a Mario que el *ECO* era tan grande que no podía acercarse a la marina. Mario Kreutzberger relata en una de sus dos biografías que su propio yate parecía más bien una balsa salvavidas al lado del imponente *ECO*.

El encuentro con el Tigre fue crucial para el futuro de *Sábado Gigante*. En la reunión, llegaron a un acuerdo para continuar con el *show* a nivel nacional en Univision.

Nadie sabe quién decidió la partida de Blaya de Univision. La gente cercana al Tigre dice que Blaya fue despedido, mientras que los allegados a Blaya opinan que el chileno renunció al tener ya el ofrecimiento de ser el CEO de Telemundo.

Entonces, de pronto, como un vendaval que se desvanece en la noche, se apagó el reinado de Blaya en Univision. En el ocaso de su era, este líder se vio despojado de su fortaleza. La misma empresa que le había abierto sus brazos, en la que había forjado una coraza que parecía de acero, hizo que esta se deslizara entre sus dedos como granos de arena. En Telemundo nunca pudo alcanzar los éxitos de Univision, y una de las razones de su fracaso es que no pudo atraer a la joya de la corona: Don Francisco y *Sábado Gigante*, hasta sus nuevos predios. El destino, marcado por lo que pueden haber sido heridas felinas, le negó este último deseo. Aunque Joaquín Blaya siguió una carrera exitosa, me atrevo a concluir que en Univision terminó la sinfonía de su gloria.

Y al salir Blaya de Univision, entró Carlos Barba como asesor del grupo comprador comandado por Perenchio.

Aquel año de 1992 representó el regresó del Tigre a Univision bajo el control de Perenchio. Jerry Perenchio decidió mudar la sede de Univision al piso 30 del 1999 Avenue of the Stars, un recién construido rascacielos en Los Ángeles, California. Se consolidaba una nueva y rejuvenecida etapa para el magnate mexicano que apenas dos años atrás había oficializado públicamente su unión amorosa con quien fuera Señorita México 1988 y modelo Adriana Abascal, 40 años menor que él. Aquel fue también el año en que recibió su superyate *ECO* desde aguas inglesas.

Pero 1993 contaría otra historia. El Tigre recibió el diagnóstico desde el MD Anderson de Houston, el mismo centro de salud en el que fue tratado su padre décadas atrás, donde había enviado los resultados de un examen de unas manchas inusuales que tenía en partes de su cuerpo: melanoma.

La noticia devastó al Tigre. Debía someterse de inmediato a un tratamiento y chequeos continuos. Su joven pareja, Adriana Abascal, se dedicó a cuidarlo.

La batalla contra su enfermedad no fue fácil. Los tratamientos eran exhaustivos y desgastantes, implicaban frecuentes visitas al hospital, sesiones de radioterapia y un régimen estricto de medicación. Cuando su salud comenzó a empeorar, Azcárraga decidió mudarse a Miami, donde estaría alejado de su ambiente empresarial. Muy pocos en la organización sabían lo que sucedía, y a muchos extrañó su decisión de mudarse a aquella ciudad que tanto criticaba. Adriana Abascal, quien había brillado bajo los reflectores como reina de belleza y modelo, ahora se enfrentaba a su papel más desafiante y vital: ser el pilar de apoyo para el Tigre.

En el ámbito profesional, Gustavo Cisneros, amigo cercano y aliado de Azcárraga, asumió un rol más activo en las operaciones de Univision. Reconocido por su visión empresarial y su habilidad para navegar en mercados internacionales, Cisneros se aseguraba de que la compañía no perdiera su impulso durante esta turbulenta fase.

Ese fue también un año de transformaciones significativas en el panorama mediático. Bajo la dirección de Perenchio, Univision comenzaba a explorar nuevas oportunidades y a expandir su programación para captar a una audiencia más diversa y exigente. En medio de estos cambios, la noticia del cáncer de Azcárraga se mantuvo en gran medida fuera del dominio público. Solo un círculo íntimo de familiares y amigos estaba al tanto de su condición. Esto permitió al Tigre mantener una imagen de fortaleza y control, mientras en privado lidiaba con los rigores de su tratamiento. Para aquellos que estaban al tanto, la lucha del Tigre contra el cáncer se convirtió en un testimonio de su indomable espíritu y su capacidad para enfrentar adversidades con coraje y dignidad, aunque sus apariciones físicas se volvían cada vez más esporádicas.

Había dos personas en su pasado a quienes el Tigre se propuso hablarles de la enfermedad que tenía y del tratamiento al que debía someterse. René Anselmo fue una de ellas. Lo que nunca pensaron estos dos amigos era que primero partiría Anselmo.

Otra persona importante en la vida del Tigre era su exesposa, Paula Cussi. A pesar de su separación, Azcárraga Milmo y Paula mantuvieron varios encuentros en los que revivieron viejos tiempos y discutieron la situación de salud del magnate azteca. Estos encuentros, por razones obvias, se realizaban sin la presencia de Adriana Abascal.

Mientras todo esto sucedía, Jerry Perenchio aprovechó el distanciamiento del Tigre y se encargó de dejar muy en claro quién era el accionista mayoritario de Univision.

CAPÍTULO 12

La fiebre del futbol llega a Estados Unidos

El Tigre Azcárraga fue quien trajo la fiebre del futbol a Estados Unidos, y tuvo un papel protagonista en el crecimiento exponencial de las finanzas y el poder en la industria deportiva de la FIFA (Fédération Internationale de Football Association) entre 1982 y 1998. Pero antes de llegar a la FIFA, hay que retroceder a finales de la década de 1950 y comienzos de 1970.

Fue en 1959, a los 29 años de edad, cuando el Tigre tomó la decisión de adquirir personalmente el equipo profesional de futbol mexicano Club América al empresario Isaac Bessudo, dueño de la empresa refresquera mexicana Jarritos, por 425,000 pesos, que a la tasa de cambio de 1959 equivalían a 23,120 dólares. El León celebró esta decisión de su hijo, viéndola como una muestra de su visión y determinación.

El Tigre contrató a quien entonces era el presidente de la Federación Mexicana de Futbol (FMF), Guillermo Cañedo de la Bárcena. La federación era el organismo que regulaba y decidía todo lo concerniente tanto a la liga profesional en el país como también a la selección nacional mexicana de futbol. Así, el futbol entonces era comandado por el Club América, que además contaba con la promoción y transmisión de la señal de Telesistema

Mexicano. Es decir, el Tigre se convirtió en el corto plazo en el principal promotor y zar de lo que en aquel momento era el naciente fervor por el futbol entre los mexicanos. En aquel entonces, la Copa Mundial de Futbol de 1962 se jugó en Chile, nación que ya contaba con una fanaticada futbolera tan gigante y apasionada como la que existía en Europa. Uruguay, Brasil, Argentina y Chile eran países en los que dicho deporte era una religión.

Chile construyó el monumental Estadio Nacional, en Santiago, para ser sede del mundial. Fue en ese evento cuando a Cañedo se le ocurrió proponer al Tigre engrandecer el papel del futbol en México y el mundo con la construcción en la Ciudad de México del estadio más grande de las Américas. Con la ayuda del gobierno mexicano, Telesistema Mexicano arrancó en 1962 las obras del estadio Azteca, el cual inauguró en 1966 con un partido entre el Club América y el equipo italiano Torino Football Club, que en esa época era una franquicia muy famosa en el futbol europeo. En dicho partido, que resultó en un empate 2-2, estuvieron presentes directivos de la FIFA que ya evaluaban la próxima sede de la Copa Mundial de Futbol para 1970. En Inglaterra se jugó la Copa Mundial de 1966 y fue en Londres donde se anunció a México como sede del Mundial de 1970. Ese fue un gran logro de la dupla Emilio Azcárraga Milmo-Guillermo Cañedo de la Bárcena.

La Copa del Mundo de 1970 no solo fue un triunfo deportivo para México, sino también un hito en la historia de la televisión global. Pero detrás de la decisión de transmitir los partidos vía satélite a todo el mundo, hubo una jugada maestra impulsada desde el corazón de Telesistema Mexicano. El joven Emilio Azcárraga Milmo vio en la tecnología satelital una oportunidad de oro para posicionar a la televisión mexicana en la vanguardia mundial. Y sabía que, para lograrlo, necesitaba convencer a su padre,

Emilio Azcárraga Vidaurreta, el León, y, sobre todo, a quien verdaderamente podía abrir la puerta a esta revolución: el presidente del país: Gustavo Díaz Ordaz.

El Tigre sabía que la Copa Mundial de Futbol representaba la plataforma perfecta para que México demostrara su capacidad tecnológica. Sin embargo, transmitir en vivo un evento de esta magnitud vía satélite requería de la intervención del gobierno, pues Intelsat, el consorcio que dominaba las telecomunicaciones espaciales, operaba bajo el control de los gobiernos de los países miembros. Conseguirlo dependía de una gran maniobra política.

Azcárraga Vidaurreta, con su influencia en los círculos de poder, hizo lo que su hijo le pidió. A través del secretario de Gobernación, Luis Echeverría, hizo llegar la propuesta directamente a Díaz Ordaz: no bastaba con organizar el Mundial de Futbol, había que convertir el suceso en el primero en la historia en ser transmitido a color vía satélite. La idea era ambiciosa, pero encajaba con la imagen de modernidad que el gobierno quería proyectar. Así, México no solo sería sede de la Copa del Mundo, sino que se convertiría en el epicentro de una revolución mediática y tecnológica sin precedentes.

Fue en este contexto donde René Anselmo vio su primera gran oportunidad y, gracias a su cercanía con los Azcárraga, tuvo acceso al corazón de este experimento televisivo. Observó de primera mano la negociación con Intelsat, cómo México se integraba a la red de transmisiones globales y, sobre todo, cómo el poder de la televisión podía trascender fronteras. Para Anselmo, ese momento fue revelador. Como ya vimos, años después se convertiría en una de las figuras clave en la revolución de la televisión satelital privada, pero en aquel entonces su primera lección sobre el inmenso poder de la transmisión global la recibió gracias a la visión de los Azcárraga.

El domingo 31 de mayo de 1970, Gustavo Díaz Ordaz, presidente de Mexico, inauguraba el Mundial de Futbol con el partido de la selección mexicana contra la Unión Soviética, el cual terminaría en empate 0-0. Millones de televidentes alrededor del mundo pudieron ver a todo color el partido inaugural, pero el partido más esperado por la audiencia global se realizó tres días después, cuando el Brasil de Pelé se enfrentó a Checoslovaquia. Los checoslovacos sorprendieron al marcar primero, pero la magia del equipo brasileño pronto tomó el control del partido. Con goles de Riveliño, Pelé y un doblete de Jairzinho, Brasil selló una victoria contundente de 4-1. Sin embargo, más allá del resultado, la icónica camiseta verde y amarilla de Brasil brilló con una nitidez nunca antes vista en las pantallas de televisión, resaltando cada movimiento de Pelé, cuyas jugadas deslumbraron a una audiencia mundial que, desde su hogar, pudo sentir por primera vez la emoción del futbol en su máxima expresión y a todo color. Innovación cuyo crédito pocas veces es otorgado al Tigre.

El estadio Azteca fue la sede principal del partido final en la que Brasil, liderado por el gran Pelé, se coronó campeón. El gobierno de Mexico (país sede) también negoció el acuerdo entre los distintos países que participaban en el torneo. A partir de este gran evento, no solo Pelé fue catapultado al estrellato mundial como la primera gran celebridad del futbol (al conseguir su tercera copa mundial), sino que también los aficionados de todo el mundo comenzaron a identificar y admirar los colores que definían a las selecciones nacionales.

Aun así, los beneficios financieros no se veían, ya que las dimensiones de la inversión en el estadio por parte del gobierno de

THE NEW YORK TIMES JUNE 21, 1970

PELE!

BRAZIL BEATS ITALY 4-1 FOR WORLD CUP

Brazil struck first, with Pelé heading in a cross by Rivelino at the 18th minute. Roberto Boninsegna equalized for Italy after a blunder in the Brazilian defence. In the second half, Brazil's firepower and creativity was too much for an Italian side that clung to their cautious defensive system. Gérson fired in a powerful shot for the second goal, and then helped provide the third, with a long free kick to Pelé who headed down into the path of the onrushing Jairzinho. Pelé capped his superb performance by drawing the Italian defence in the centre and feeding captain Carlos Alberto on the right flank for the final score. Carlos Alberto's goal, after a series of moves by the Brazilian team from the left to the centre, is considered one of the greatest goals ever scored in the history of the tournament.

El Rey Pelé se alza con su tercera copa en el Mundial de México '70. (Imagen: recorte de la edición del 21 de junio de 1970, *The New York Times*).

México y de los Azcárraga, y la tecnología utilizada para la transmisión en vivo, no se comparaban con el tamaño del negocio que representaba el montaje de un Mundial de Futbol y los ingresos que este generaría.

El Mundial era, para esa época, un gran regalo para el pueblo mexicano y una gran plataforma de propaganda para el país en el mundo entero. Ya en 1968 México había realizado los Juegos Olímpicos con muchísimo éxito, y el rol de la televisora propiedad de los Azcárraga también fue entonces crucial. SIN tomaba la señal de Telesistema Mexicano para transmitir los Juegos Olímpicos y luego los partidos del Mundial de Futbol. Para hacerse una idea del pobre conocimiento de las televisoras anglosajonas en Estados Unidos sobre el significado del futbol para una parte importante de la población, la cadena ABC, que había adquirido los derechos prácticamente gratis para transmitir este Mundial en Estados Unidos, esperó hasta las navidades para televisar la final que ganó el Brasil de Pelé. Esa final se jugó el domingo 21 de junio de 1970, es decir, ABC esperó seis meses para que su audiencia viera un enfrentamiento crucial que toda Europa y toda Latinoamérica habían visto con ansias en directo. Aquella fue una de las pocas veces en que se dejaron ver el León y el Tigre juntos en el palco presidencial del estadio Azteca, cuando celebraron el éxito de una organización impecable de un evento deportivo mundial, y una gran imagen de México ante el mundo.

El Tigre no solo fue fundamental en el ámbito del futbol nacional, sino que también jugó un papel crucial en la internacionalización del deporte. Cañedo percibió una gran oportunidad al ver que apenas 16 países eran representados en las copas mundiales y que eso podía crecer. Además, el protagonismo del «Rey Pelé» y la oncena brasileña hacía fácil pensar que la directiva de la FIFA podría cambiar de ser liderada por europeos a serlo por latinoamericanos. El Tigre comenzó a mover sus piezas y a implementar una estrategia para acercarse al control de la FIFA. En los Juegos Olímpicos organizados en México en 1968, Azcárraga Milmo conoció al presidente del Comité Olímpico de Brasil, Jean-Marie «Joao» Faustin Goedefroid Havelange. Desde ese momento, Joao Havelange y el Tigre construyeron una amistad inquebrantable hasta la muerte del segundo en 1997.

La visión del Tigre para el futbol y la televisión también se extendió a su relación con Havelange y la FIFA. Desde 1974, su influencia ayudó a transformar la organización y a elevar el perfil del futbol en todo el mundo. Al finalizar el Mundial de 1970, el Tigre ya había identificado una fuente importante de ingresos a través de la venta de publicidad durante las transmisiones de los partidos de la Copa Mundial, y comprendía la creciente importancia de la imagen del Mundial de Futbol para los gobiernos de los países sede y participantes. El Tigre y Cañedo decidieron convencer a Havelange para que se postulara como presidente de la FIFA, tomando en cuenta el liderazgo de Brasil como potencia futbolística. Cañedo se encargó de trabajar con el presidente de la Confederación Sudamericana de Futbol (Conmebol) de aquel momento, el peruano Teófilo Nicolás Salinas Fuller, para desarrollar una campaña destinada a tomar el control de la FIFA a través de la elección de Joao Havelange y de Guillermo Cañedo de la Bárcena, como presidente y vicepresidente, respectivamente. El 8 de mayo de 1974, un mes antes del comienzo del Mundial en Alemania, se celebraron, a puerta cerrada en Fráncfort, Alemania, las elecciones de la nueva Junta Directiva de la FIFA, donde Havelange obtuvo la presidencia y el mexicano Cañedo fue electo vicepresidente.

A partir de ese año, la FIFA cambió su modelo de negocio, aumentando significativamente sus ingresos a través de la venta de derechos de transmisión de radio y televisión, y patrocinios oficiales de marcas corporativas mundiales. Esta nueva rama de negocios para la FIFA fue instaurada por Cañedo y Havelange. Además, comenzaron un plan de expansión que pasó de 16 a 24 países representados en la Copa Mundial que se juega cada cuatro años. El Tigre, durante varios años, adquirió a nombre de Televisa los derechos de transmisión del Mundial en todo el continente americano, desde Canadá hasta Argentina. Era Salinas Fuller quien se encargaba de conectar a las federaciones sudamericanas, mientras que el Tigre operaba las transmisiones en México y Estados Unidos. Brasil era fácil de negociar por la relación de Havelange con Roberto Marinho, magnate del monopolio mediático en Brasil, Grupo Globo.

En junio de 1974, justo antes del comienzo de la Copa en Alemania, se eligieron las sedes para los mundiales de 1982 (España) y 1986 (Colombia). Apenas unos meses después de finalizar el Mundial de Futbol de 1982 en España, el 25 de octubre de aquel año, el presidente de Colombia, Belisario Betancour, declaró que su país no podía afrontar los compromisos para ser sede del Mundial de 1986. Inmediatamente, tanto México, Canadá como Estados Unidos presentaron sus propuestas para convertirse en sede de la Copa Mundial de 1986. La directiva de la FIFA decidió que México sería la sede, lo que causó una gran controversia y molestia en los gobiernos de Estados Unidos y Canadá. Incluso, Estados Unidos solicitó una reunión con Havelange, que se llevó a cabo con la presencia de Henry Kissinger como líder de la comitiva, con el fin de demostrar que Estados Unidos era la sede ideal para el Mundial de 1986. La FIFA, comandada por Havelange,

Cañedo y Salinas Fuller, reafirmó ir con un país hispanohablante con una afición y un fervor por el futbol mucho más arraigados que el público estadounidense. El desaire a Kissinger costó una ola de rumores de corrupción y componenda entre Havelange y Cañedo que salpicó hasta al mismo Azcárraga Milmo.

A raíz de esta estrategia comercial instaurada por el Tigre en la FIFA hacia 1970, en México y Estados Unidos los derechos de transmisión en español de todas las copas mundiales desde 1970 hasta 2014 fueron propiedad de Televisa y Univision. Los derechos de transmisión por televisión de las copas del mundo comenzaron a representar la principal fuente de ingreso en la FIFA. El éxito de esta comercialización se corrobora con los montos pagados por los derechos de transmisión en inglés en Estados Unidos, desde los 20 millones de dólares que pagó ESPN por los mundiales de 1994 (Estados Unidos) y 1998 (Francia), hasta los 428 millones de dólares pagados por la cadena Fox en 2018 y 2022.

El Tigre y Cañedo desarrollaron una capacidad para negociar con total entendimiento del mercado global, permitiendo a la FIFA expandir su alcance y aumentar sus ingresos, y beneficiando tanto al deporte como a los países que lo apoyaban. El 20 de enero de 1997, Guillermo Cañedo de la Bárcena sufrió un ataque cardiaco y falleció. Este fue un duro golpe para el Tigre, cuya salud decaía rápidamente. Esta noticia terminó de devastar a Azcárraga Milmo, quien falleció tres meses después. La dinastía Havelange y Cañedo en la FIFA terminó abruptamente por la muerte de los dos mexicanos. Havelange dejó la presidencia de la FIFA un año después. El Tigre pidió que el estadio Azteca llevara el nombre de Guillermo Cañedo y su deseo fue cumplido. Justo después de la muerte del Tigre, el estadio volvió a llamarse Azteca.

CAPÍTULO 13

Latina USA y Latin Music

Para entender el desarrollo de la imagen de la mujer latina en Estados Unidos, es esencial examinar la carrera de la cubana Cristina María Saralegui Santamarina, proveniente de una familia vinculada a la industria del papel en Cuba antes de la llegada de Fidel Castro y su revolución en 1959. Como muchas familias cubanas tras el ascenso de Castro, los Saralegui decidieron mudarse a Miami, Florida, y Cristina vivió su juventud bilingüe en casa. Estudió comunicación y comenzó trabajando para la revista *Vanidades*.

En la década de 1950, los empresarios venezolanos Armando de Armas y Miguel Ángel Capriles adquirieron los derechos en español de las revistas del gigante grupo Hearst: *Mecánica Popular*, *Buen Hogar* y *Cosmopolitan*, y crearon la Editorial América. Este grupo editorial también adquirió la propiedad de la revista *Vanidades*, que pertenecía a la Editorial Carteles en Cuba, donde había trabajado el padre de Cristina Saralegui. Capriles se separó del grupo en 1970 y Editorial América quedó en manos del recién creado grupo editorial venezolano Bloque Dearmas.

En su libro autobiográfico *Cristina!: Confidencias de una rubia*, Saralegui confiesa que su carrera estuvo marcada por todo lo que aprendió trabajando para Armando de Armas, a quien describe como un «hombre formidable que empezó a trabajar a los nueve años, vendiendo periódicos para mantener a su familia. Don Armando, como todos le dicen cariñosamente, llegó a ser el editor más importante en español en toda América Latina y a tener el mayor conglomerado de revistas del continente latinoamericano».

Fue trabajando con la familia De Armas desde 1970 como Cristina aprendió a redactar en un español que define como «panamericano», porque *Vanidades* llegó a circular en 23 países donde se utilizaban términos distintos. Cristina Saralegui justificó la aceptación de muchas palabras y definiciones del español en la audiencia hispana en Estados Unidos.

Con la libertad editorial que le otorgaba De Armas en la revista *Vanidades*, Saralegui aprendió a comunicar en un español que, aunque distinto entre países latinoamericanos, toda su audiencia entendía, y especialmente los hispanos en Estados Unidos. Saralegui también impuso la regla de no utilizar ninguna palabra que fuese percibida como obscena en algún país hispanohablante. Por ejemplo, «María Conchita Alonso (dice Cristina), cantante y actriz cubano-venezolana, cuando iba de gira a Argentina se llamaba simplemente María».

Cristina Saralegui fue transferida de *Vanidades* a trabajar en un proyecto llamado *Intimidades*, acercándose cada vez más a la vida de la mujer latina. En 1979 fue designada directora de la revista *Cosmopolitan en español*. Esta fue la primera revista que habló de sexo a las mujeres latinas en su idioma. Pero fue Cristina quien impuso un estilo editorial, «Cristina Style», que luego entre periodistas bautizaron como «Latina Style»: «Nuestro órgano más importante está ubicado entre las dos orejas, no entre las dos piernas», dijo Saralegui cuando definía el estilo editorial que quería instaurar en la revista, la cual venía de una raíz editorial anglosajona muy enfocada en la explotación del sexo. La diferencia, según Cristina, es que la mujer hispana no tenía un problema de liberación sino más bien de superación. *Cosmopolitan en español* se convirtió en un poderoso medio de información para la mujer latina. No había un actor o cantante que no pasara por la mesa de redacción de *Cosmopolitan en español.* En 1992 Editorial América fue adquirida por el Tigre, quien la transformó en Editorial Televisa, S. A. de C. V., y mudó su sede de Miami a la Ciudad de México.

A principios de la década de 1980, Cristina Saralegui fue contactada por Joaquín Blaya, quien comenzaba como director de SIN en Miami, para invitarla a conversar frente a las cámaras con Don Francisco en *Sábado Gigante.*

Cuando Blaya llega a la presidencia de Univision en 1986, este invitó a Cristina Saralegui a escribir y participar en el programa *TVMujer*, que se enfocaba en críticas a las telenovelas y algunas veces mezclaba los temas que trataba en *Cosmopolitan.* En 1989, Saralegui renunció a su trabajo en *Cosmopolitan*, se despidió de don Armando de Armas y fue contratada a tiempo completo en Univision para conducir un programa de variedades diario llamado *El Show de Cristina.* Aunque la instrucción de los propietarios del canal —Hallmark Cards— fue imitar el contenido del famoso programa de Oprah Winfrey, durante los 21 años que duró *El Show de Cristina* Saralegui impuso su estilo y cambió la filosofía editorial anglosajona a la que aspiraba Hallmark Cards. De la misma manera que llevó las riendas de la revista *Cosmopolitan*, lo hizo en la televisión. Siempre ayudó a impulsar la superación de la mujer latina en Estados Unidos y muchas veces aprovechó su espacio para educar a la familia hispana con temas a veces difíciles de tratar en casa, como el sida, la planificación familiar, la homosexualidad, el activismo político, el sexo, el aborto y la superación profesional y económica del inmigrante hispano. Cristina siempre insistió en que entre ella y Oprah solo coincidía la fecha de nacimiento, el 29 de enero, aunque Cristina es seis años mayor. Pero la exitosa comercialización del programa se enfocaba en calificar a Cristina como la Oprah latina. En un programa, Oprah dijo que ella era Cristina Saralegui versión negra.

Al Tigre una vez se le escuchó decir que «esa cubanita (refiriéndose a Saralegui) tiene huevos».

El *crossover* del Latin Music

Hablar del progreso de la música latina a nivel internacional significa un libro distinto, uno que narre y describa los distintos factores en la industria de la música global que administraron y distribuyeron con éxito los temas más populares compuestos e interpretados por artistas consagrados en Latinoamérica y España.

En aquellos tiempos en los que MTV no existía, ni las plataformas de *streaming* de música, y ni siquiera un iPod, para que una canción tuviese éxito dependía de la televisión, la radio, los medios impresos y las disqueras. En México, el imperio Televisa controlaba la mayoría de las estaciones de radio y la principal distribuidora de discos, Fonovisa, y el principal grupo editorial de revistas de entretenimiento. En otros países de habla hispana, las grandes disqueras internacionales como CBS, EMI, entre muchas otras, también tenían una fuerte presencia, dominando la producción y distribución musical.

En Estados Unidos, SIN y luego Univision enfrentaron muchas restricciones para crecer en el mundo de la radio debido a regulaciones de la FCC y la demanda de Frank Fouce, que narramos en capítulos anteriores. Estas limitaciones impidieron que ni Univision, ni los Azcárraga pudiesen adquirir estaciones de radio hasta principios del año 2000.

En la década de 1980, las estaciones de radio hispanas en Estados Unidos eran iniciativas locales, mayoritariamente concentradas en la costa este y la costa oeste. Sin embargo, Univision jugó un rol vital en la difusión de los artistas latinos gracias a las presentaciones de artistas latinoamericanos en las revistas musicales *Siempre en Domingo* y *Sábado Gigante*.

Dos fenómenos sobresalientes hispanoamericanos emergieron en esa época. En la costa este, la banda Miami Sound Machine, liderada por Gloria y Emilio Estefan, se estableció como un ícono gracias a su mezcla de ritmos latinos y pop. Desde sus primeros pasos a finales de los años setenta hasta 1985, Miami Sound Machine fue un fenómeno tanto en Estados Unidos como en América Latina. En la costa oeste, Selena Quintanilla, una mexicotexana que brilló en los años ochenta, marcó un precedente con su música en español antes de alcanzar un éxito póstumo a nivel internacional.

El conocido término *crossover* define el momento en que un artista o una canción latina logra trascender las barreras del idioma y la cultura, ingresando exitosamente al mercado musical angloparlante o internacional. Aunque muchos consideran al guitarrista Carlos Santana o a la canción «Feliz Navidad», interpretada por el cantante puertorriqueño José Feliciano, como los primeros grandes representantes del *crossover*, es justo identificar al español Julio Iglesias como el verdadero primer embajador de la cultura hispana en Estados Unidos. Su impacto en las radios angloparlantes fue notable, especialmente con el éxito *«To All the Girls I've Loved Before»*, un dúo inusual junto a Willie Nelson que alcanzó el puesto #1 en la clasificación Adult Contemporary de Billboard. Para manejar su carrera en Estados Unidos, Iglesias contrató al ejecutivo cubano Ray Rodríguez como su representante artístico, y al representante de Frank Sinatra, Eliot Weisman, para coordinar su gira promocional en Estados Unidos, consolidando así su posición en el mercado estadounidense. Curiosamente, Rodríguez más tarde fue contratado por Joaquín Blaya para dirigir la programación y los negocios en la estación de Miami de SIN, lo que cerraba un círculo que conectaba música, televisión y negocios.

El caso de Gloria y Emilio Estefan merece una mención especial. En 1985 firmaron con CBS para producir sus primeros discos en inglés, logrando éxitos como «Conga» y *«Rhythm Is Gonna Get You»*, que llegaron a los primeros lugares de Billboard. El apoyo de Cristina Saralegui también fue significativo, primero, como editora de la revista *Cosmopolitan en español*, desde donde brindó constante cobertura a la banda y sus logros, y luego, en Univision, donde prestó su plataforma televisiva para amplificar la visibilidad de los Estefan. En uno de sus primeros programas en 1989, Cristina entrevistó a toda la familia Estefan, solidificando su rol como aliados clave.

Otro elemento importante en el impulso de la música latina fue la programación matutina de Univision. Durante años, producir contenido competitivo para el segmento de las mañanas fue un desafío. Los ejecutivos de Univision intentaron replicar programas como el *Today's Show* de NBC o *Good Morning America* de la cadena ABC, pero sin éxito. Ante estas dificultades, los videos musicales ayudaban a llenar el vacío en las mañanas hasta que el 16 de abril de 1997 Univision lanzó *Despierta América*. Este programa no solo se convirtió en un éxito, sino que también sirvió como plataforma para nuevos y establecidos artistas latinos. Por cierto, ese mismo día en Miami, cuando se celebraba el lanzamiento de *Despierta América*, el presentador de noticias Jacobo Zabludovsky anunciaba muy triste en las pantallas de Televisa la muerte del Tigre Azcárraga.

El 21 de septiembre de 1998 Univision estrenó otro programa de producción local, *El Gordo y la Flaca*, un programa de entretenimiento que rápidamente se convirtió en un éxito entre la audiencia hispana en Estados Unidos. Presentado por Raúl de Molina, «El Gordo», y la ya conocida Lili Estefan, «La Flaca», el *show* ofrece una mezcla única de noticias de farándula y cultura pop con un tono ameno y accesible. Desde su lanzamiento, el programa ha mantenido su popularidad a lo largo de más de 25 años de emisión.

La era del internet que trajo consigo el *streaming* llegó para irrumpir en la industria musical en el año 2000 con la proliferación del formato digital MP3 y la plataforma Napster; y luego, en 2001, con el lanzamiento del primer iPod por parte de la compañía californiana Apple.

Varios artistas, como Ricky Martin, Shakira, Daddy Yankee y Luis Fonsi, fueron grandes beneficiarios de la digitalización de la distribución de la música y lograron conquistar las listas de éxitos no solo en América Latina sino también en Estados Unidos y otros mercados internacionales, tanto hispano como angloparlantes. Univision siempre sirvió como un canal de distribución e influencia en ese creciente mercado y ha sido un factor determinante en el éxito de estos artistas.

Desde el año 2000 Univision comenzó a ser autorizada para adquirir estaciones de radio hispanas, y en 2002 logró que la FCC los autorizara para adquirir Hispanic Broadcasting Corporation (ninguna afiliación a la empresa que llevaba el mismo nombre, propiedad de Gustavo Godoy), permitiendo a Univision extender su alcance más allá de la televisión, pues ahora incorporaba estaciones de radio claves para la difusión de artistas y géneros musicales latinos. Al convertirse en el mayor conglomerado de medios en español, Univision no solo reafirmó su liderazgo, sino que también fortaleció su capacidad para conectar aún más a los artistas hispanos en Estados Unidos. Univision llega a tener 70 estaciones de radio hispanas en 14 regiones del país.

Ricky Martin, nacido en Puerto Rico, fue otro de los primeros artistas latinos en lograr un verdadero *crossover* en el mercado anglosajón. Su carrera comenzó en Menudo, icónica banda puertorriqueña formada en 1977, conocida por ser una de las primeras *«boy bands»* de la música latina, que alcanzó gran popularidad en los años ochenta con éxitos como «Súbete a mi moto» y «Quiero ser». Ricky Martin saltó al estrellato internacional con la canción «La copa de la vida» (también conocida como *«The Cup of Life»*), que fue el tema oficial del Mundial de Futbol de 1998, celebrado en Francia. Paralelamente vino el lanzamiento de su sencillo «*Livin'* la Vida Loca» en 1999. La canción —que combinaba ritmos latinos con pop rock— se convirtió en un éxito instantáneo, alcanzando el número uno en las listas de Billboard en múltiples países.

Univision jugó un papel crucial en la promoción de Ricky Martin, presentándolo en programas populares como *Sábado Gigante* y *El Show de Cristina*. Estas apariciones no solo aumentaron su visibilidad entre el público hispano, sino que también ayudaron a capturar la atención de la audiencia anglosajona. La actuación de Martin en los premios Grammy de 1999, donde interpretó «La Copa de la Vida», marcó un punto en su carrera que solidificó su estatus como un artista *crossover*.

Figuras como Shakira, Enrique Iglesias, Marc Anthony, Jennifer Lopez y Daddy Yankee también se beneficiaron del alcance de la cadena, que promovió sus videos, conciertos y entrevistas, además de darles visibilidad en eventos como los Premios Lo Nuestro y los Premios Juventud. Aunque ya eran reconocidos en la comunidad hispana, su proyección internacional se fortaleció con el apoyo de Univision. Shakira, por ejemplo, era una superestrella en América Latina antes de lanzar *Laundry Service* (2001), pero fue con «*Hips Don't Lie*» (2006) que alcanzó la cima global, con Univision impulsando su imagen entre el público hispano en EE. UU. Del mismo modo, Enrique Iglesias logró un número uno en el Billboard Hot 100 con «Bailamos» en 1999; Marc Anthony consolidó su éxito con «*I Need to Know*» ese mismo año, y Jennifer Lopez se posicionó en ambos mercados con *On the 6*. Más adelante, el reguetón vivió su propio *crossover* con exponentes como Daddy Yankee, cuya «Gasolina» (2004) marcó un antes y un después en la expansión global del género, en gran parte gracias a la exposición en medios como Univision.

CAPÍTULO 14

Jerry Perenchio, el Midas de Univision

Los Beverly ricos (*The Beverly Hillbillies*) fue una comedia estadounidense que CBS transmitió desde 1962 hasta 1971. La serie narra la vida de los Clampett, una familia pobre y rústica de las colinas de Tennessee que se muda a la lujosa Beverly Hills, California, después de descubrir petróleo en su tierra.

La mansión donde se filmó la serie, construida en 1933, es una casa de estilo neoclásico francés ubicada en Bel-Air, California; era el supuesto hogar de los Clampett. En 1986, Jerry Perenchio, quien por entonces ya era un hombre millonario de 56 años, adquirió esta mansión y la bautizó como Chartwell, el mismo nombre que llevaba su firma de representación de talentos de Hollywood, y el mismo nombre de la legendaria mansión donde Winston y Clementina Churchill pasaban sus mejores momentos a las afueras de la tumultuosa Londres. Ese año Perenchio le propuso matrimonio a la que fue su tercera esposa Margaret Rose Perenchio, con quien contrajo nupcias el 6 de junio de 1987.

Jerry Perenchio vivió en Chartwell hasta que falleció en mayo de 2017. La mansión fue vendida entonces por un poco menos de su precio de venta (245 millones de dólares) a Lachlan Murdoch, hijo del magnate de los medios Rupert Murdoch, en 2019.

La remodelación y reconstrucción de Chartwell llevó cinco años. Cuando estuvo lista, Jerry Perenchio soplaba 59 velas en una fiesta organizada el 20 de diciembre de 1989, en Chartwell. Al mismo tiempo, en la ciudad de Kansas City, Misuri, en la sede de Hallmark Cards, se llevaba a cabo una reunión a puerta cerrada entre el CEO Irvine O. Hockaday y varios de sus asesores para discutir el tema de Univision Holdings. Era crucial que Hallmark Cards capitalizara Univision Holdings para que esta pudiera cumplir con un pago de intereses de 10 millones de dólares que debía realizarse el 1 de febrero de 1990 y tener al día los bonos emitidos para financiar la compra de la televisora hispana. Para sorpresa de los presentes en la reunión, Hockaday anunció que Hallmark Cards no aportaría un centavo más de capital a Univision Holdings.

Hockaday había dado la orden de buscar más deuda para cumplir con el pago de intereses. Los fondos nunca llegaron, y Univision Holdings anunció que incumpliría el pago pendiente de intereses de los bonos. Una quiebra anunciada, según un experto banquero de inversiones. Uno de los tenedores de estos bonos era Jerry Perenchio, quien había comprado una porción mínima de los bonos para estar siempre atento e informado. Era un cazador nato de oportunidades.

Desde muy joven, a Andrew Jerrold «Jerry» Perenchio se le conocía como un individuo de expresión enigmática en su natal Fresno, California. A los 15 años, fue al Instituto Militar Black Foxe en Los Ángeles, California, la capital del entretenimiento en Estados Unidos.

En 1949 Perenchio se graduó en el instituto militar e inmediatamente se inscribió en la Universidad de California, en Los Ángeles (UCLA), y poco después, para financiar sus estudios, fundó Party Management. Siempre vestido de manera impecable,

Jerry se convirtió en el organizador de las fiestas más famosas de la UCLA, llenas de música y encanto.

Mas tarde se unió al Cuerpo de Entrenamiento de Oficiales de la Reserva de la Fuerza Aérea de Estados Unidos (ROTC, por sus siglas en inglés), donde se formó como piloto. Perenchio logró terminar de pagar sus estudios universitarios con la ayuda financiera concedida a los veteranos de guerra. En 1954 Perenchio se casó con Robin Gardner Green, con quien tuvo su único hijo biológico, John Perenchio. En 1958 ingresó a trabajar en MCA (Music Corporation of America), una de las empresas más reconocidas que representaba a artistas de Hollywood en la década de 1950.

A la sombra de las grandes agencias de representación de Hollywood, fundó Perenchio Artists, donde su clientela era un caleidoscopio de estrellas en ascenso y leyendas consagradas como Ronald Reagan, Andy Williams, Johnny Mathis, Henry Mancini, José Feliciano, Glen Campbell y Sergio Mendes. Fue en un club de jazz en Londres donde Jerry Perenchio descubrió a Elton John. Perenchio trasladó a Elton John a Estados Unidos de manera permanente y reservó el club Troubadour en Los Ángeles durante dos semanas, para presentarlo todos los días. A partir de esa apuesta de Perenchio, Elton John se consagró en Estados Unidos. Eventualmente, Perenchio Artists se fusionó con la Agencia Hugh French para formar Chartwell Artists, que representaba a actores, directores, escritores, músicos y cantantes, incluyendo a las estrellas Marlon Brando y Elizabeth Taylor. Perenchio mantuvo su enfoque en músicos y artistas que podrían presentar sus talentos en vivo frente a sus audiencias.

Perenchio era más que un empresario; era un visionario del valor de ceremonias exclusivas en un mundo que ansiaba espectáculo. En marzo de 1971 orquestó la Pelea del Siglo en el Madison

Muhammad Ali (al centro) con Jerry Perenchio (derecha), en 1971. (Fotografía: AP).

Square Garden en Nueva York, que reunió a dos campeones invictos de boxeo de peso pesado, Muhammad Ali y Joe Frazier. «Esto no era simplemente una pelea por un premio», reflexiona Mike Silver, historiador y autor de varios libros sobre boxeo, que también fue testigo de la Pelea del Siglo. «Esto tenía otras dimensiones: el racismo, la política y la Guerra de Vietnam», dijo.

En 1966, las fuerzas armadas de EE. UU. entraron en su quinto año en Vietnam, y el gobierno expandió el reclutamiento militar, pero Ali solicitó ser excluido como objetor de conciencia, aunque el gobierno formalmente se lo negó. Manteniéndose fiel a sus convicciones, Cassius Clay fue arrestado y despojado de su título de campeón mundial. Cuando le reactivaron la licencia para boxear, en 1970, Joe Frazier era el campeón mundial de peso pesado, y a Perenchio se le ocurrió la brillante idea de convocar y promover la Pelea del Siglo entre dos campeones mundiales.

Perenchio dejó a todos atónitos cuando ofreció a cada boxeador 2.5 millones de dólares garantizados por la pelea. Una cifra exorbitante en aquellos tiempos, cuando el talento deportivo era infravolarado. El evento fusionó deporte y espectáculo, dando *glamour* al boxeo. Parte de la razón fue la presencia de una multitud en el Madison Square Garden que incluía a celebridades como Frank Sinatra, Sammy Davis Jr., Barbra Streisand, Diana Ross, Dustin Hoffman y el dueño del imperio Playboy, Hugh Hefner.

En este evento, Perenchio logró una hazaña nunca vista: vendió 1.5 millones de boletos para ver la pelea de manera exclusiva en salones donde se presentaba vía circuito cerrado de TV en Estados Unidos. Fue la primera vez que un evento de boxeo era presentado de manera exclusiva en TV para las personas que pagaran un boleto para acceder a los sitios que ya habían pagado a Perenchio por los derechos de transmisión. Así comenzó la TV por cable a transmitir eventos deportivos en vivo, que después se conoció como «pago por evento» (Pay Per View, PPV). Además, fuera de Estados Unidos, Perenchio vendió los derechos de transmisión en más de 100 países. Fue también el cerebro detrás de la Batalla de los Sexos, en septiembre de 1973, el partido de tenis entre Billie Jean King (mujer) y Bobby Riggs (hombre) que tuvo lugar en el Houston Astrodome. Fue la mayor audiencia en vivo (30,472 personas), para cualquier partido de tenis jamás realizado y fue la transmisión con la mayor audiencia de ese año cuando fue televisada en horario estelar en ABC, a la cual Perenchio le había vendido los derechos exclusivos de transmisión. Ese mismo año Perenchio se divorció de su segunda esposa Jacquelyn C. Matthews, con quien se había casado en 1969.

Perenchio operaba desde las sombras, siempre envuelto en un halo de misterio. Nunca se le vio en el escenario o ante las cámaras. A menudo, se le atribuían actos grandiosos y donaciones filantrópicas, pero su nombre permanecía esquivo, como una figura en la niebla. Jerry Perenchio era como un fantasma que cambiaba vidas y tejía sueños, pero nunca buscaba crédito ni gloria. Tras los encuentros casuales con él, la gente hablaba de un aura mística que lo rodeaba. Los que lo conocieron, incluidas sus esposas, su última pareja y sus colaboradores, a menudo se sentían envueltos en una especie de hechizo. Aquellos que eran lo suficientemente afortunados como para ser tocados por su generosidad hablaban de una abundancia y esplendor casi inimaginables en sus atenciones.

Desde la década de 1970, Jerry Perenchio confiaba en el potencial del mercado hispano de Estados Unidos. Era uno de los pocos hombres de negocios blancos que tenía la intención de apostar por esta audiencia de habla hispana. Su español era muy pobre, o al menos eso daba a entender, pero había nacido en Fresno, y tenía décadas viviendo en los alrededores de Los Ángeles, donde sabía, desde joven, que el español era un idioma muy utilizado, al igual que en muchas partes del país. Algunos ejecutivos hispanos que trabajaron para él me dicen que ellos siempre pensaron que Perenchio entendía el español, aunque nunca lo demostró.

En 1984, Jerry Perenchio, junto a Norman Lear, Alan D. «Bud» Yorkin, Frances Lear y Peg Yorkin, invirtieron poco menos de cinco millones de dólares en la compra de la estación de televisión WNJU, ubicada en Nueva Jersey. Esta estación ya experimentaba con contenido para los hispanos que Carlos Barba traía desde Venezuela. Barba se había mudado desde Caracas, donde trabajaba con Gustavo Cisneros en Venevisión. Entonces Perenchio y Barba se conocieron y comenzaron a trabajar juntos. Perenchio se asesoró con Barba para intentar comprar SIN y, junto a los socios mencionados, registró y utilizó la entidad legal Spanish American Communications Corporation (SACC) tanto en su inversión en WNJU como en el intento fallido de comprar SIN.

Después de perder contra Hallmark Cards en su intento por comprar SIN, Perenchio desistió de la idea y puso a la venta WNJU. El 1 de junio de 1987, Perenchio y sus socios vendieron SACC a Reliance Group. Un documento que obtuve en el organismo regulador del mercado de capitales de Estados Unidos (SEC, por sus siglas en inglés) especifica esta transacción: el precio de compra consistió en la obligación a plazo de pagar en efectivo 60 millones de dólares con un pago inicial de 10 millones. El resto sería liquidado con otro pago de 30 millones de dólares del capital de trabajo de Reliance y aproximadamente 20 millones a través de préstamos bancarios garantizados con prendas accionarias de SACC.

Carlos Barba se quedó trabajando como vicepresidente de Programación para Reliance, que después —como ya hemos explicado— siguió comprando otras estaciones de televisión, incluyendo Telemundo en Puerto Rico. Barba sugirió cambiar la marca NetSpan, creada por Perenchio y utilizada en WNJU, por la recién adquirida marca Telemundo.

Esta serie de eventos subraya la influencia significativa de Perenchio en la expansión y la evolución de la televisión hispana en Estados Unidos. Su capacidad para identificar oportunidades y los consejos que recibía de Carlos Barba permitieron que estaciones como WNJU, y luego redes como Telemundo, crecieran y se establecieran en el mercado. La venta de WNJU a Reliance no solo fue una transacción financiera significativa, sino también un paso crucial en el desarrollo de la programación hispana en el país.

Aunque Perenchio no logró adquirir SIN, la transformación de NetSpan a Telemundo bajo la dirección de Reliance, con la participación continua de Barba, es un testimonio del impacto duradero de estas decisiones estratégicas que llevó a Perenchio a mantener astutamente la relación con Barba. Quizás con parte de lo que le tocó de la venta de WNJU invirtió en aquellos bonos basura emitidos por Univision Holdings utilizados por Hallmark Cards para hacerse de SIN.

Llegó febrero de 1990 y su olfato político y de negocios hizo que Perenchio solicitara inmediatamente una reunión con el reconocido banco de inversiones Rothschild, el cual representaba a los tenedores de los bonos de Univision. Ofreció comprar los bonos, pero con descuento, y al mismo tiempo se reunió con Hockaday para ofertar una posible compra de Univision Holdings. Hockaday aceptó la propuesta de reunirse con Perenchio, dispuesto a escuchar lo que este tenía que decir. Hallmark Cards tenía claro su posicionamiento. Financieramente, no quería enfrentar las consecuencias de una posible quiebra de Univision. Tampoco deseaba cargar con la reputación de ser recordados como los responsables del colapso del principal canal de televisión hispano en Estados Unidos. En ese sentido, veía a Perenchio como un posible «White Knight» (término utilizado en el argot de finanzas cuando se busca a un comprador amigo y se le dan condiciones preferentes para combatir a un comprador hostil, o una quiebra). También fue seguidor del Partido Republicano y con amistades en los más altos círculos políticos, incluyendo al entonces presidente George H. W. Bush. Estas afinidades políticas facilitaron la comunicación fluida entre Perenchio y Hockaday.

Así, Hockaday otorgó a Perenchio permiso para comenzar el proceso de diligencia financiera (*due dilligence*) y tomarse el tiempo necesario para que este preparara una propuesta de compra, siempre y cuando cualquier negociación que se hiciera tuviera un desenlace antes de las elecciones de noviembre de 1992. Perenchio empezó su trabajo de inmediato y una de las primeras personas a quien contactó fue al cubano Carlos Barba, quien ya deseaba marcharse de la malograda Telemundo.

Carlos Barba fue quien orquestó la primera reunión con el empresario venezolano Gustavo Cisneros, quien era afín al Partido Republicano en Estados Unidos y cercano al presidente George H. W. Bush. Esta sociedad entre Perenchio y Cisneros tenía la bendición de la Casa Blanca y el mensaje fue enviado a la sede de Hallmark Cards en Kansas City, Misuri. Barba también había puesto al tanto al Tigre, quien ya se había enterado del incumplimiento de pago de Univision y su posible quiebra.

Jerry Perenchio se dedicó primero a conversar los aspectos técnicos y financieros. Para esto contaba con su perenne CFO, Andrew Hobson, quien dirigía Chartwell Partners, LLC, la empresa de inversiones de capital privado de Perenchio. La relación profesional entre Perenchio y Hobson se forjó durante la relación de Perenchio con Bankers Trust, en aquellos años uno de los bancos más grandes de Estados Unidos. Aquella organización financiera fue adquirida por Deutsche Bank en 1998 y fue en ella donde Hobson, con su corbata siempre torcida y su fervor por las fusiones y adquisiciones, había sido vicepresidente durante seis años.

Bankers Trust era uno de los bancos de inversiones favoritos del gobierno de Bush y el principal banco de inversiones utilizado por Perenchio. Entonces el dúo Perenchio-Hobson entró en la casa matriz de Hallmark Cards para desarrollar el trabajo de diligencia financiera que lo llevaría a la compra de Univision Holdings. Para el tema de la programación, el contenido y el talento, Perenchio comenzó asesorándose con Carlos Barba y con Gustavo Cisneros antes de confrontar al Tigre Azcárraga, quien mientras tanto intentaba buscar la forma de plantear una fórmula alternativa a la de Perenchio a través de sus contactos políticos en México y Estados Unidos. Ya Barba le había dicho al Tigre que él estaba asesorando a Perenchio y que uno de sus objetivos era consolidar la relación con Televisa como proveedora de contenido, pero eso no era suficiente para el Tigre. Azcárraga Milmo quería comprar Univision y ser el líder de esa compra. Regresar a Univision por la puerta grande era uno de sus sueños. Aunque aún no se encontraba en etapa terminal en aquel momento, su situación de salud lo hacía pensar que aquella podría ser la última oportunidad de cumplir su sueño.

Barba, Cisneros y Perenchio decidieron acercarse juntos al Tigre, no sin antes sentar las bases de cómo podría ser una sociedad entre los tres capitalistas: Perenchio, Cisneros y Azcárraga. Diseñaron una estructura lo suficientemente sólida y duradera para que ninguno tuviera posibilidad de aprovechar intenciones de crecer en poder sin tener las reglas claras dentro de la composición accionaria de Univision. Perenchio hizo mucho énfasis en su control, basándose en la regla que impone la propiedad de accionistas estadounidenses hasta un 75 % (la conocida *20 % Rule*, cuando antes era 80 %) y tomando en cuenta aquel largo litigio que llevó a la salida del Tigre, había que impedir cualquier posibilidad de volver a esos conflictos. Perenchio sabía que Cisneros y el Tigre eran dos gigantes astutos que aprovecharían cualquier oportunidad de hacerse de más poder.

A diferencia de otras ocasiones, esta vez la prioridad era la salud financiera, la viabilidad del negocio y bloquear la más mínima posibilidad de distracción de los accionistas en otra cosa que no fuera el desarrollo y el crecimiento de Univision como líder indiscutible de la televisión hispana. Fue a Cisneros a quien se le ocurrió plantear una división de la distribución accionaria que daba la mayoría y el control a Perenchio, y la cual repartiera el 25 % restante en partes iguales entre Cisneros (Venevisión) y Azcárraga (Televisa). Y así fue. Perenchio exigió exclusividad tanto a Cisneros como al Tigre. Ninguno de los dos empresarios hispanos podría vender ningún contenido en Estados Unidos a otra televisora distinta a Univision sin permiso de Perenchio. Perenchio exigió la exclusividad por 25 años. Cisneros aceptó y se comprometió a convencer al Tigre para que Televisa lo aceptara. Y así fue.

Cisneros se convirtió en el vocero de Perenchio ante el Tigre, quien terminó aceptando las condiciones del contrato que llamaron PLA (Program License Agreement). El PLA mantuvo a Televisa atado a Univision por 25 años como proveedor exclusivo de contenido a cambio de un pago de regalías que podían ser ajustadas cada cinco años.

Además de las regalías, Perenchio aceptó que Cisneros y Televisa recibieran el pago por la compra de los derechos de los contenidos que vendían para Estados Unidos a valor de mercado. Es decir, tanto Cisneros como Televisa recibían regalías pagadas en efectivo por el costo de los contenidos que suplían en exclusividad a Univision.

Tanto Cisneros como Azcárraga exigieron que estos pagos pudieran convertirse en acciones de Univision hasta alcanzar la totalidad de sus porcentajes aceptados en el acuerdo. En conclusión, ni el Tigre ni Cisneros tuvieron que pagar en efectivo su entrada a Univision. Esta estructura aseguró que los intereses de todos los socios estuvieran alineados con el éxito a largo plazo de Univision, solidificando su posición como líder indiscutible de la televisión hispana en Estados Unidos. La visión estratégica de Perenchio, combinada con las alianzas clave con Cisneros y Televisa, marcó un antes y un después en la historia del valor de Univision.

Para poder avanzar, Perenchio solicitó a Hockaday que llegara a un acuerdo rápido con los acreedores (aquellos tenedores de bonos controlados por la administración de George H. W. Bush). El camino estaba abierto para anunciar la venta de Univision al grupo Perenchio, Cisneros y Azcárraga. No había vuelta atrás. El Tigre, el magnate azteca, pidió una condición de honor a Perenchio y a Cisneros que, a la fecha de la publicación del presente volumen, no pude confirmar: no quería ver a Joaquín Blaya al mando de Univision.

En un artículo publicado por *The New York Times* el 9 de abril de 1992, escrito por Richard W. Stevenson, Hallmark Cards anunció la venta de Univision Holdings, la red y grupo de estaciones de televisión en español más grande de Estados Unidos, por 550 millones de dólares. El medio confirmó que el comprador fue un consorcio liderado por «A. Jerrold Perenchio, productor de Hollywood, con la participación de Venevisión, el mayor canal de televisión de Venezuela, y Televisa, el mayor canal de televisión de México».

El medio continuó en aquel artículo con más detalles de la transacción que incluía la red de televisoras Univision, que se distribuía a través de afiliadas locales y sistemas de cable, así como más de 13 estaciones de transmisión en español, entre ellas WXTV Canal 41 en Nueva York y KMEX-TV Canal 34 en Los Ángeles. Este acuerdo marcó el final de una participación de cinco años de Hallmark Cards en la transmisión de contenido audiovisual en español, un periodo durante el cual la empresa invirtió más de 550 millones de dólares en adquisiciones y en mejoras de infraestructura y programación.

El mercado hispano en Estados Unidos, descrito como en rápido crecimiento, fue señalado por Perenchio a *The New York Times* como una oportunidad para ofrecer contenido de alta calidad en entretenimiento, noticias, programación cultural e infantil. El artículo advertía que, aunque el grupo comprador no adelantó cambios específicos en la programación, la alianza con Venevisión y Televisa sugería un posible aumento en la adquisición de contenido producido por estas empresas para el mercado estadounidense, alejándose de la tendencia de producir programas localmente en Estados Unidos.

El artículo también mencionaba cómo las regulaciones federales prohibían que empresas extranjeras controlaran la mayoría accionaria de estaciones de televisión en Estados Unidos. Para cumplir con esta normativa, el acuerdo fue estructurado de forma que Perenchio retuviera el 75 % del control, con Venevisión y Televisa compartiendo el resto de la participación accionaria.

Como hemos mencionado en capítulos anteriores, Perenchio no descansaría hasta hacerse de Univision y el Tigre tampoco desistiría de su intención de regresar a la empresa que su padre había soñado tener en Estados Unidos. Todo parte de una fascinante historia mediática que se forjó de la mano del crecimiento exponencial de la población hispana en Estados Unidos durante las décadas de 1970, 1980 y 1990.

La Comisión Federal de Comunicaciones (FCC) aún no había aprobado la compra realizada por Perenchio, el Tigre y Cisneros, y la noticia ya invadía los pasillos de las organizaciones prohispanas en Estados Unidos. Varios líderes hispanos se oponían a que el contenido de Univision dependiera de empresarios no estadounidenses, temiendo que los nuevos propietarios cancelaran la producción local en favor del contenido de Televisa y Venevisión.

Otros respondían a intereses políticos que querían impedir la venta antes de las elecciones presidenciales.

El mismo CEO de Univision, Joaquín Blaya, se atrevió a desafiar el futuro en manos de los nuevos dueños declarando a los medios que estaba en riesgo la producción local que podría ser reemplazada por contenidos de México (Televisa) y Venezuela (Venevisión).

El 27 de mayo de 1992, un titular del *LA Times* impactó la industria de la comunicación anunciando que: «El presidente de Univision se va a la rival Telemundo». Ese día, Joaquín Blaya, el hombre que había ayudado a moldear Univision durante 22 años, trazando un rumbo que había enriquecido su identidad cultural, anunció que abandonaba su puesto para unirse a su rival más feroz: Telemundo. Las razones detrás de este movimiento sísmico eran claras, aunque no menos sorprendentes. Según Blaya, se había encontrado en un conflicto de programación con el nuevo equipo de inversionistas, liderado por Perenchio, que aún estaba pendiente de aprobación por la FCC. Habían surgido planes para alterar el corazón de Univision, su programación, de una manera que Blaya encontró irreconciliable con su visión.

«El documento [refiriéndose a la solicitud que había presentado Perenchio ante la FCC para la aprobación de su compra] dice que, con la excepción de las noticias locales y los asuntos públicos, todo sería [proveniente de] Venevisión y Televisa», dijo Blaya.

Un portavoz de Perenchio respondió a la declaración de Blaya, rechazando la idea de que la programación existente sufriría tal cambio radical. «El compromiso seguirá siendo programar a nivel de estación para reflejar las necesidades de la comunidad, los hábitos de visualización y los mercados de publicidad locales y nacionales», dijo.

En este preciso interludio, el grupo comprador de Univision recibió la autorización de la FCC en un lapso que puede ser calificado de impecablemente oportuno, justo en la antesala de las elecciones. En los anales de la política estadounidense, es costumbre que cuando los vientos electorales desplazan a un partido del poder, las maquinaciones de los organismos reguladores —con la excepción de aquellos bajo la égida del Poder Judicial— entren en una suerte de letargo.

Apenas Perenchio tomó las riendas, anunció la contratación exclusiva de compra de contenidos a Televisa de México y Venevisión de Venezuela. El rol de Gustavo Cisneros era sumamente importante en la trifecta Perenchio-Azcárraga-Cisneros. En 1992, año de la adquisición, Cisneros tenía 47 años y estaba sano, Azcárraga y Perenchio tenían la misma edad: 62 años, pero el Tigre ya estaba en su batalla contra el cáncer. Perenchio tenía fama de arriesgado inversionista en el mundo del entretenimiento y la televisión, el Tigre tenía fama de ser un excéntrico millonario feudal mexicano siempre rodeado de celebridades, Gustavo Cisneros, graduado en el prestigioso Babson College de Massachusetts, tenía fama de ser un ejecutivo adicto al éxito con mucho poder en Venezuela, un país rico, pero políticamente vulnerable. Cisneros quería dejar marca como líder global.

A Cisneros se le atribuye la brillante idea de dividir la parrilla de programación: una para la costa este y otra para la costa oeste de Estados Unidos. Aunque los programas eran los mismos, el contenido mexicano aparecía principalmente en horas de la costa oeste y el contenido caribeño y sudamericano era transmitido en horas de la costa este, y estos mismos contenidos eran transmitidos en las otras regiones en tiempos diferentes al denominado *prime time* u hora de mayor audiencia.

Univision continuó con las transmisiones del noticiero nacional conducido por María Elena Salinas y Jorge Ramos, el programa *Primer Impacto*, *El Show de Cristina* y *Sábado Gigante* con Don Francisco que la audiencia tanto esperaba cada semana. No debe haber sido fácil para el Tigre aceptar que esa programación exitosa nada tenía que ver con Televisa y que era más bien la gran huella dejada por Joaquín Blaya, quien había sido un campeón de la programación local estadounidense, un ferviente defensor de las voces locales en la cadena de habla hispana. «Durante los últimos cuatro años, he destacado la necesidad de productos hechos en Estados Unidos que estén en sintonía con las necesidades y preocupaciones de los hispanos en este país», había dicho Blaya en aquel artículo del diario *LA Times*.

Las telenovelas fueron clave en esta nueva parrilla de programación sugerida por Gustavo Cisneros. Había que tener dos horarios estelares de telenovelas; es decir, había que tener cuatro telenovelas diarias. Para la costa este, las telenovelas comenzaban desde las 7 pm y hasta las 11 pm, cuando arrancaba la segunda edición del noticiero nacional. Para la costa oeste, las telenovelas se transmitían desde las 4 pm hasta las 8 pm. Cuatro telenovelas, un negocio redondo para Televisa y Venevisión, que aseguraban así una audiencia fiel y gordos ingresos por la venta de sus contenidos.

Jerry Perenchio promovió al cubano Ray Rodríguez a presidente de Univision, y junto a él un equipo de gerentes. Impuso seguir una tabla con 20 reglas que debían cumplir religiosamente. Las reglas eran llamadas «The Perenchio Rules of The Road» (Los Mandamientos de Perenchio para el Camino). Incumplir estas reglas significaría la probabilidad de perder el trabajo.

Los Mandamientos de Perenchio para el Camino

1. Mantente alejado de la prensa. Cero entrevistas, cero páneles, cero discursos, cero comentarios. Mantente fuera del centro de atención.
2. No al nepotismo, no contrates a amigos.
3. Nunca vuelvas a contratar a nadie que ya se haya retirado anteriormente.
4. Contrata a personas más inteligentes y mejores que tú. Delega responsabilidades en ellos. Hacerlo hará tu trabajo más fácil.
5. Debes conocer tu territorio. A fondo.
6. Haz tus deberes. Prepárate.
7. Trabaja en equipo.
8. Toma las decisiones, nunca dejes que otros las tomen por ti.
9. Confía en tus instintos y sentido común. Si vas en contra de ellos, generalmente te arrepentirás.
10. Cero sorpresas. No las damos. No queremos recibirlas.
11. Enfócate. Nunca pierdas de vista en qué negocio estás.
12. Cuando te prepares cada día, es para jugar en el Yankee Stadium o el Dodger Stadium. Piensa en grande.
13. Si tienes un problema, no lo ignores. Enfréntalo de inmediato y resuélvelo.
14. ¡Las bocas sueltas hunden los barcos!

15. Confianza suprema en uno mismo, sin ser arrogante.
16. Un verdadero líder es accesible: ningún trabajo es demasiado grande, ningún trabajo es demasiado pequeño.
17. La comunicación es nuestro negocio. Puedes contactar a cualquiera de tus compañeros en cualquier momento, en cualquier lugar.
18. Si cometes un error, admítelo. Solo no cometas demasiados.
19. No representes a otros.
20. Siempre, siempre toma el camino correcto. Sé firme pero justo y nunca pierdas tu sentido del humor.

Estos mandamientos son como una serie de principios sagrados que aún muchos siguen religiosamente en Univision. Me encontré con una situación peculiar al hablar con diversas personas para escribir este libro. Algunos me imploraron que no revelara sus nombres, como un gesto de respeto hacia los mandamientos de Perenchio. Cuando les recordaba que Perenchio había fallecido, la respuesta era un silencio cargado de temor y respeto.

Jerry Perenchio lideró Univision junto a Ray Rodríguez exitosamente hasta 2007. En 1992 ya había cerca de 30 millones de hispanos haciendo vida en Estados Unidos. Perenchio era como una figura de leyenda, operando en un mundo de luces de neón y sueños dorados, pero siempre desde las sombras. Los que lo conocieron lo recuerdan como un «estadounidense enigmático con un corazón de oro que no brillaba porque no le interesaba pulirlo». El hombre que lo tenía todo, pero que nunca buscó el típico reconocimiento y se mantuvo, hasta el final, como «una figura misteriosa que gozaba de saber que todos sabíamos, pero nunca lo diríamos».

Cuando Ray Rodríguez llegó a la presidencia de Univision, se dio cuenta de que lo habían puesto a dirigir un circo cuyo dueño imponía su estilo supremacista. Uno de los tantos ejecutivos de Univision con los que conversé me describía que trabajar para Perenchio era como estar en una jungla. «Perenchio era el cazador y Ray era el jefe gorila. En la jungla Ray reinaba».

En septiembre de 1992 Univision convocó a un concierto gratuito donde cantó Miami Sound Machine (la banda de los Estefan) y la estrella de la salsa Celia Cruz, entre muchos otros artistas que se presentaron durante 14 horas de transmisión continua que llamaron el Votatón. Lo único que hacía falta para entrar al concierto era la tarjeta que certificaba que la persona estaba registrada para votar en Estados Unidos. Y si no tenías la tarjeta, en la entrada al concierto había mesas para registrarte para votar. Esta operación política fue todo un éxito y muchos le otorgan los créditos de esta idea a Joaquín Blaya.

Entre el Tigre Azcárraga y Cisneros hubo un *impasse* que los distanció. En 1994, el empresario venezolano Gustavo Cisneros, socio en Univision, anunció su inversión junto a Hughes Electronics Corporation en Galaxy Latin America, que de manera exclusiva distribuyó el servicio de DirecTV en la región. DirecTV era ya el líder indiscutible en el servicio de transmisión de televisión directamente desde el satélite hasta la casa mediante la adquisición e instalación de una miniantena parabólica (DTH – «Direct To Home», en inglés). El anuncio sorprendió a los magnates de la televisión de la región, incluyendo al Tigre, quien se sintió injustamente tratado por su amigo y pupilo de años. El anuncio había sido muy agresivo. Cisneros y Hughes describieron el plan de expansión inmediato que incluía Chile, México, Argentina, Brasil y prácticamente todos los otros países latinoamericanos. El Tigre nunca le perdonó a Gustavo Cisneros que no lo hubiera invitado a esta sociedad, y le pidió gentilmente al empresario venezolano que renunciara a la Junta Directiva de Televisa porque él tenía pensado entrar también en el negocio de DTH y su inversión en la competencia creaba un conflicto de intereses.

En 1995, Rupert Murdoch, Emilio Azcárraga Milmo representando a Televisa y Roberto Marinho representando a Globo anunciaron la creación y lanzamiento de SkyTV para competir directamente con DirecTV, es decir el Tigre competiría contra Cisneros.

Este distanciamiento fue aprovechado por Perenchio, quien consolidaría aún más su control en Univision mientras aprovechaba la división entre los dos socios minoritarios.

CAPÍTULO 15

Opulencia, extravagancia y poder

Como si fuese el propio emperador romano Nerón en sus días de opulencia desenfrenada, el Tigre Azcárraga se alzó sobre la montaña sagrada de Hollywood en Los Ángeles adquiriendo un lugar mítico que llevaba la distinción de Monumento Histórico-Cultural de la ciudad.

Lo que una vez fueron los Apartamentos Sunset Plaza, refugio dorado de astros y estrellas del cine clásico —entre los que se contaban figuras como Harry Cohn, Mary Boland y Tommy Dorsey—, que en su día representaba el lujo y la elegancia clásica, cedió su lugar a una mansión de proporciones generosas, con detalles renacentistas, marcos de madera labrada y ventanas arqueadas, como una fortaleza en medio de la ciudad moderna.

Esta imponente propiedad, la residencia más grande en un vecindario donde el lujo es la norma, llama la atención no solamente por su desbordante tamaño —12,000 pies cuadrados de espacio habitable en 23 acres de terreno—, se encuentra ubicada al costado de la bulliciosa Sunset Strip. Allí, el Tigre erigió, desafiante, entre la vorágine del tráfico y la furia de la ciudad, su bastión de paz y grandiosidad: la Hacienda.

Con sus cinco habitaciones, cada una con su baño, dos piscinas, una sala de fiestas y una cancha de tenis, esta fortaleza era el escenario de encuentros y celebraciones donde el Tigre demostraba su poder y su opulencia.

En las calles bulliciosas de la Ciudad de México se mezclaba con la gente común, disfrutando del calor humano. Acostumbraba a comer en puestos callejeros y se desplazaba por la ciudad en su moto, sintiéndose parte del vibrante pulso urbano. En cambio, en Hollywood la personalidad del Tigre se transformaba para adoptar el papel del magnate distante y misterioso, una figura casi inalcanzable.

En el diario de Elia Zavarce, asistente personal del Tigre en las oficinas de Los Ángeles, hay varias anécdotas alrededor de la Hacienda, entre las que destaca la presencia del «Chispa», encargado de protección espiritual. En la organización de la oficina corporativa del Tigre en Los Ángeles se sabía de un empleado a quien llamaban el Chispa. Un individuo de apariencia insignificante, pero con responsabilidades supuestamente importantes que, a cambio de un sueldo considerable, dedicaba sus horas a revisar meticulosamente cada cinta de video, asegurándose de que portaran el símbolo de *copyright* y la renuncia de responsabilidad correspondientes. La asistente no entendía el porqué del pago y la importancia de ese rol que parecía tan simple. Más adelante, descubriría que este personaje tenía una segunda identidad, envuelta en el manto de lo oculto y lo misterioso: practicaba santería, era *babalao*. Los rumores a media voz en los pasillos sobre las ceremonias del Chispa afirmaban que su verdadera función en la empresa no era otra que proteger a la familia de las malas vibraciones y los espíritus errantes. Con su *babalao*, el Tigre, en su afán de control y conquista, pretendía no dejar ni siquiera la suerte a la suerte. Quería negociar su éxito con las energías cósmicas consiguiendo el favor de los vivos y los muertos a través de estos ritos de origen africano.

Fue una noche cuando estos rumores adquirieron cuerpo y se tornaron inquietantemente reales. La asistente del Tigre narra en su diario cómo uno de los mayordomos y una de las cocineras, un matrimonio de almas temerosas de Dios y de firmes creencias cristianas que trabajaban y vivían en la mansión, llamaron a Zavarce a altas horas de la madrugada. Planeaban abandonar la Hacienda de inmediato, alegando que el Chispa estaba llevando a cabo sus prácticas de brujería. En ausencia de los jefes, la asistente Zavarce decidió apersonarse en un intento de apaciguar los ánimos y restablecer el orden.

Allí, la pareja la condujo a un rincón recóndito bajo el área del garaje donde juraban que el Chispa realizaba sus actos de santería. El espacio olía a sangre, hierba, licor y flores, aunque se notaba muy limpio. No había nada especialmente macabro, pero el ambiente denotaba un aire de solemnidad perturbador. Zavarce describe que en el lugar había oscuros candelabros con emblemas desconocidos y objetos de índole misteriosa e imágenes raras. Sin más remedio, llamó un taxi para los denunciantes que, como dos sombras, desaparecieron en la oscuridad de la noche. Luego entendió por qué al que llamaban «Copyright Verifier» dormía en la Hacienda y tenía tan buen sueldo.

Zavarce apunta en su diario:

> Trabajar con el Tigre durante esa época (1988 a 1991) me expuso a un mundo que solo sabía que existía en películas o televisión. La exitosa serie de TV, *Dynasty*, fue lo más cercano que estuve a este tipo de riqueza monumental. Atribuyo

> a este trabajo tantas mejoras personales: ¡Aprendí a organizar una fiesta impresionante! Tuve mi propia «compradora» personal, una hermosa mujer llamada Margarita. No era raro que acompañara a las esposas de dignatarios mexicanos o VIP a las tiendas Cartier o Harry Winston, donde seleccionaban las piezas que les gustaban y luego los vendedores sugerían al marido cuáles obsequios comprar. Diamantes hermosos y deslumbrantes, perlas, rubíes, esmeraldas y piedras preciosas de las que nunca había oído hablar antes. La mayoría de estas joyas rara vez salían de la caja fuerte de la Hacienda.

Para Azcárraga Milmo y Perenchio el poder y la opulencia no eran meros acompañantes, sino el aire que respiraban y el suelo que pisaban.

Jerry Perenchio, con una mirada cautivadora, planificaba con meticulosidad su propio destino, ensamblando cada pieza de su existencia con la precisión de un maestro relojero. En una celebración especial, exigió erigir un espejismo de la opulencia francesa, una réplica exacta de un salón de baile de Versalles, concebido tan solo para una sola noche de festejo. Su fascinación con el Palacio de Versalles, coloso de la opulencia y el poder de la historia, era tan palpable que se forjó uno propio. Pero este gran palacio tenía la marca inconfundible de Perenchio: solo aquellos que eran recibidos en su seno podían disfrutar de su fastuosidad privada. En Beverly Hills hay *tours* para visitar las mansiones de los famosos. Frente a la casa de los Perenchio, ahora de un Murdoch, el guía turístico se detiene y describe la morada como la famosa mansión donde vivían los Beverly ricos.

Perenchio se sumergió con meticulosidad en la reconstrucción Chartwell, homónima de su empresa de representación de talentos y gestión de negocios del mundo del espectáculo. El telón de la historia que envuelve a esta majestuosa propiedad es una danza de alegrías y tristezas, de triunfos y tragedias, desde el momento en que fue construida en 1930. Su primer dueño nunca pudo habitarla.

Lynn Atkinson, un ingeniero de renombre que marcó su huella en la construcción de la represa Hoover que divide a los estados Arizona y Nevada. Atkinson hizo construir una réplica de la represa Hoover en la sala de recepción para ejemplificar a sus visitantes la fuente de su éxito. Su esposa rechazó el rutilante reflejo de grandeza que rozaba lo absurdo. En un momento de urgente necesidad económica puso la mansión como garantía para un préstamo que le otorgó su amigo, el magnate hotelero Arnold Kirkeby. Kirkeby tomó posesión de la mansión, y Atkinson, ahogado en una profunda desesperación, se rindió a su oscuridad y acabó con su vida, saltando desde un puente en las cercanías de la mansión.

Arnold Kirkeby era dueño de una veintena de hoteles, entre los que destacaban el Drake de Chicago y el Hotel Nacional en La Habana, Cuba. Falleció, a su vez, en marzo de 1960, en un fatídico vuelo de American Airlines que se estrelló apenas había despegado del aeropuerto JFK de Nueva York, rumbo a Los Ángeles. Carlota, viuda del magnate hotelero, residió en la mansión hasta que falleció en 1985.

Seis meses después del fallecimiento de Carlota, los herederos de los Kirkeby decidieron deshacerse del emblemático inmueble. Así fue como Jerry Perenchio llegó a adueñarse de la mansión por un precio de compra de 13.5 millones de dólares. Perenchio, como un cazador al acecho de la grandeza, se convirtió en el nuevo guardián de la historia de esta propiedad que tardó cinco años en remodelar para luego rebautizarla con el nombre de Chartwell.

Perenchio quería que Chartwell tuviese en su interior un ambiente afrancesado como el del Palacio de Versalles, y para eso buscó al famoso diseñador de jardines e interiores francés del momento, Henri Samuel.

En esos tiempos de abundancia, Perenchio contrajo su tercer matrimonio, esta vez con Margaret Rose Perenchio. Por sugerencia de Henri Samuel, la recién casada pareja añadió tres lotes contiguos a la propiedad, completando así una propiedad que se extendía sobre 10 acres.

Para hallar una piedra caliza que fuera lo más parecida a la original utilizada en la construcción en Versalles, Samuel y Perenchio, en una odisea aérea, surcaron de cantera en cantera una región de Francia. Finalmente, cuando ubicaron la mina que producía la piedra correcta, contrataron a una pareja local francesa para que viviera en la mina y garantizara el corte apropiado. También preparado en Francia en una sola pieza, el techo resultó ser demasiado grande para entrar por la puerta de un avión 747, así que fue recortado y dividido para su transporte y luego, como un rompecabezas, reensamblado en Chartwell.

En noviembre de 1991, los Perenchio se mudaron a su renovada residencia. «Fue una maravillosa aventura y una de las más importantes experiencias de aprendizaje de nuestras vidas», confesó Perenchio.

Hoy en día, la casa cuenta con algunas características glamurosamente excesivas que subieron el valor de lo pagado por Perenchio hasta los 150 millones de dólares que pagó el hijo del magnate Rupert Murdoch en 2018, un año después de morir Perenchio.

Algunas de las características exuberantes de la propiedad legendaria de Perenchio incluyen una piscina estilo *resort* de 75 pies cuadrados, con una casa de huéspedes junto a la piscina, un salón de baile, una cancha de tenis iluminada, un helipuerto, otra casa de huéspedes de 5,700 pies cuadrados, un garaje subterráneo para hasta 40 automóviles, y una bodega de vinos con capacidad de 12,000 botellas de clase mundial junto a un salón formal para degustación y otras celebraciones.

El barco del Tigre

Pero las mansiones residenciales no eran los únicos lujos que les gustaba darse a los adinerados dueños y ejecutivos de medios en aquella época.

La historia de los yates de J. P. Morgan sedujo al Tigre Azcárraga, a quien le apasionaba hablar del poder tras bastidores que tenía J. P. Morgan. Cuando querían complacer al Tigre lo llamaban el J. P. Morgan de México.

En 1990, el Tigre encomendó al reconocido ingeniero y diseñador Martin Francis el diseño de su propio buque. Martin Francis era dueño de la empresa de ingeniería utilizada por el famoso arquitecto I. M. Pei en la construcción de la pirámide de cristal instalada en el patio de entrada del museo Louvre en París, Francia. Era la primera vez que Francis diseñaría un barco, y se trataría del superyate de 240 pies del Tigre, impulsado por turbinas que lo catapultaban a velocidades por encima de los 34 nudos, convirtiéndolo en el superyate más rápido del mundo. Azcárraga Milmo quedó convencido por la especialidad de Francis en trabajos en vidrio y bautizó el proyecto con el nombre de *ECO*, en honor a una de sus ideas de emular a Ted Turner con un canal de televisión de 24 horas de noticias en español.

El Tigre deseaba despertar con la mejor vista posible, e insistió en que su dormitorio principal se ubicara en la parte superior de la nave, una decisión innovadora, pues normalmente esos espacios son reservados para el personal de navegación. En el interior, ordenó la réplica del *lobby* del Hotel Mamounia de Marruecos y exigió la instalación de un pequeño hidroplano y una motocicleta Harley Davidson en la cubierta, a la que se podía acceder por una grúa. Todo esto debía estar listo antes de la oferta inicial de acciones que Televisa emitiría en Wall Street en el verano de 1991. A su llegada para recibir el *ECO* en los muelles de Solent en Inglaterra, se escuchó al Tigre proclamar con orgullo: «Quiero estacionar mi *ECO* justo en la marina cerca de Manhattan para que los cabrones de Wall Street sepan que llegué».

Este tipo de embarcación era algo totalmente distinto a los yates de pesca que ya navegaban en Estados Unidos. El *ECO*, con capacidad para 14 pasajeros y 19 tripulantes, marcaba la llegada del superyate a las costas estadounidenses, un concepto conocido en Europa, donde monarcas y magnates como la reina de Inglaterra o Aristóteles Onassis ya ostentaban lujosos yates de semejante escala. Desde la época de J. P. Morgan y los primeros industriales, Estados Unidos no había presenciado nada parecido.

Cada vez que el *ECO* atracaba en una marina, su presencia imponente y lujo sin igual capturaban la atención, proyectando una exclusividad que hasta entonces era ajena a las costas del país. Nombres como Larry Ellison, Steve Jobs y Jeff Bezos siguieron esta inspiración, iniciando la tendencia de construir sus propios superyates, buscando emular el mismo prestigio y exclusividad que el *ECO* había traído como pionero a Estados Unidos.

Desafortunadamente, fue justo en aquel año cuando comenzó la decadencia física del Tigre. Así como en 1991 regresó como

El *ECO* fue proyectado para poder llevar a bordo un hidroplano. (Fotografía: Martin Francis).

accionista de Univision, también ese mismo año Televisa, su imperio mexicano, emitió acciones en Wall Street, demostrando que estaba dispuesto al escrutinio de los reguladores financieros de Estados Unidos. Fue ese año que en la revista *Forbes* apareció Emilio «el Tigre» Azcárraga Milmo en la lista de millonarios del mundo y además el latinoamericano más rico del planeta. Forbes basó su riqueza en los números mostrados en el prospecto de la emisión de acciones de Televisa. Adriana Abascal fue su fiel acompañante durante las travesías del *ECO* y de su cáncer. El Tigre decidió junto a Abascal recorrer el mundo en su *ECO* con el que viajaron varias veces por las islas del Caribe, la costa de Florida y Nueva York para luego atravesar el océano Atlántico hasta Saint Tropez, en la riviera francesa.

El yate futurista aún surca los océanos del mundo. Tan impresionante era su llegada a las ciudades portuarias que Larry Ellison, fundador y CEO de la gigante tecnológica de consultoría

Oracle, lo avistó un día en el área de Tiburón, en las afueras de San Francisco, y quedó cautivado. Los herederos del Tigre aceptaron vender el yate a Ellison en 1998.

El ECO, que después se llamó *Katana*, y luego *Enigma*, ahora lleva el nombre de *Zeus*, y atraca en Suiza, propiedad de un empresario europeo que está muy consciente de las historias que han transcurrido en su megaembarcación.

Recientemente, Martin Francis donó una réplica del ECO en escala 1:50 al Museo Marítimo Internacional de Hamburgo.

El DC-9 de Perenchio

Perenchio jamás logró borrar de su memoria un *tour* realizado por Hugh Hefner, a bordo del *Big Bunny*, un *jet* DC-9 que ostentaba con orgullo el dueño del imperio mediático para adultos Playboy. Aquel recorrido debió dejar una marca indeleble en Perenchio, pues en 1976 intentó comprar el *Big Bunny*, pero sus esfuerzos fueron infructuosos, superados por una oferta irrefutable del gobierno de Venezuela, que actuó a través de la empresa nacional aérea de nombre Aeropostal, que finalmente se quedó con el peculiar avión privado de Playboy. Las siglas del *Big Bunny*, como un vestigio de su pasado, cambiaron de N950PB a YV-19C.

Sin embargo, en 1980, Perenchio, guiado por un deseo inquebrantable, intentó de nuevo comprarlo al gobierno venezolano, pero se encontró con que el avión ya había sido cedido al gobierno de México y asignado a la flota de Aeroméxico. Los restos del famoso avión, como un esqueleto olvidado, descansan ahora en un aeropuerto en la ciudad de Querétaro en México.

Perenchio seguía obstinado en su propósito, y no se rindió de su afán por tener un DC-9. Adquirió uno, que remodeló meticulosamente, equipándolo con una recámara principal, una oficina de trabajo, un salón de reuniones y una *kitchenette*. Sobre este juguete aéreo no se sabe mucho. Perenchio lo prestaba para transportar a celebridades y al poco tiempo desistió del mismo, siendo finalmente vendido a un empresario petrolero de Texas.

Don Francisco relata en su autobiografía que Perenchio lo transportó en su DC-9 a su presentación en los estudios de Jay Leno en Burbank en 1992.

El arte y la sociedad en el México de Emilio Azcárraga y Paula Cussi

Paula Cussi, esposa del hombre más rico y poderoso de México en la década de 1980, se convirtió en una mecenas y coleccionista de arte contemporáneo. El Tigre siempre admiró y valoró cómo Paula logró abrir las puertas de las altas esferas de la sociedad en la ciudad de Nueva York. Su educación en el ámbito del arte contemporáneo comenzó bajo el influjo de Patricia Phelps de Cisneros, una sofisticada dama de la sociedad venezolana, graduada en Filosofía del reconocido Wheaton College en Massachusetts, esposa del magnate de los medios venezolanos, Gustavo Cisneros. Patricia, más joven que su marido, dejó una huella imborrable en Paula Cussi (el apellido original de Cussi era Pressa Matute).

Impulsada por este amor recién descubierto por el arte, Paula Cussi convenció al Tigre de fundar el Centro de Arte Contemporáneo de México en 1986. Logró persuadir a su esposo para contratar a Robert R. Littman, director de la Grey Art Gallery and

Study Center de la Universidad de Nueva York. Esta decisión catapultó a Paula, como codirectora del nuevo museo mexicano, a las alturas de la sociedad artística estadounidense, y le permitió marcar un contundente hito dentro de la alta sociedad mexicana.

Las relaciones entre Paula Cussi y la familia del Tigre se enfriaron después de la muerte de este. Aunque separados, el Tigre se aseguraba de que Cussi siguiera teniendo y ejerciendo poder en distintos círculos dentro del ecosistema de Televisa, incluyendo el Centro de Arte Contemporáneo. Pero después de la muerte del Tigre todo cambió.

En un giro dramático de eventos, en agosto de 1997, apenas cuatro meses después del fallecimiento del Tigre, Paula Cussi tomó una decisión trascendental que sacudió los cimientos de Televisa. Con una agilidad sorprendente, cortó todos sus vínculos con la emblemática empresa, vendiendo las acciones que el Tigre le había legado en su testamento. La decisión de Cussi no solo fue rápida, sino también armoniosa: optó por vender al sucesor designado, el hijo del Tigre, Emilio Azcárraga Jean. La transacción, que se cerró por 45 millones de dólares, fue solo el preludio de un cambio más profundo. Poco después de esta histórica venta, la nueva administración tomó una decisión que detonó un nuevo ciclo de la relación de Cussi con los Azcárraga. Televisa decidió cerrar el Centro de Arte Contemporáneo de México y, con ello, borrar cualquier vestigio de la influencia de la Cussi en el vasto legado del Tigre.

Sin alardes, el Centro Cultural de Arte Contemporáneo, que los críticos habían elogiado como el mejor foro de México para el arte moderno, cerró el domingo 18 de septiembre de 1998, apenas poco más de un año después de la muerte de Azcárraga Milmo. El museo cerró sus puertas en el edificio donde había ofrecido 172 exposiciones durante 12 años, incluyendo retrospectivas autorizadas de artistas mexicanos e internacionales.

La trayectoria de Paula Cussi no terminó y continuó siendo una muy reconocida coleccionista de arte contemporáneo que la llevó a pertenecer a la Junta Directiva del Museo Metropolitano de Arte de Nueva York. A pesar de la rápida y pacífica venta de sus acciones en Televisa, luego del cierre arbitrario del museo, la relación de Cussi con los herederos del Tigre se tornó ruda y escandalosa. No hay espacio en una obra como esta para cubrir ese capítulo, ya que de hecho hay material suficiente para escribir una telenovela entera sobre las mujeres del Tigre, en la cual varios episodios estarían dedicados a Paula Cussi.

El arte y los vinos de Jerry Perenchio

Jerrold «Jerry» Perenchio nació en un rincón áspero de California, en la población de Fresno. Era un niño de mirada curiosa que se crio en el seno de una familia que lejos estaba de la aristocracia y los museos. En una de las subastas de su colección de arte, después de su muerte en 2017, el encargado de la venta narró lo que una vez dijo el propio Perenchio sobre su niñez y juventud lejos del arte y la cultura: «Nací en Fresno y no teníamos ninguna obra de arte, ¡me llevaban a clubes nocturnos y peleas de boxeo! No tenía apreciación ni conocimiento del arte, ni de ninguna clase de cultura».

Perenchio, quien no tenía ninguna apreciación ni conocimiento de arte, y que nunca había experimentado eventos culturales en su infancia, emergió como uno de los grandes magnates y coleccionistas de arte de su tiempo. Pero para llegar a ese punto, hubo un largo camino de aprendizaje, descubrimiento y mucho dinero.

En los últimos años de su vida, compartió su existencia y su amor por el arte con su último romance, la afamada actriz Anjelica Houston, recordada por su papel en *El honor de los Prizzi* (1985), por el cual ganó el Oscar a mejor actriz de reparto, y su rol de Morticia en la película *Los Locos Adams* de 1991, junto al actor puertorriqueño Raúl Juliá.

Perenchio era un hombre que creía en los sueños más audaces. Invirtió en la película *Blade Runner* de Ridley Scott, un proyecto al que pocos estaban dispuestos a apostar y el cual terminó siendo una película de culto en la historia el cine. También financió la multipremiada *Paseando a Miss Daisy*, con las actuaciones estelares de Morgan Freeman y Jessica Tandy. «Fue muy temerario de parte de Perenchio en apostar por una película protagonizada por una anciana y su chofer negro», afirmaba un crítico del cine. En 1989 *Paseando a Miss Daisy* fue un éxito rotundo de crítica y taquilla, y se alzó con cuatro premios Oscar. El dinero de Perenchio también fluyó hacia la película *Frida*, que solidificó en 2002 la fama de la actriz mexicana Salma Hayek.

«Una ciudad cobra vida, y se llena de alma y corazón a través de su dedicación y compromiso con las artes», declaró Perenchio en una conferencia de prensa en el Museo de Arte del Condado de Los Ángeles. Fue en 2014, a sus 83 años, cuando decidió donar a dicho museo 47 obras maestras, incluyendo trabajos de Monet, Picasso y Degas, entre otros. Su gesto, valorado en poco menos de 500 millones de dólares, se hizo efectivo después de que falleciera de cáncer de pulmón en 2017. Perenchio disfrutó su arte hasta la muerte. El resto de su colección fue subastado en Christie's en 2018.

Perenchio, además, fue muy generoso con sus esposas. En Malibú, California, adquirió una mansión cerca de la playa con varias hectáreas de terreno donde le construyó un campo de golf a su esposa Margaret, quien era una jugadora de golf empedernida. Este regalo le costó un juicio contra la ciudad de Malibú que no permitía la construcción de campos de golf para disfrute de una sola familia. Todo campo de golf debía pertenecer a un club con membresías disponibles o estar abierto al público.

Asimismo, Perenchio fue propietario de un viñedo en California valorado en 20 millones de dólares. La bodega privada de Jerry Perenchio estaba ubicada en los sótanos de Chartwell, a la que pocos tenían acceso. James Ritchie, director global de vinos y licores de Sotheby's, escribió una descripción como introducción a la subasta de la colección de Perenchio, pocos meses después de su muerte: «La bodega de Jerry Perenchio es, sin duda, una de las más grandes colecciones de vinos maduros que jamás se hayan ofrecido para la venta en una subasta. Incluye cantidades previamente impensables de legendarios añejos de Domaine de la Romanée-Conti, Leroy y de Vogüé, así como Petrus, Mouton Rothschild, Lafite, Latour, Margaux y Haut Brion».

La pasión de Cisneros

Gustavo Cisneros estaba obsesionado con ser reconocido como un líder global. Sus suntuosas residencias en Aspen, Colorado, La Romana en República Dominicana, Caracas y Los Roques en Venezuela eran centros de reuniones con líderes empresariales y políticos mundiales, tales como George H. W. Bush, Gianni Agnelli, el rey Juan Carlos de España, el dalai lama, Ted

Turner, Henry Kissinger y Michael Eisner, entre muchos otros. Incluso, en varias ocasiones, George H. W. Bush realizó visitas no oficiales a Venezuela solo para pescar junto a Gustavo Cisneros.

Cisneros también contaba con residencias en Nueva York, Miami y Madrid, las cuales utilizaba en viajes de trabajo. El empresario venezolano también organizaba y participaba en encuentros importantes para lograr avances geopolíticos entre los países desarrollados y Latinoamérica. Por ejemplo, a raíz de su amistad con el presidente Bush padre, Cisneros fue un factor clave en la organización y firma del Tratado de Libre Comercio entre Estados Unidos, Canadá y México. El empresario venezolano actuaba como intermediario entre los anglosajones, en especial entre Bush y el presidente mexicano, durante la etapa de planificación.

La Colección Patricia Phelps de Cisneros (CPPC) es una de las colecciones de arte latinoamericano más importantes y reconocidas a nivel mundial. Fue fundada en la década de 1970 por Patricia Phelps de Cisneros y su esposo Gustavo Cisneros. Se centra en promover la visibilidad y el reconocimiento del arte latinoamericano a nivel internacional, e incluye obras de artistas como Lygia Clark, Lygia Pape, Jesús Rafael Soto, Alejandro Otero, Tomás Maldonado, Willys de Castro, Hélio Oiticica, Juan Mele, Mira Schendel y Gego.

Además de haber sido miembro de la Junta Directiva de Televisa durante varios años, Gustavo Cisneros fue miembro de la Junta Directiva de Barrick Gold, de la Junta de Asuntos Internacionales del Chase Manhattan Bank y presidió la Junta Directiva de All American Bottling Corporation (productora de las famosas bebidas Dr Pepper, Snapple, 7UP y Crush).

Cuando Gustavo Cisneros llamaba a alguien directamente nunca se anunciaba, y se molestaba mucho cuando del otro lado de la llamada no reconocían su voz en el teléfono. Y si la llamada era a alguien de su organización, y eso sucedía, aquello podía ser causa de despido. A Cisneros le gustaba mucho demostrar su control y liderazgo a través de instrucciones súbitas incomodas. Por ejemplo, llamar a alguno de sus ejecutivos desde Asia o Europa en horas de la madrugada para buscar una recomendación de un restaurante. Más de una vez pidió a alguno de sus ejecutivos que se bajara del avión cuando estaba por despegar a sus vacaciones para una tarea de emergencia, o decirle a uno de sus subalternos delante de terceros que le prepararan un *whisky* como a él le gustaba. Varias veces llevó de paseo a sus familiares y amigos, aterrizando en helicóptero en las cimas de los Tepuyes en la selva amazónica venezolana. Al llegar a la cima, había mesoneros sirviendo una experiencia culinaria única, y al regresar a casa los invitados recibían un resumen gráfico de la experiencia llamado «El Libro de la Selva». A los jóvenes de la familia les regalaba relojes Rolex con la inscripción de la fecha especial del regalo y sus iniciales personales: GCR (Gustavo Cisneros Rendiles).

Vale la pena traer a cuento una historia singular, confirmada por el famoso cantante español Julio Iglesias, amigo personal de Gustavo Cisneros y su vecino en República Dominicana. Iglesias describe que, en una ocasión, el empresario venezolano lo llamó para que volara de inmediato a Caracas y cantara en privado para el presidente de China, quien estaba reunido con el presidente de Venezuela, Hugo Chávez. Cisneros puso a disposición su avión privado e Iglesias accedió. Puedes ver el momento en YouTube si buscas: «Julio Iglesias canta con el presidente chino Jiang Zemin y el presidente Venezolano Chávez», donde aparece Gustavo Cisneros presenciando el particular evento que él mismo orquestó.

Anselmo *vs. statu quo*

A diferencia del Tigre Azcárraga, Jerry Perenchio o Cisneros, René Anselmo no persiguió la idea de ser recordado como un *mogul*. Aunque construyó una mansión en Greenwich, Connecticut, inspirada en el Petit Trianon de Versalles, y valorada en 39 millones de dólares, al final, su verdadera pasión no estaba en acumular riquezas, sino en desafiar el *statu quo* y mejorar su entorno. En sus últimos años de vida el activismo lo llevó a enfrentarse directamente con normativas municipales, promoviendo cambios que dejaron una huella en la comunidad. No se conformaba con vivir rodeado de lujos, sino que buscaba transformar su ciudad según su visión de belleza y orden.

Anselmo se convirtió en un defensor ferviente de la estética urbana de Greenwich. Molesto por la proliferación de carteles publicitarios inmobiliarios, comenzó a retirarlos él mismo y los acumulaba en su casa, desafiando a las agencias a recuperarlos en su propiedad. Esta cruzada le valió dos arrestos y acusaciones de vandalismo, pero también provocó un cambio en las políticas municipales en 1993, dos años antes de su muerte.

Más allá de la controversia, Anselmo también dejó un legado de generosidad. Financió mejoras en varias escuelas públicas, desde cercas de madera hasta áreas recreativas y senderos para trotar. Su amor por la naturaleza lo llevó a plantar más de 100,000 flores en Greenwich, incluyendo tulipanes y narcisos que aún florecen cada primavera. Hasta sus últimos días, René Anselmo desafió las normas establecidas, guiado más por su idealismo que por el deseo de reconocimiento.

Estos magnates de la televisión no solo establecieron Univision y PanAmSat como fuerzas imparables en la industria de las comunicaciones, sino que también dejaron una imagen con sus mansiones, yates, aviones y excentricidades que envolvían sus vidas privadas. Ellos encarnaron el poder y la opulencia en su máxima expresión.

CAPÍTULO 16

La venta sin final

La habilidad de Perenchio para maniobrar en el complejo mundo de los negocios era indiscutible, pero su comprensión del consumidor final de Univision permanecía enigmáticamente distante. Perenchio se convirtió en el arquitecto de un imperio mediático, fue un verdadero *mogul*, pero su interés parecía centrarse más en la maquinaria del éxito comercial que en las voces y las vidas de quienes a fin de cuentas representaban su audiencia.

Para muchos en Univision, Perenchio no mostraba un interés particular por la cultura hispana. Sin embargo, tenía una habilidad casi innata para beneficiarse de esta audiencia, sin albergar intenciones maliciosas. Su enfoque era pragmático, frío quizás, pero efectivo en términos de negocio. Nunca aceptó invitaciones que el Tigre y Gustavo Cisneros le hicieron para visitar México, República Dominicana, ni Venezuela. Las reuniones con él se hacían en las oficinas centrales de Univision o en Chartwell, y una que otra vez en la Hacienda.

Los ejecutivos de Univision estaban en una constante lucha por sobresalir ante las exigencias del gran jefe. Perenchio, desde Chartwell o desde su despacho en Los Ángeles, dirigía este ecosistema con visión clara.

Aunque el Tigre y Gustavo Cisneros eran socios en Univision, Perenchio se las ingenió para trazar un marco de acción que lo colocaba a él frente de las decisiones más importantes. Aspectos como finanzas, gobierno corporativo y procedimientos recaían en su mano firme. La concentración del poder en sus manos fue aceptada por Cisneros sin reparos, pero el Tigre siempre consideró que merecía una mayor participación.

Durante su primer año como CEO y jefe máximo de la cadena en 1991, Perenchio decidió confiar su estrategia a dos ejecutivos colocados por él en la organización: Carlos Barba, a quien conocía desde los tiempos de NetSpan a principios de los ochenta, fue nombrado vicepresidente de Programación, y Andrew Hobson, hombre de confianza cercano a Perenchio, fue designado Chief Financial Officer (CFO, director comercial). En la búsqueda de gerentes y ejecutivos de la empresa que no demostraran total fidelidad ni al Tigre ni a Cisneros, Andrew Hobson descubrió al cubano Ray Rodríguez, quien era el coordinador del canal 23 en Miami.

Ray Rodríguez era un apasionado de la programación que ya llevaba una racha impresionante de años como ejecutivo de Univision. Rodríguez no era un extraño en el juego del espectáculo. Antes de su tiempo en Univision, se había ganado la vida como *manager* y uno de los motores de la consolidación en Estados Unidos de la estrella musical Julio Iglesias. Cuando Perenchio descubrió las hazañas previas de Rodríguez, una réplica de su propio pasado como representante de famosos actores de Hollywood, la química fue instantánea. Solo le faltaba cerciorarse de que Rodríguez no respondiera a los intereses del Tigre ni de Gustavo Cisneros, y menos de Joaquín Blaya. Por instrucciones de Perenchio, Hobson se encargó de diseminar internamente la búsqueda de un director de operaciones (o Chief Operating Officer, COO). Al llegar a los oídos del Tigre y de Cisneros, estos cayeron en la trampa. El Tigre y Cisneros enviaron sugerencias de candidatos para el puesto, y ninguno de los nombres era el de Ray Rodríguez.

Cisneros sugirió como COO a Carlos Barba. El Tigre quería sugerir a Rosita Perú, pero ella ya estaba de salida. Rosita sugirió entonces a Jaime Dávila, quien era pieza clave en la gerencia de contenido entre Televisa y Univision, y hombre cercano a los Azcárraga.

La alquimia entre Perenchio y Ray Rodríguez funcionó de manera mágica. Rodríguez ascendió rápidamente y se convirtió en COO; para 1992 ya era el presidente de Univision, reportando directamente a Perenchio. Se convirtió en el inseparable hombre de confianza de Perenchio. A Barba y a Dávila les otorgaron dos puestos importantes para trabajar en el área de programación y producción de contenido. Barba era considerado hombre de Cisneros y Dávila del Tigre.

El papel de Ray Rodríguez no era solo de ejecución, sino también de mediador y estratega. Rodríguez entendía el delicado equilibrio que debía mantenerse en esta «jungla» corporativa; por un lado, debía ser fiel a la visión y los objetivos de Perenchio, y por otro, debía asegurarse de que el equipo de Univision, compuesto por diversos talentos y personalidades, funcionara armónicamente y con eficiencia. Su habilidad para navegar en este complejo entorno lo convertía en una pieza clave del éxito de Univision. Ray Rodríguez fungía como los ojos y oídos de Jerry Perenchio, desempeñando un papel crucial como su más confiable confidente y consejero. Obviamente, Perenchio trató financieramente a Rodríguez de manera especial. La fidelidad de Rodríguez era aún más significativa dada la presencia de dos poderosos magnates en el escenario: el Tigre Azcárraga y Gustavo Cisneros.

Univision prosperó, alcanzando hitos importantes y consolidándose como un gigante en el mercado hispanohablante a mediados de la década de 1990. Sin embargo, esta dinámica también revelaba una jerarquía clara y una estructura de poder donde las decisiones cruciales emanaban de Perenchio.

Desde 1993 el nuevo CFO, Hobson, tomó las riendas financieras aceptando la renuncia de la mayoría del personal administrativo y contable de la empresa que venía de Hallmark Cards o SIN. El objetivo de Perenchio era la salud financiera de la empresa que seguía sufriendo por su agigantada deuda.

En 1994, bajo el liderazgo de Ray Rodríguez, la empresa comenzó paulatinamente a eliminar programación local y a reducir el personal de planta local. La programación comenzaba a ser primordialmente mexicana proveniente de Televisa y otro tanto de Venevisión. Como producciones locales, solo quedaban *El Show de Cristina*, *Primer Impacto*, *Sábado Gigante*, un programa matutino de nombre *Mundo Latino* y los noticieros. Cuando el Tigre fallece en 1997 la programación extranjera en Univision sobrepasaba dos tercios de la parrilla, las ventas de Univision pasaban los 400 millones de dólares y sus finanzas lucían cada día mejor. El pragmatismo comercial de Perenchio volvió a vencer. Las organizaciones comunitarias hispanas tenían razón, sus críticas por los despidos masivos y la programación con poco contenido producido localmente eran válidas, pero para los nuevos dueños la salud financiera era prioridad. Ese mismo año Reliance Capital anunció la venta de Telemundo por 539 millones de dólares a las empresas Sony Pictures y Liberty Media.

La comunidad hispana seguía creciendo y a las autoridades les convenía tener la cobertura de solo dos grandes canales en caso de querer enviar un solo mensaje. Con gran visión de negocios, Univision y Telemundo capitalizaron la fuerza del mercado hispano en Estados Unidos, uniendo a una variedad de culturas bajo una única visión comercial, y así las corporaciones nacionales y gobiernos regionales comenzaron a confiarles sus anuncios publicitarios.

Si nos adentramos en la vida y la mente de Perenchio, podremos entender mejor la estrategia que lo llevó a consolidar a Univision como una de las corporaciones más grandes y exitosas en el panorama mediático de Estados Unidos. En 1991, Jerry Perenchio, ya sesentón y con una fortuna aproximada de 500 millones de dólares, tenía un plan delineado en su mente: quería construir un imperio mediático que validara su apuesta por el naciente mercado hispano en Estados Unidos. Ya existía una población de habla hispana que alcanzaba 22 millones de personas. Perenchio, visionario, proyectó que esta cifra llegaría a 30 millones en 15 años. La realidad superó sus expectativas: para 2007, más de 45 millones de hispanos residían en Estados Unidos.

Para convertir la empresa recién adquirida en una corporación estadounidense tan colosal que ningún competidor, por poderoso que fuera, se atreviera a desafiar su liderazgo, Perenchio necesitaba convencer al mercado de capitales y al sofisticado ecosistema financiero de Estados Unidos de que Univision era una joya por descubrir.

Latin envy

Una de las aspiraciones que ardía en el corazón de Perenchio era poder ver a su empresa, Univision, cotizando en la Bolsa de Nueva York. Algunos de los más cercanos al CEO consideraban este deseo con mera indulgencia al jefe. Pero Perenchio sabía que si lo lograba comenzaría una envidia de los gigantes por adueñarse de Univision. Perenchio nunca se mostró con la intención de vender, siempre insinuaba su intención de comprar.

Gran efervescencia se vivió en el mercado bursátil de Wall Street hacia 1996, con IPO (Oferta Pública Inicial, por sus siglas en inglés) de empresas del momento como Cox, Ralph Lauren, Children's Place y TD Ameritrade. En medio de esta oleada de debutantes en la bolsa, el viernes 26 de septiembre de aquel año, meses antes del lanzamiento de la Amazon de Jeff Bezos a la Bolsa de Nueva York, Univision se unió al club.

La empresa anunció que ponía a disposición del público el 19 % del capital de la empresa, con un precio de salida de 23 dólares por acción, lo que otorgaba a la empresa una valoración cercana a los 1,000 millones de dólares. Esta cifra era casi el doble de lo que se había pagado a Hallmark Cards apenas cinco años antes.

Perenchio decidió lanzar el IPO el mismo día que otras 14 empresas emitían sus ofertas iniciales. Sin embargo, el evento no pasó desapercibido en Wall Street. El precio de la acción de Univision subió a 31 dólares ese mismo día. Perenchio y su CFO, Andrew Hobson, escogieron un triunvirato de los principales bancos de inversiones de Wall Street: Goldman Sachs, Morgan Stanley y Deutsche Bank Securities, para que coordinaran la estrategia y mercadeo de la emisión. Los bancos de inversiones armaron una estructura con diferentes tipos de acciones y, a pesar de que la participación de Jerry Perenchio se diluyó hasta representar solo el 26.5 % del total accionario, sus acciones «Clase A» seguían controlando el 78.5 % del voto para las decisiones operativas de la empresa. El IPO fue un absoluto éxito con una apreciación en el mercado secundario inmediato de aproximadamente 30 % y una validación del reconocimiento público que Univision había desarrollado y que Perenchio meticulosamente estaba buscando. Como parte del *marketing* previo a la oferta inicial, es decir en verano de 1996, surgió una encuesta que aseguraba que los hispanos en Estados Unidos reconocían más a Univision que a la Biblia. Esto llevó a que surgieran comentarios en las agencias de publicidad sobre que los hispanos confiaban más en Univision que en la propia Iglesia.

Como si se tratase de un guion extraído de una buena serie de TV, el mundo de la televisión en español estaba a punto de vivir un impulso de estrellato corporativo de miles de millones de dólares. Había algo en el aire, un atractivo irresistible que los gurús de la industria decidieron llamar *latin envy*, o envidia por lo latino. El creador de esta etapa era el nuevo *«media mogul»* estadounidense: Jerry Perenchio. La ausencia del Tigre Azcárraga y de Gustavo Cisneros en las distintas declaraciones a la prensa sobre la entrada de Univision en la Bolsa de Nueva York era parte de la estrategia de Perenchio.

El Tigre anuncia su retiro y el traspaso de mando a su hijo Emilio Azcárraga Jean

La euforia de la *latin envy* y el rápido deterioro de la salud de Emilio Azcárraga Milmo iban en paralelo. El Tigre comenzó a distanciarse de las decisiones en Univision. En los tiempos del lanzamiento de la oferta de acciones de Univision en septiembre de 1996 se dedicaba, entre tratamientos, cirugías y reuniones de trabajo relacionados con Televisa, a preparar a su hijo, Emilio Azcárraga Jean, quien a sus 28 años estaba al tanto de lo que le venía, pero no estaba aún preparado para recibirlo.

Antes de la muerte de su padre, Emilio Azcárraga Jean sabía poco sobre Univision. A solo unos meses de la partida del Tigre, el joven ejecutivo heredaba una avalancha de desafíos. A diferencia de las pugnas internas en Televisa, los conflictos familiares, las finanzas, las deudas y los compromisos personales que dependían del Tigre, Univision no representaba un problema significativo.

En una reunión privada con su Chief Financial Officer de los negocios de Televisa en Estados Unidos, Jaime Escandón, el Tigre dio dos instrucciones inesperadas: encontrar unas buenas oficinas en Miami, ya que se trasladaría allí en breve, y traspasar 1,786,977 acciones de Univision a su ejecutivo de mayor confianza en aquella empresa, el mexicano Jaime Dávila (este traspaso se formalizó el 14 de febrero de 1997). A partir de ese día, Dávila pasaba a ser el ejecutivo más rico de Univision. Fue en ese momento cuando el círculo cercano al Tigre comprendió la gravedad de su estado de salud. Aunque el Tigre nunca había sentido una afinidad particular por Miami, decidió enfrentar su enfermedad terminal lejos del escrutinio mediático de México y Los Ángeles. La última vez que el tren ejecutivo de Televisa vio al Tigre en persona fue en Los Ángeles, cuando decidió conceder una entrevista que marcaría el final de su era al frente de la compañía. A principios de 1997, en su última aparición pública como presidente de Televisa, se presentó junto a su hijo, Emilio Azcárraga Jean, en una transmisión especial con Jacobo Zabludovsky. Sin mencionar su estado de salud, explicó que traspasaba el mando de la compañía a su hijo, afirmando que su objetivo era dedicarse a «desarrollar la imagen a través de los satélites». La noticia fue un golpe inesperado y estremecedor para todos en la organización mexicana. Aquellas oficinas en Miami que Escandón había conseguido nunca llegaron a ser ocupadas por el Tigre.

La euforia

Entre 1997 y la llegada del nuevo milenio, las ventas de Univision se dispararon y así también el precio de la acción. El número de hispanos que ahora residía en Estados Unidos ya sobrepasaba los 30 millones. Eludiendo el impacto en los mercados financieros globales por los sucesos del 11 de septiembre de 2001, cuando un ataque terrorista derrumbó las torres gemelas del World Trade Center en Nueva York, ya en 2002 Univision vendía más de 1,000 millones de dólares por concepto de publicidad, el precio de su acción se duplicaba en comparación con el precio de la oferta inicial en 1997, cotizándose a más de 50 dólares por acción. El 19 % de Univision cotizado en la Bolsa de Nueva York demostraba que la empresa tenía un valor de mercado de más de 2,000 millones de dólares. Expertos analistas de Wall Street estimaban el valor del control de Univision en más de 5,000 millones de dólares en 2002. La riqueza de los hermanos Gustavo y Ricardo Cisneros, y del heredero Emilio Azcárraga Jean, se había multiplicado no solo por el valor de su participación en la empresa sino también por los ingresos adicionales por la venta de contenido. Cisneros comenzaba a aparecer en la lista de los «milmillonarios» de Forbes. Para Cisneros, Univision fue, sin duda, el mejor negocio financiero en su trayectoria empresarial. No solo los dueños de Univision se habían beneficiado del crecimiento de su valor; Jaime Dávila ya se contaba entre los nuevos millonarios de la sociedad estadounidense. En 2002 ni Ray Rodríguez, ni Andrew Hobson eran accionistas. En diciembre de 2003 tanto Ray Rodríguez como Andrew Hobson recibieron como bono la opción de poder comprar 100,000 acciones de Univision a un precio de 35.85 dólares con vencimiento en 2013 («stock options», en inglés). Este tipo de incentivo comenzaba a ser otorgado como bonos a altos ejecutivos en las corporaciones estadounidenses con acciones en la bolsa. Rodríguez y Hobson recibieron más de estas opciones en años subsiguientes.

Los accionistas de Telemundo, la rival de Univision, sucumbieron ante la tentación de la *latin envy* y no esperaron mucho. En 2002 Sony Pictures y Liberty Media anunciaron que su empresa Telemundo estaba en venta. General Electric Co., con su cadena NBC, se adelantó a sus competidores mediáticos con una oferta audaz: casi 2,000 millones de dólares por Telemundo.

Viacom Inc., un verdadero coloso del entretenimiento y en aquellos tiempos propietario de CBS y MTV, no se quedó de brazos cruzados. En cuestión de días, tocaba a la puerta de Univision con una propuesta de adquisición. La danza de las propuestas había comenzado, y cada competidor intentaba superar al anterior con movimientos más extravagantes y audaces. Perenchio era el rey y el rey tenía a su general Ray Rodríguez comandando la fiesta.

AOL Time Warner Inc., Walt Disney Co. y otros jugadores importantes estaban al acecho, todos curiosos por lo que Univision tenía para ofrecer. Michael Eisner, el célebre CEO de Disney, no se anduvo con rodeos cuando expresó su interés en entrar al mercado hispano, pero todo se reducía a una pregunta clave: «¿Cuánto cuesta?».

«El comprador de Univision tendría que pagar una plusvalía sobre el valor actual de la empresa», apuntó David Joyce, un sagaz analista de la firma de inversión Guzman & Co. de Miami. «Perenchio es un genio financiero y no tiene ninguna razón para vender». Claramente, además, se podía ver que las sinergias disponibles, si era adquirida por uno de los principales medios del país, generarían ahorros en gastos y eventualmente ganancias adicionales por la capacidad de promoción cruzada. Nuevamente se planteaba que una fusión o adquisición podía representar un crecimiento importante, y los vendedores, Perenchio, Cisneros y Emilio Azcárraga Jean (quien ya tenía 32 años de edad y era un activo participante en la Junta Directiva de Univision), tendrían que ser atraídos con la participación en los beneficios proyectados.

En medio del alboroto, comenzaron a deslizarse cifras que hacían girar la cabeza. Analistas aventuraron que el precio de Univision podría llegar hasta la asombrosa suma de 12,000 millones de dólares. Era como estar en plena fiebre del oro con Univision como veta principal.

En medio de las celebraciones de la NBC por su adquisición de Telemundo el 11 de octubre de 2002, Perenchio envió una nota a Andrew Lack, presidente de NBC, en tono de broma: «Busqué una bandera blanca (rendición) para ondear, pero no pude encontrar una», según Lack. La «bandera blanca» simboliza la rendición, pero al decir que no pudo encontrar una, Perenchio estaba indicando que, a pesar de la adquisición de Telemundo por parte de NBC, Univision no se rendiría ni cedería su liderazgo en el mercado. Otros analistas entendieron este gesto como una forma de Perenchio decir que su cadena no estaba a la venta.

La fiebre se extendía. Todos querían su parte de este pastel que servía a una población que no solo crecía más rápido que el resto en Estados Unidos, sino que también consumía más televisión. De hecho, una encuesta de Strategic Research Corp. de Miami revelaba que los latinos veían más televisión que la población general: un promedio de 4.4 horas al día para los latinos y 2.9 horas al día para los no latinos. La *latin envy* estaba en pleno apogeo, y el escenario estaba puesto para la batalla. Pero lo que no sabía Perenchio era que Emilio Azcárraga Jean venía al acecho.

Durante un año, Perenchio, ajeno al ritmo de los tambores de guerra, había ignorado los mensajes que le enviaba Emilio Azcárraga Jean, quien quería renegociar los términos de aquel acuerdo de programación de 25 años que había firmado su padre en 1992. El deseo de Azcárraga Jean era incrementar su participación en Univision, la cadena a la cual había dado vida su abuelo en 1961 como SIN y que ahora se alzaba como un gigante en el panorama mediático de Estados Unidos. Pero la firma del Tigre aún resonaba en el acuerdo que aseguraba a Univision el control total de toda la programación de Televisa en Estados Unidos hasta el año 2017. Era como una maldición.

En este tablero de ajedrez, Perenchio manejaba las piezas con maestría. Los analistas financieros se removían en sus asientos, murmurando que Televisa tenía derechos de bloqueo en ciertos tipos de transacciones dentro de Univision. Las piezas estaban en movimiento, y nadie estaba seguro de cómo terminaría el juego.

Mientras tanto, Emilio Azcárraga Jean contemplaba su siguiente jugada. A sus 35 años de edad anunció, en 2003, que consideraba la posibilidad de solicitar la ciudadanía estadounidense, soñando con extender los dominios de su imperio hispanohablante. «Si es de interés para Televisa solicitar la doble ciudadanía, eso es lo que haría», afirmó, dejando claro que su lealtad recaía en su empresa.

Con un pasaporte estadounidense, Azcárraga podría seguir el camino marcado por Rupert Murdoch, quien, a pesar de haber nacido en Australia, obtuvo la ciudadanía estadounidense para sortear los límites legales sobre la propiedad de los medios por parte de extranjeros en Estados Unidos. Si Azcárraga Jean se convertía en ciudadano estadounidense, podría adquirir o aumentar participaciones en empresas de medios en Estados Unidos.

En ese momento, la relación entre Perenchio y Emilio Azcárraga Jean estaba comenzando a amargarse. Aun así, Azcárraga Jean afirmaba que aspiraba a un acuerdo amistoso.

Univision continuaba alimentándose principalmente de contenido de Televisa y Venevisión, que oscilaba entre las telenovelas empapadas en lágrimas, programas cómicos como *El Chavo del Ocho*, *El Chapulín Colorado*, *Bienvenidos* y los partidos de futbol relatados con pasión por fervorosos locutores gritones.

Emilio Azcárraga Jean insistía en renegociar el acuerdo de programación, intentando incluso separar la distribución de contenido televisivo de la transmisión por internet (*streaming*), que apenas comenzaba a surgir en aquel entonces. Perenchio, sin embargo, se mantuvo inmutable. Estaba dispuesto a pagar más, pero no a cambiar los términos del contrato. Creía que podía calmar la tormenta con oro, pero los fantasmas del León y el Tigre a través de Emilio Azcárraga Jean parecían perseguir, desde la otra vida, el sueño que habían iniciado. En 2005, la tensión entre Emilio Azcárraga Jean y Perenchio alcanzó su punto de ruptura. Las piezas estaban desajustadas, y el tablero esperaba un cambio definitivo.

El aire estaba cargado de electricidad en la sala de juntas de Univision Communications Inc., cuando en mayo de 2005 la agitación que llevaba tiempo cocinándose en el trasfondo finalmente explotó. La bomba: Emilio Azcárraga Jean, el segundo accionista más grande de Univision, había presentado su renuncia como vicepresidente de la Junta Directiva de Univision. Se decía entre corrillos de analistas que la abrupta despedida de Azcárraga Jean, coincidiendo con la víspera de la reunión anual de accionistas de Univision, era un gesto retador. Una señal que advertía una ofensiva hostil para obtener el control de la compañía, actualmente en manos de Perenchio. «Ha lanzado el guante para pedir el duelo», expresó el analista de medios Leland Westerfield, de la firma Harris Nesbitt, refiriéndose a Azcárraga Jean. Unas palabras que resonaron en los titulares y abrieron paso a la especulación.

El entonces presidente de Televisa ya se había ganado el reconocimiento como magnate de los medios de México, llevaba meses en un contrapunteo con el presidente de Univision, el veterano Perenchio, que podía ser su abuelo. Perenchio era demasiado rígido, privado, y no se sabía cuál era su plan de sucesión. Solo se podía negociar con él y las presiones para entender cuáles eran sus intenciones con el futuro de su control en Univision no daban resultado. Pero el drama no terminó con la renuncia de Azcárraga Jean. Añadiendo leña al fuego, Televisa también introdujo una demanda en la Corte de Distrito de EE. UU. en Los Ángeles, alegando que Univision le había recortado alrededor de 1.5 millones de dólares en regalías de programación. Univision rechazó de plano las acusaciones y se declaró decidida para una batalla legal.

El deseo de Azcárraga Jean de controlar Univision era un secreto a voces. El joven heredero podía sortear el obstáculo del 25 % si se asociaba con inversionistas locales, particularmente empresas de capital privado que no buscaban ser operadores, sino únicamente socios financieros. Los expertos de Wall Street consideraban precipitado tal movimiento. «En algún momento, Televisa debería comprar Univision, pero no tiene sentido en este momento enfrentarse a Perenchio», comentaban refiriéndose a la posibilidad de esperar el retiro de Perenchio a causa de su avanzada edad.

La perseverancia y presión de Emilio Azcárraga Jean terminó por imponerse. Meses después de su renuncia a la Junta de Univision, Perenchio filtró a la prensa su disposición para vender. El final de la partida de ajedrez ya parecía ser empujado por

Emilio Azcárraga Jean, Jerry Perenchio y Gustavo Cisneros, 1992. (Fotografía: HBusiness).

Azcárraga Jean, y los inversionistas, la prensa estadounidense y los empleados de Televisa y Univision querían saber el desenlace desde la primera fila.

En cuanto se supo que Perenchio, el legendario capitán de la industria, estaba listo para vender, un grupo de inversionistas sofisticados se unió en la cruzada con Emilio Azcárraga Jean, a través de Televisa, para la compra de Univision.

No obstante, la realidad de los números impactaba en las rondas de negociaciones para decidir un precio ideal de compra, y tres gigantes que pensaban acompañar a Televisa: Kohlberg Kravis Roberts & Co., Carlyle Group y Blackstone Group, se retiraron, juzgando que el precio de entrada era demasiado alto. Lejos de sentirse desanimado, Emilio Azcárraga Jean, junto a su Televisa, jugó su siguiente carta, sumando, entre otros, a Providence

Equity Partners, Bain Capital y a Cascade Investments, el vehículo inversionista de nada menos que William «Bill» Henry Gates III. Escudriñando los libros de accionistas de Univision, logré identificar a Bill Gates a título personal con un puñado de acciones de Univision en 2006. Es decir, Gates sí estaba realmente interesado en penetrar en el mercado hispano.

Entretanto, en otra parte del tablero, Haim Saban, un multimillonario de Los Ángeles que se había hecho rico gracias a la teleserie de los Power Rangers, armó su propio ejército, reclutando a Texas Pacific Group, Madison Dearborn Partners y Thomas H. Lee Partners. A última hora, y con un descaro que dejó a los mexicanos atónitos, surgió un giro sorpresivo digno de un drama de televisión: Providence Equity Partners cambió de bando, abandonando el consorcio organizado por Emilio Azcárraga Jean y Televisa para unirse a las filas de Saban.

El bostoniano Thomas Lee fue clave en ese golpe bajo asestado a última hora a Azcárraga Jean. Además, los rumores y las especulaciones de los analistas apuntaban a que Perenchio no quería que Azcárraga Jean ganara la oferta, lo consideraba un niño rico, demasiado arrogante, según los murmullos de los analistas. En este juego de ajedrez de poder, el papel de Cisneros se tornó crucial, puesto que podría mediar entre Televisa y el nuevo propietario de Univision si Televisa era superada en la oferta. A pesar de todo, Televisa se encontraba en una posición privilegiada, ya que, incluso si perdía la batalla de las ofertas, el nuevo dueño tendría que colaborar con ellos para adquirir su contenido.

La batalla final se libró entre dos grupos de colosos. Por un lado, el grupo de Televisa, cuya victoria plantearía a los reguladores federales el reto de desentrañar una estructura de negocio que pudiera violar tanto la letra como el espíritu de la regla del 25 %.

Por otro, el grupo de Saban, cuyo principal atractivo para Perenchio era que todos sus integrantes eran entidades estadounidenses que excluían a Azcárraga Jean.

Con un golpe de gracia, Haim Saban se alzó como el indiscutible vencedor, firmando la oferta ganadora con un precio de 12,300 millones de dólares y asumiendo la deuda de 1,400 millones de dólares de Univision, en un acuerdo total valuado en 13,700 millones de dólares. Para muchos analistas, esta jugada, a pesar de que resultó en un incremento sustancial de sus arcas, fue un golpe a las esperanzas del eterno rival, Emilio Azcárraga.

En medio de los conflictos y controversias, Gustavo Cisneros se posicionó como un claro beneficiario de la transacción. El incremento en el precio significaba un aumento en el pago que recibiría. Cisneros manejó la situación con astucia, autocalificándose como un vendedor al mejor postor, manteniéndose neutral y sin mostrar preferencias por ninguno de los aspirantes a adquirir Univision. Se mostró receptivo tanto con el grupo de Hasan como con Televisa, atendiendo en todo momento sus invitaciones y respondiendo a sus consultas. Este comportamiento no gustó en Televisa.

Cisneros recibió una suma significativa, más de 1,500 millones de dólares, además de establecer relaciones clave, como la que desarrolló con Thomas H. Lee, con quien realizaría otros negocios de contenido y transmisión de TV durante la siguiente década. Esta alianza tampoco gustó en Televisa.

Así se formó el grupo ganador con expertos inversionistas que incluía a Thomas H. Lee Partners, Texas Pacific Group, Madison Dearborn Partners, Providence Equity Partners y el empresario Haim Saban. Televisa no vendió la totalidad de sus acciones y permaneció como accionista minoritario y con un puesto en la Junta Directiva.

Haim Saban nació en Alejandría, Egipto, en 1944, en una familia judía egipcia. En 1956, la familia Saban emigró a Israel, junto con la mayoría de su comunidad. A la postre, Haim Saban se mudó y se hizo ciudadano estadounidense.

Cabe decir, sin embargo, que después de muchos años como principal dueño de Univision, varios empleados de la empresa lo consideraban un aspirante a lograr lo que Perenchio alcanzó. La sombra de Perenchio era larga y su legado en Univision indiscutible. Saban, al tomar las riendas, parecía estar constantemente buscando replicar el estilo y el éxito de su predecesor. Incluso dejó por algún tiempo como CEO y COO a Ray Rodríguez, hombre de confianza de Perenchio.

Paralelamente, la industria de la televisión comenzaba a experimentar una revolución significativa con la llegada de plataformas digitales como Google, Facebook, Twitter y YouTube. La aparición de esta última en 2005, y el inicio de los servicios de películas y programas de televisión a demanda del usuario liderados por Netflix en 2007, marcó el inicio de una transformación profunda en la manera en la cual las audiencias consumen contenido. Este cambio representó un desafío monumental para los operadores tradicionales de televisión, quienes comenzaron a sentir el impacto de la reducción de televidentes en los hogares y la consecuente disminución de sus ingresos tradicionales por concepto de publicidad.

La evolución de YouTube, adquirida por Google en 2006, desempeñó un papel crucial en el rediseño de los modelos de publicidad en el mundo de los medios y del entretenimiento. La plataforma se convirtió en una herramienta esencial para creadores de contenido, alterando significativamente la industria, y desafiando la hegemonía de los medios tradicionales. A su vez, Facebook y Twitter empezaron a integrarse con la experiencia televisiva, cambiando la manera en que los espectadores interactuaban con el contenido y entre ellos.

Mientras tanto, el mundo del flujo digital a demanda del usuario ha continuado creciendo, con plataformas de *streaming* como Hulu, Amazon y Apple TV, que se han sumado a lo ofertado por Netflix y aumentado el número de competidores ampliando aún más las opciones de contenido para los consumidores. Esta era de transición marcó no solo el cambio de los patrones de consumo de los espectadores, sino también la redefinición del paisaje mediático.

En este contexto de rápida evolución, el papel de Univision y su liderazgo se encontraba en un punto crítico; enfrentaba el desafío de adaptarse a un panorama mediático en constante cambio y a las expectativas de una audiencia cada vez más diversa y conectada digitalmente.

Perenchio se retira

El 29 de marzo de 2007 Jerry Perenchio se despidió de Univision.

Tal como estaba previsto, la venta de la compañía por 13,700 millones de dólares concluyó dos días hábiles después del 25 de marzo de 2007, cuando la transacción recibió el beneplácito de la Comisión Federal de Comunicaciones (FCC, por sus siglas en inglés). Aquel día, en un comunicado escrito, Perenchio expresó: «Estoy enormemente orgulloso de todo lo que Univision ha logrado desde 1992 y espero poder ser testigo de la próxima fase de su crecimiento».

Esta histórica transacción en 2007 marcó un hito en la historia de las empresas orientadas al mercado hispano. Aun en 2025, se considera la venta más grande jamás realizada en el sector de una empresa privada dedicada a esta audiencia. Este logro reflejó la excepcional visión, liderazgo y astucia de Perenchio, Azcárraga y Cisneros.

Perenchio nunca pudo liberarse del fantasma del Tigre. En 2009, Televisa y su licenciatario en Estados Unidos, Univision (ya controlada por Saban), se vieron de nuevo en una Corte Federal, debatiendo sobre quién tiene los derechos para publicar programas producidos por Televisa en internet y las plataformas de *streaming* en Estados Unidos. El primer testigo en el juicio fue el exCEO de Univision, Jerry Perenchio, quien, enfermo y de 78 años de edad, se presentó vía videoconferencia. En su declaración, trajo a la mesa una vieja historia de sus batallas con el Tigre:

> No se había secado la tinta de la firma del acuerdo de licencia de contenido y ya las llamas comenzaron a arder. Él mismo [refiriéndose al Tigre] me dijo que iba a lanzar un canal de televisión vía satélite sin tomar en cuenta el contrato que habíamos firmado. Era inaceptable. A él [refiriéndose al Tigre] nunca le gustó el acuerdo que firmamos, nunca le pareció que era justo para Televisa. Él nunca entendió que ese acuerdo es vital para Univision. Uno de mis mayores miedos era que si perdíamos el control del contenido, Televisa entraría en el mercado de Estados Unidos y destruiría a Univision.

Por primera y única vez en la historia, Jerry Perenchio demostró el temor que le tenía al Tigre Azcárraga antes y después de su muerte.

CAPÍTULO 17

La trama termina

Comenzaba una nueva era con Haim Saban como principal propietario de Univision en 2007. Joseph «Joe» Uva, un exitoso ejecutivo del mundo de las agencias de publicidad, fue designado CEO de Univision. Ray Rodríguez y Andrew Hobson, hombres de Perenchio, siguieron como presidente y CFO, respectivamente. Ray Rodríguez dejó Univision en agosto de 2009. Hobson y el contador de Jerry Perenchio, Peter Lori, permanecieron en la organización por muchos años más.

Antes de unirse a Univision como director general, Joe Uva ya contaba con una trayectoria sólida y extensa en el ámbito de los medios y la publicidad. Había dirigido la reconocida agencia OMD Worldwide como presidente y CEO desde 2002 hasta 2007. Antes se había desempeñado en el área comercial en Turner Broadcasting liderando las ventas y el mercadeo para canales como TBS, TNT y Cartoon Network.

La Junta Directiva de Univision, designada por los nuevos accionistas en 2007, hizo historia al incluir por primera vez a una mujer entre sus miembros: la famosa cantante Gloria Estefan. Junto a ella, la Junta estaba conformada por Haim Saban, CEO de Saban Capital Group y principal accionista; David Bonderman, socio fundador de Texas Pacific Group; Jonathan M. Nelson, CEO y fundador de Providence Equity Partners; Henry Cisneros, exalcalde de San Antonio, Texas; entre otros siete ejecutivos.

Al asumir el cargo, Uva se encontró con un desafío financiero importante, ya que Univision estaba, para variar, sumamente endeudada. Durante la presidencia de Uva, Univision logró un crecimiento constante en la audiencia, y hasta llegó a superar a una de las grandes cadenas en inglés en horario estelar entre adultos. El sitio web Univision.com experimentó un notable aumento de tráfico, manteniéndose como el principal destino digital en español para la comunidad hispana. En el cuarto trimestre de 2010, Univision reportó un incremento en sus ventas del 11.8 % (alcanzando los 576.7 millones de dólares).

Saban necesitaba que la empresa justificara los más de 13,000 millones de dólares invertidos, y los logros mencionados no eran suficientes. En enero de 2011, el principal accionista de Univision, Haim Saban, anunció la contratación del ejecutivo Randy Falco como COO. Falco venía de ser COO de NBCUniversal, propietaria de Telemundo. Esta decisión incomodó profundamente a Joe Uva, quien, al verse ofendido por la contratación de un COO de ese calibre sin haber sido consultado, sintió que era un castigo injusto y decidió renunciar. Su salida tomó a muchos por sorpresa. Saban reconoció su valioso aporte, afirmando que «Univision es una mejor compañía hoy debido a los esfuerzos de Joe en la construcción de un fuerte equipo de liderazgo y el posicionamiento de Univision para el éxito a largo plazo». En 2013, Joe Uva fue contratado por NBCUniversal para comandar Telemundo.

En 2011, Randy Falco, veterano de la televisión, asumió como CEO de Univision, reemplazando a Uva en un momento de grandes retos financieros para la compañía. Su llegada trajo consigo una misión ambiciosa asignada por Haim Saban y Thomas Lee: lanzar Univision en el mercado bursátil mediante una oferta pública inicial de acciones en los próximos años, un paso que buscaba recuperar la inversión multimillonaria realizada en la compañía. Sin embargo, el camino hacia el mercado accionario no sería sencillo, y Falco reconoció que se necesitaba una fuerte inversión para lograr el crecimiento del valor que los propietarios esperaban.

Para intentar lograr esta meta, Falco impulsó un crecimiento significativo en Univision de la mano de Cesar Conde, quien llevaba las riendas de programación y era el ejecutivo con más tiempo y trayectoria en Univision desde los tiempos de Jerry Perenchio y Ray Rodríguez. Para lograr sus objetivos, Falco solicitó más recursos y aprobó más deuda, lo cual se sumaba al ya considerable pasivo de la empresa. Isaac Lee, periodista colombiano, presidente de Univision Noticias, recién arrancaba en diciembre de 2010 contratado por Cesar Conde, quien le brindó todo el apoyo para invertir en una mesa de redacción en las instalaciones del Newsport en Doral, Florida, que nada tenían que envidiarle en tecnología, tamaño y alcance al *newsroom* de CNN en Atlanta. Conde dejó Univision en 2013 para convertirse en vicepresidente ejecutivo de Telemundo contratado por Joe Uva.

Telemundo, *an American Television in Spanish*

La trayectoria de Telemundo tomó un rumbo distinto al de Univision. El precio pagado por NBCUniversal, seis veces y medio menor al que pagó Haim Saban por Univision, permitió que las finanzas de la cadena se estabilizaran. Telemundo, tras una crisis financiera que la llevó a la quiebra en la década de 1990, encontró refugio en una de las tres grandes cadenas de televisión estadounidenses, mientras que Univision fue vendida al mejor postor.

Los ejecutivos de NBCUniversal comprendieron que la clave para el éxito en el mercado hispano no era la improvisación. En lugar de apostar por ejecutivos ajenos a la idiosincrasia de la audiencia latina, optaron por reclutar a los mejores talentos formados en Univision. Con esa estrategia en mente, cuando Joe Uva dejó Univision para liderar Telemundo, una de sus primeras decisiones estratégicas fue contratar a Cesar Conde, una de las estrellas ascendentes de Univision.

Cesar Conde contaba con un historial impecable. Graduado de la Universidad de Harvard y con un MBA en la prestigiosa Wharton School de la Universidad de Pensilvania, su carrera se había visto enriquecida por una experiencia única como asistente especial del secretario de Estado Colin Powell durante la administración de George W. Bush. Conde, hijo de un cardiólogo peruano y una madre cubana, había nacido en Nueva York, pero creció en Miami, lo que le permitió vivir de cerca la dualidad cultural de los hispanos en Estados Unidos.

Bajo el liderazgo de Ray Rodríguez y la visión estratégica de Jerry Perenchio, Conde llegó a Univision en 2003, a los 29 años de edad. Ascendió rápidamente dentro de la empresa, desempeñándose en diversas funciones ejecutivas hasta alcanzar el puesto de vicepresidente ejecutivo. Su carrera continuó en ascenso tras la llegada de Randy Falco en 2011, quien lo mantuvo en esa posición hasta que Joe Uva lo reclutó para NBCUniversal como vicepresidente ejecutivo, donde supervisó Telemundo y los negocios internacionales de NBC. En 2020 se convirtió en el primer hispano en liderar una de las tres grandes cadenas de noticias en inglés en Estados Unidos, al ser nombrado «*chairman*» de

NBCUniversal News Group, supervisando NBC News, Telemundo, MSNBC y CNBC.

Conde no solo ha sido una figura clave en la transformación de la televisión hispana, sino que su influencia ha trascendido el ámbito mediático. En 2024 formaba parte de los directorios de Walmart y PepsiCo, y también era miembro de la Junta del Aspen Institute y del Paley Center for Media.

La historia de Cesar Conde refleja el poder de la formación en Univision, combinada con una educación en las mejores instituciones académicas del mundo. Su ascenso al liderazgo de NBC Universal es el máximo reconocimiento para un hispanoamericano en los medios de comunicación. Para muchos, Telemundo representa el verdadero sueño que alguna vez aspiró liderar Joaquín Blaya: *The American Television Station in Spanish.*

La Univision de Falco

En 2012, Randy Falco lanzó con éxito Univision Deportes, un canal de cable dedicado a transmitir 24 horas de contenido deportivo, que rápidamente se convirtió en un pilar fundamental para la empresa, compitiendo de cerca con ESPN Deportes. Para encabezar este ambicioso proyecto, Falco trajo a Juan Carlos Rodríguez, conocido como «La Bomba», un destacado ejecutivo mexicano en el ámbito de los medios deportivos. Bajo su dirección, Univision Deportes aseguró los derechos de transmisión de la mayoría de los partidos de la liga profesional de futbol mexicano (Liga MX) y otras ligas internacionales, consolidando además la cobertura exclusiva de la Copa Mundial de Futbol de 2014 en Brasil.

No obstante, no todas las decisiones de Falco estuvieron libres de controversia. El ejecutivo intentó captar a la audiencia angloparlante y en 2013 lanzó Fusion, una empresa conjunta entre Univision Communications y Disney-ABC Television Group, destinada a producir y transmitir contenido dirigido a jóvenes adultos, entre ellos los conocidos como *millennials*, tanto hispanos como anglosajones. Fusion, que ofrecía una mezcla de noticias, estilo de vida, cultura pop, sátira y programas de entretenimiento, representaba el primer esfuerzo considerable de Univision en la producción de contenido en inglés. Sin embargo, la ambiciosa iniciativa comenzó a mostrar signos de desgaste cuando Disney, en 2016, decidió retirarse de la sociedad, dejando a Univision con el control total de Fusion y sus crecientes pérdidas. Sin cifras oficiales disponibles, expertos en televisión estimaron que el fracaso de Fusion implicó pérdidas superiores a los 120 millones de dólares.

Univision también enfrentó un cambio en su programación con la despedida de uno de sus programas más icónicos: *Sábado Gigante*. El 19 de septiembre de 2015 se transmitió el último episodio del *show*, titulado «Hasta Siempre», liderado por Don Francisco junto a sus compañeros Javier Romero y Lili Estefan. Tras 53 años al aire (si se incluye la primera década que se transmitió solo en Chile), el programa fue un evento emotivo, con la participación de figuras como Luis Fonsi, Paulina Rubio, Enrique Iglesias, Juanes y Shakira.

En 2015, los rumores de que Univision se preparaba para la oferta inicial de acciones en la bolsa (IPO) ganaron fuerza cuando Falco anunció la contratación de Goldman Sachs, Morgan Stanley y Deutsche Bank como bancos de inversiones encargados de estructurar el registro de la empresa en la Bolsa de Nueva York (NYSE, por sus siglas en inglés). La expectativa en las oficinas de

Univision era palpable, y muchos de sus ejecutivos, que habían recibido opciones de acciones como bonos comenzaron a imaginarse como futuros millonarios. Pero los desafíos económicos y las crecientes pérdidas por las inversiones fallidas comenzaron a complicar las negociaciones.

En 2015, Telemundo adquirió los derechos de transmisión de la Copa Mundial de la FIFA para los mundiales de futbol de 2018 y 2022, por los que pagó 600 millones de dólares. Por primera vez en la historia de Estados Unidos, Univision ya no iba a transmitir las copas mundiales de futbol. Un duro golpe a la imagen de Univision.

Televisa, por su parte, aseguró los derechos de transmisión de esos mundiales de futbol para el territorio mexicano. Internamente, se comentaba a nivel ejecutivo que, aunque el precio pagado por Telemundo parecía absurdo, Univision, en un ambiente previo al IPO, no debió permitirse perder esos derechos tan importantes.

En julio de 2015, Univision y Televisa dieron un paso decisivo en su alianza al anunciar importantes cambios en su Contrato de Licencia de Programación (ALP, por sus siglas en inglés). Con esta renovación, Univision extendió sus derechos exclusivos sobre la programación de Televisa hasta el 2030. Televisa finalmente negoció una compensación mejor ajustada al valor de su contenido. Este acuerdo reemplazó el histórico y polémico contrato firmado entre el Tigre Azcárraga y Jerry Perenchio, el cual originalmente debía vencer en 2017.

Dentro de este nuevo acuerdo, Televisa también documentó la conversión de 1,125 millones de dólares de obligaciones en derechos de suscripción de acciones (*«warrants»*, en inglés) de Univision, fortaleciendo su participación y compromiso a largo plazo.

Ingeniería financiera comandada por Alfonso de Angoitia Noriega, vicepresidente ejecutivo de Televisa y hombre de confianza de la familia Azcárraga, quien afirmó: «Con estos acuerdos solidificamos aún más nuestra relación y reiteramos nuestro compromiso con Univision y su futuro. A modo personal, quiero agradecer a Haim Saban por su liderazgo en la compañía y por su dedicación para lograr estos acuerdos». Randy Falco, presidente y CEO de Univision en aquel momento, destacó que el acuerdo colocaba a Univision «en una posición competitiva más sólida hacia el futuro».

Con esta extensión, Univision y Televisa no solo cerraron un capítulo lleno de controversias, sino que aseguraron una colaboración por al menos 15 años más, consolidando una relación estratégica que reforzaba el futuro de ambas empresas.

En noviembre de 2015, Isaac Lee asumió el recién creado cargo de Chief News and Digital Officer, una posición que ampliaba su influencia dentro de Univision. Juan Carlos Rodríguez anunció en 2016 la Copa América Centenario, una iniciativa futbolera ideada para celebrar los 100 años del torneo. A diferencia del ciclo regular de la Copa América, que se celebra cada cuatro años, esta edición fue una versión conmemorativa única, diseñada para llevar el torneo a Estados Unidos en 2016. Con los derechos exclusivos de transmisión y comercialización otorgados a Univision, el evento fue un rotundo éxito.

En una arriesgada apuesta estratégica, en 2016 Randy Falco aprobó la adquisición de *Gawker*, un sitio web de noticias de entretenimiento y chismes, por 135 millones de dólares. Esta compra, sin embargo, no estuvo exenta de controversia, pues *Gawker* arrastraba una reputación empañada tras un mediático juicio impulsado por el famoso luchador Hulk Hogan, cuyo nombre real es Terry Bollea. En 2012, *Gawker* publicó un fragmento de 10 segundos de un encuentro íntimo de Hogan, quien los demandó por invasión de privacidad al haberse grabado sin su consentimiento. Este caso cobró una relevancia especial cuando se reveló que Peter Thiel, cofundador de PayPal, había financiado en secreto la demanda con aproximadamente 10 millones de dólares. Thiel, objeto de reportajes críticos de *Gawker*, consideró su acción como «una de sus mayores contribuciones filantrópicas».

El juicio concluyó en marzo de 2016, con un jurado en Florida que otorgó a Hogan una compensación de 140 millones de dólares. A pesar del riesgo, Falco defendió la adquisición de *Gawker* como parte de una estrategia para fortalecer Fusion y diversificar Univision, apuntando a atraer a una audiencia angloparlante y mejorar la imagen de la corporación para una futura emisión de acciones en la bolsa (el tan esperado IPO). Además, Falco tomó la decisión de adquirir una participación en *The Onion*, el medio digital de sátira, con la esperanza de capturar un mercado más amplio en inglés. No obstante, los resultados pronto fueron claros: la decisión de no invertir en la renovación de los derechos del Mundial de Futbol y más bien intentar el crecimiento del valor de la corporación a través de competir por la audiencia angloparlante resultó en un fracaso muy costoso para Univision.

El 23 de mayo de 2017, otra triste noticia llegaba a la compañía: Andrew Jerrold «Jerry» Perenchio, figura clave en la historia de Univision, falleció cinco meses después de haber sido diagnosticado con cáncer de pulmón.

Aquel mismo año los rumores de que Univision no llegaría al mercado bursátil ya eran casi una certeza. La situación de la endeudada empresa, cargada con el peso adicional de las fallidas inversiones en *Gawker*, *The Onion* y Fusion, se volvía cada vez más insostenible, y el entusiasmo inicial por la tan esperada oferta pública (IPO) se desmoronaba. Finalmente, Randy Falco confirmó lo inevitable: la oferta pública de acciones (IPO) no sería posible y su tiempo en Univision también estaba por terminar. Este anuncio desencadenó un éxodo de ejecutivos, así como despidos masivos en distintos departamentos. Aquellos ejecutivos que, en su momento, se sintieron millonarios gracias a sus opciones de acciones vieron cómo esa promesa de riqueza se desvanecía, dejándolos desempleados y en búsqueda de nuevas oportunidades.

Inesperadamente, Discovery, Inc., uno de los gigantes globales en entretenimiento y contenidos, se acercó con una oferta para adquirir Univision. La propuesta ascendía a aproximadamente 12,000 millones de dólares, una cifra nada despreciable. Sorpresivamente también, Univision rechazó la oferta de Discovery. Según diversos informes, los accionistas y los ejecutivos estaban convencidos de que el valor de Univision podría alcanzar casi el doble: 20,000 millones de dólares.

El liderazgo de Falco en Univision fue una combinación de audacia y controversia. Su visión impulsó innovaciones y una expansión ambiciosa, pero dejó tras de sí una estela de decisiones arriesgadas que no alcanzaron el éxito esperado.

En junio de 2018, Haim Saban y Thomas Lee nombraron a Vincent Sadusky, un ejecutivo financiero y exCFO de Telemundo, como el nuevo CEO, asignándole un solo objetivo: preparar Univision para su venta. Con esta decisión, Emilio Azcárraga Jean comenzó a vislumbrar un nuevo margen de acción dentro de la empresa, no como comprador, pero sí ir más allá de su rol tradicional como proveedor de contenido, explorando iniciativas estratégicas que consolidaran la relación entre Televisa y Univision en un nivel más profundo. El heredero del Tigre siempre criticó el crecimiento desmedido impulsado en Univision.

En mayo de 2019, Televisa Deportes desde México y Univision Deportes desde Estados Unidos sorprendían con un anuncio: se fusionaban con una misma marca: TUDN, iniciales de Televisa Univision Deportes Network, un movimiento que insinuaba la visión de una posible integración entre los dos gigantes, Televisa y Univision, el sueño del Tigre.

Aunque el nuevo nombre no revelaba formalmente una fusión *per se*, era evidente la creciente colaboración en la producción de transmisiones deportivas y en la comercialización y adquisición conjunta de derechos de eventos internacionales. La idea de Juan Carlos Rodríguez, CEO de Univision Deportes, contaba sin duda con la aprobación de Azcárraga Jean y transformó a las «joyas de la corona», Televisa Deportes y Univision Deportes, en una insignia de unión estratégica. TUDN no solo consolidaba la fortaleza de ambas marcas, sino que abrió el camino hacia una estructura comercial innovadora y atractiva, incrementando el potencial de una futura venta para inversionistas. Justo después de ese anuncio comenzaron las maniobras para vender las dos empresas, con Sadusky representando a Univision y Angoitia Noriega representando a los Azcárraga y a su Televisa.

El círculo se cierra

En febrero de 2020, justo antes de la declaración oficial de la llegada de la pandemia por covid-19 en Estados Unidos, Televisa desde México anunció su fusión con Univision, y entre conversión de deuda en acciones y la fusión de los activos en México la empresa mexicana capitalizó el 36 % de la nueva entidad que se llamaría Televisa Univision. Las empresas de capital privado Searchlight Capital Partners y ForgeLight tomaron el control mayoritario de Univision, adquiriendo el 64 % de la empresa de manos de inversionistas liderados por Saban Capital Group y Thomas H. Lee Partners. La fusión de Televisa y Univision fue valorada en 7,500 millones de dólares.

Para entender las dimensiones de la pérdida asumida por los accionistas que invirtieron en 2007 cuando compraron Univision por 13,700 millones de dólares, a la hora de dicha fusión, como ellos solo tenían el 64 % de la nueva entidad, su participación valía (64 % × 7,500 millones de dólares) cerca de 4,800 millones de dólares. Esto implica que el grupo liderado por Haim Saban y Thomas Lee perdió, aproximadamente, 8,900 millones de dólares en esta aventura.

En 2020, Wade Davis asumió el cargo de CEO de la nueva Televisa Univision. El 23 de diciembre de ese mismo año, la FCC aprobó la venta y subsecuente fusión incluyendo la condición exigida por los abogados de Emilio Azcárraga Jean: permitir que inversionistas extranjeros pudieran poseer más del 25 % de una cadena de televisión en Estados Unidos. El nombre de Emilio Azcárraga regresaba a Univision con mucha potencia.

En marzo de 2022, Davis anunció el lanzamiento de una nueva plataforma de *streaming* llamada VIX. Este costoso proyecto impulsaba la temeraria misión de competir contra Netflix, Amazon, Disney y Hulu, entre otras empresas de contenido audiovisual bajo demanda del usuario. La idea de los nuevos accionistas estadounidenses era proponer tres marcas, tres activos con tres valores distintos, para luego quizás venderlos por separado. Por un lado, las señales de televisión lineal abierta en México y Estados Unidos, por otro lado TUDN, y por otro VIX.

Entre 2022 y 2024, el liderazgo ejecutivo de Televisa Univision estuvo en manos de tres figuras clave, todas con escaño en la

Junta Directiva: dos mexicanos y un estadounidense: Alfonso de Angoitia Noriega, con más de dos décadas de experiencia en Televisa, asumió el rol de Executive Chairman; Wade Davis, nacido en Vermont, EE. UU., se convirtió en el CEO de Televisa Univision, con 20 años de experiencia en medios, que incluyen su paso por Viacom, donde desempeñó un rol crucial en la fusión con CBS, lo que dio origen a lo que hoy es Paramount Global; y, finalmente, Emilio Azcárraga Jean, quien también ejercía como Executive Chairman de Televisa Univision.

El 23 de febrero de 2023 una noticia retumbó en las oficinas ejecutivas de Televisa Univision: Thomas Lee, antiguo propietario de Univision, había aparecido muerto en el baño de su oficina en Manhattan. Tenía un agujero en la cabeza. Al lado del cuerpo del reconocido inversionista se encontró un revólver marca Smith & Wesson registrado a su nombre. Tenía 78 años de edad.

En noviembre de 2023, Televisa Univision causó revuelo al entrevistar a Donald Trump en un tono que contrastaba marcadamente con su postura crítica previa. La entrevista, realizada en Mar-a-Lago, la exclusiva residencia y club privado de Trump en West Palm Beach, Florida, generó gran atención mediática. El periodista mexicano Enrique Acevedo condujo la conversación, sorprendiendo a muchos por la suavidad con la que abordó temas que en el pasado habían generado tensiones entre Trump y Univision. Además, detrás de cámaras estuvo presente Alfonso de Angoitia Noriega. Durante la entrevista, Trump hizo una referencia general a los nuevos dueños de Televisa Univision, describiéndolos como «personas emprendedoras increíbles».

Jorge Ramos expresó públicamente su desacuerdo con el enfoque de la entrevista, poniendo en entredicho la independencia del departamento de noticias de Televisa Univision. Para muchos, esta diferencia de enfoques parecía un retroceso, pues resulta inevitable recordar aquel incidente entre Ramos y Trump: el 25 de agosto de 2015, durante una conferencia de prensa en Dubuque, Iowa, Jorge Ramos intentó tomar la palabra para preguntar a Trump sobre su postura migratoria. Trump, en un gesto de rechazo que resonó entre la comunidad latina, le pidió a Ramos que se sentara, subrayando que no tenía el turno para hablar. Al insistir Ramos, Trump respondió con un lapidario «*Go back to Univision*» («Regresa a Univision»), y ante la negativa de Ramos a retirarse, el equipo de seguridad de Trump lo escoltó fuera de la sala de prensa. Aquella escena, ampliamente difundida, se convirtió en un símbolo de la relación tensa y confrontativa que Univision y sus periodistas habían mantenido con Trump.

La conversación entre Acevedo y Trump, en 2023, adquirió así una dimensión aún más compleja, tanto que Televisa Univision decidió contratar a una firma experta en relaciones públicas para implementar de forma urgente una estrategia comunicacional que ayudara a contener la crisis desatada tras la entrevista. Meses más tarde, en abril de 2024, Enrique Acevedo volvió a ocupar un lugar destacado al entrevistar al presidente Joe Biden. Esta vez, la entrevista tuvo lugar en la histórica Oficina Oval de la Casa Blanca en Washington, D. C., y se enmarcó en la campaña de reelección de Biden, quien se perfilaba en ese momento como el candidato del Partido Demócrata para las elecciones de noviembre de 2024.

El 29 de diciembre de 2023 una triste noticia sorprendió en las oficinas de Televisa Univision en Miami: Gustavo Cisneros Rendiles había fallecido inesperadamente después de contraer una neumonía saliendo de una cirugía en su columna vertebral en un hospital en Nueva York. Tenía 78 años de edad.

Jorge Ramos anunció su salida de Televisa Univision el 9 de septiembre de 2024, sorprendiendo a su audiencia y marcando el cierre de una era en la cadena tras 40 años de una influyente trayectoria, 38 de ellos como copresentador del *Noticiero Univision*. El periodista permaneció en su rol hasta diciembre de 2024, justo después de las elecciones presidenciales en las que Donald Trump triunfó. En su mensaje de despedida en vivo, Ramos describió la decisión como «difícil y triste».

Diez días después del anuncio de la salida de Jorge Ramos de la empresa, Wade Davis dejó el cargo de CEO de Televisa Univision, y fue reemplazado por el mexicano Daniel Alegre.

Alegre aporta más de 30 años de experiencia global en medios, entretenimiento y tecnología. Escaló posiciones en Google durante los 16 años que laboró ahí. Ocupó diversos roles ejecutivos clave como presidente de Global y Alianzas Estratégicas, y presidente de Asia-Pacífico y de América Latina. En 2020, Alegre asumió el cargo de presidente y COO en Activision Blizzard, una de las principales compañías de videojuegos a nivel mundial. Durante su gestión, participó en las etapas iniciales de la adquisición de Activision Blizzard por parte de Microsoft, una transacción valorada en 68,700 millones de dólares, considerada una de las más significativas en la industria tecnológica. Después de Activision Blizzard, trabajó poco más de un año en Yuga Labs, Bored Ape Yacht Club (BAYC), una de las empresas más grandes en el mundo de los coleccionables digitales (NFT). Daniel Alegre estudió en la Universidad de Princenton y luego finalizó su MBA en la Escuela de Negocios de Harvard, así como un doctorado en Leyes en la misma universidad en Boston, Massachusetts.

El 24 de octubre de 2024 una impactante noticia había sido publicada por varios medios de comunicación en Estados Unidos:

Emilio Azcárraga Jean acababa de solicitar un permiso para ausentarse de su rol en la Junta Directiva de Televisa Univision mientras el Departamento de Justicia de Estados Unidos investiga presuntos sobornos pagados a funcionarios de la FIFA, en relación con los derechos de transmisión de los mundiales de futbol de 2018, 2022, 2026 y 2030.

Al momento de esta edición, la Junta Directiva de Televisa Univision estaba conformada por: Alfonso de Angoitia Noriega, de Televisa; Bernardo Gómez Martínez, de Televisa; Wade Davis, de ForgeLight; Eric Zinterhofer, de Searchlight Capital Partners; Jeff Sine, de Raine Group; Enrique Senior, de Allen & Co. y también miembro de la Junta Directiva de Televisa; Gisel Ruiz, antigua COO de Sam's Club (Walmart); María Cristina «MC» González Noguera, de Chief Communications Popular, Inc.; y Oscar Munoz, Executive Chairman retirado de United Airlines Holdings.

La mexicanización

El panorama mediático en 2025 presentaba desafíos significativos para Televisa Univision. La continua transformación tecnológica, los cambios en las preferencias de la audiencia y la competencia emergente obligaban a una reflexión profunda sobre su futuro.

Televisa Univision opera en dos territorios muy distintos, pero unidos por el poder de su audiencia que se comunica en un mismo idioma. En México y en Estados Unidos la empresa, junto a sus dos marcas principales, cuenta con décadas de arraigo y conexión cultural, lo que les otorga una ventaja insuperable frente a competidores como Telemundo, que carecen de poder en el mercado mexicano. Por ejemplo, aunque Amazon tiene presencia mediática en México a través de su plataforma Prime Video, enfrenta desafíos para crecer y consolidar su oferta a las particularidades culturales, económicas, sociales y operativas locales.

En distribución, en Estados Unidos, los servicios de televisión satelital directa al hogar (DTH, por sus siglas en inglés), como DirecTV y Dish Network, han experimentado una notable disminución, quedando relegados principalmente a zonas rurales. Este declive contrasta con México, donde DTH sigue siendo un canal de distribución clave para las señales de televisión. Esta divergencia se debe, en parte, a que en México los servicios DTH resultan más convenientes para ciertos consumidores en comparación con los paquetes combinados de cable e internet, especialmente en áreas con infraestructura de banda ancha limitada. Además, la transición hacia el *streaming* ha sido más lenta en México que en Estados Unidos. Televisa, en México, consolidó su posición en este mercado de DTH al completar la adquisición del 100 % de Sky México en febrero de 2025, asegurando así una posición privilegiada en ese espectro de distribución de su señal.

La audiencia por las telenovelas continúa. Juan Antonio Fernández, experto en comercialización internacional de contenido de televisión, explicó que las telenovelas provenientes de Turquía han invadido exitosamente la audiencia en los países latinoamericanos y también en Estados Unidos. La razón es que la temática utilizada en los guiones se basa en el romanticismo sin tanta complicación. «Igual como eran las telenovelas de Televisa antes. Nada de narcos, de política ni de complicaciones sociales. Las novelas turcas mantienen un estilo 100 % rosa», dice Fernández, refiriéndose al contenido conservador y simple. Para Televisa, no será difícil volver a sus raíces de producir telenovelas rosas.

Las ventas internacionales del archivo histórico de contenido producido por Televisa siguen generando ingresos para la empresa. Televisa es una autoridad mundial en la comercialización de contenido de televisión, reputación que se ha forjado desde la década de 1960. En 2025, Televisa Univision decidió consolidar tanto la compra como la venta de contenido en México.

La adquisición de derechos para eventos deportivos se ha convertido en una competencia feroz, sin un dominador absoluto. En 2024, Televisa Univision obtuvo los derechos para transmitir el Super Bowl en México y Estados Unidos. Empresas como Amazon y Netflix han incursionado en la producción y distribución de contenido deportivo, invirtiendo considerablemente en derechos de ligas profesionales, eventos especiales y festivales. Amazon recientemente adquirió los derechos de transmisión de los partidos de futbol de las Chivas de Guadalajara, el segundo equipo por número de fanáticos en la liga profesional mexicana, la Liga MX. Sin embargo, en México no hay nadie que pueda superar a Televisa Univision en deportes, gracias a su afiliación con el Club América, la principal franquicia deportiva del país. El América es el equivalente al Manchester United en Inglaterra, al Real Madrid o el Barcelona en España, o al PSG en Francia. Es el equipo más popular en redes sociales, con más de 28 millones de seguidores. Sus partidos tienen la mayor audiencia de futbol en Norteamérica, independientemente del idioma. Se calcula que el Club América cuenta con más de 44 millones de aficionados entre México y Estados Unidos.

Emilio Azcárraga Jean registró una empresa llamada Grupo Ollamani para traspasar a esa entidad la propiedad del Club América y del estadio Azteca. El término «Ollamani» proviene de la lengua náhuatl y significa «juego de pelota» o «jugador de pelota». Esta palabra refleja la importancia histórica y cultural del juego de pelota en las civilizaciones mesoamericanas, donde era más que un simple deporte: también tenía connotaciones rituales y sociales significativas.

El 20 de febrero de 2024, Emilio Azcárraga Jean lanzó la oferta pública inicial (IPO) de acciones de Grupo Ollamani. La transacción fue un rotundo éxito. El valor total de Grupo Ollamani, que incluye no solo a los jugadores, sino también otros activos como la marca, instalaciones (estadio Azteca) y derechos comerciales, se estima en 750 millones de dólares.

En el ámbito de la televisión, para que Netflix, Amazon y Disney alcancen una posición en México y Latinoamérica similar a la que tienen en Estados Unidos, necesitan un socio como Televisa Univision. Y para que esta sobreviva al huracán de competencia en Estados Unidos, necesita renovar su infraestructura tecnológica y asociarse con Netflix, Amazon, Disney, Apple, Oracle, Microsoft, Alphabet (YouTube), o Meta (Instagram, Facebook y WhatsApp).

Hoy, la industria enfrenta una nueva transición impulsada por la tecnología, un cambio inminente cuyo desenlace es imposible de prever. Esta nueva etapa bajo liderazgo mayoritariamente mexicano tiene un futuro impredecible, pero no tan fatídico como lo pronostican varios de los ejecutivos y artistas que han sido víctimas de las más recientes olas de despidos en la empresa, tanto en México como en Estados Unidos. Según uno de los ejecutivos que lideran actualmente la empresa, la idea no es reducir personal solo por reducir costos y afrontar la incertidumbre: «Es una decisión para ajustarnos a las nuevas tecnologías y nuevos horizontes, ser rentables y aprovechar que somos, ahora sí, un solo medio fusionado».

La visión del Tigre de forjar un imperio mexicano para el mercado hispano de Estados Unidos sigue siendo un factor motivante para su hijo Emilio Azcárraga Jean, visión que todavía permea en el tren ejecutivo de Televisa Univision. El Tigre siempre supo rugir cuando todos lo daban por vencido.

En 2024, en el marco del 65 aniversario desde que el Club América fue adquirido por su padre, Azcárraga Jean, emocionado, dijo a los presentes: «Mi padre fue un visionario… y seguramente está allá arriba echándose un tequila y diciendo: "¡Ya era hora, cabrón!"».

EPÍLOGO

La trama que he narrado en estas páginas llega aquí a una pausa, no a un cierre definitivo. A lo largo de este recorrido he llevado doble identidad: la de investigador minucioso y la de testigo de la propia historia que relato. Muchos podrían preguntarse por qué yo era la persona adecuada para contar esta historia. La respuesta yace en mi trayectoria y en mis raíces.

Desde joven, han llamado mi atención dos instituciones legítimas muy poderosas que perduran en el tiempo: las religiones y los medios de comunicación. En mi juventud me acerqué a la religión, pero fui separándome de ella poco a poco. Similar al poder perdurable de las religiones, medios icónicos como *The New York Times*, fundado por el periodista Henry Jarvis Raymond y el banquero George Jones en 1851, o el *Financial Times*, fundado por el periodista James Sheridan en 1888, han trascendido a sus creadores, estableciendo poderosos legados que moldean y reflejan la narrativa global generación tras generación. Así, en 1999 decidí emprender mi camino en el mundo de los medios de comunicación, con un enfoque claro en entender a profundidad el negocio que sustenta esta industria. Me di cuenta de que era sencillo educarme sobre periodistas renombrados, escritores famosos y protagonistas del mundo de la información, el entretenimiento y la creación de contenido, pero no hay mucha historia que se haya hecho pública sobre los fundadores y los dueños de medios de comunicación. Y menos si se busca información que no haya sido previamente *autorizada* por esos individuos ambiciosos, que en inglés son conocidos como *media moguls* («magnates de los medios»).

Por ejemplo, siempre llamó mi atención que uno de los medios de comunicación con mayor respeto por su rectitud editorial sea el londinense *The Economist*, fundado por el empresario y banquero británico James Wilson en 1843. Lo que pocos saben es que la ambición de Wilson se centraba en su agenda personal y el interés financiero de promover la derogación de los aranceles de importación del maíz. La misión editorial de Wilson aún es la que aparece en la publicación en estos tiempos: «Participar en el duro enfrentamiento entre la inteligencia, que avanza, y la ignorancia indigna y temerosa que obstaculiza nuestro progreso».

Siempre me ha llamado la atención el comportamiento de la mayoría de periodistas con respecto a la naturaleza y sostenibilidad del negocio. Marty Baron, exeditor ejecutivo de *Miami Herald*, *The Boston Globe* y *The Washington Post*, me comentó un día sobre su experiencia y los periodistas: «En tiempos difíciles no recuerdo ni un solo periodista que llegara a mi escritorio para darme ideas de cómo ahorrar o cómo ganar más dinero».

Admiro la valentía y resiliencia que dueños de muchos medios tienen al tomar posiciones de riesgo para lograr comunicar información que muchas veces calma a los pueblos con esperanza, o impacta a líderes, gobiernos y seres humanos que trascienden.

En 2000 emigré de Venezuela a Estados Unidos. Por más que investigaba, muy poco era lo que encontraba de la historia del medio de comunicación hispano más grande de Estados Unidos: Univision. Cada vez que tenía la oportunidad de averiguar cómo comenzó todo y quiénes habían sido sus impulsores quedaba impresionado de lo que iba descubriendo.

El 16 de marzo de 2006 publiqué un artículo en un diario venezolano que se tituló: «Llegó el momento de Cisneros», en el cual hice un diagnóstico y un pronóstico de lo que sucedería en los siguientes meses con Univision, incluyendo su posible venta por un valor estimado en 10,000 millones de dólares. Días después de la publicación, el magnate venezolano Gustavo Cisneros me contactó en privado para transmitirme su impresión sobre lo que escribí. «Casi atinas», me dijo.

Durante casi 25 años conversé con ejecutivos, gerentes, productores, asistentes ejecutivas, vigilantes, pilotos, financieros, presidentes, abogados, periodistas, locutores, animadores y hasta con algunos artistas que forman y formaron parte de Spanish International Network, que luego se convirtió en Univision y también generó el nacimiento de Telemundo.

Fue en 2009 cuando me di cuenta de que nadie había escrito buena parte de esta historia y comencé a pensar en publicarla, pero eran tiempos dedicados a mi vida como padre y empresario. Luego, en 2015 me convencí en contar parte de la historia en la Universidad Tufts en el área de Boston. Preparé un *syllabus* para una clase electiva llamada The Latin American Media History que fue aprobada en el Experimental College de dicha casa de estudios. Para mi sorpresa, la clase tuvo aforo total y fue muy exitosa. Luego comprendí que dictar clases no era lo mío, porque me aburrí la segunda vez que me tocó impartirla. Hasta ahí llegó mi experiencia como profesor.

Con el tiempo entendí que esta no es solo una crónica empresarial, esta historia narra un capítulo fundamental de la experiencia de una comunidad. Por ello asumí la responsabilidad de narrarla con rigor y pasión. Sabía que contar la construcción del imperio de la televisión en español significaba desentrañar la historia de millones de latinos cuyas vidas han estado entretejidas con esas transmisiones.

Dos factores comunes que atraviesan esta obra desde el principio hasta el final son el idioma español y la identidad latina en Estados Unidos. Décadas atrás, el español solía hablarse en susurros en ciertos rincones de este país, a veces relegado al ámbito del hogar o a los círculos de intimidad y confianza. Hoy, el idioma resuena con fuerza en estudios de televisión, estadios deportivos repletos de público y plataformas digitales que llegan a todo el mundo. No es casualidad: Estados Unidos alberga ya a 57.4 millones de hispanohablantes, consolidándose en 2024 como el segundo país con más hablantes de español en el mundo (solo por detrás de México).

Las generaciones mayores recuerdan la emoción de escuchar noticias en su lengua materna por primera vez en un canal de televisión local. Las generaciones más jóvenes, nacidas aquí, llevan el español en la sangre, aunque a veces lo entremezclen con el inglés en un ritmo propio. Esta identidad bicultural se construye día a día: en la música que combina ritmos urbanos con letras en dos idiomas, en las conversaciones familiares donde coexisten abuelos hispanoparlantes y nietos bilingües, y en el orgullo compartido durante celebraciones familiares, comunitarias y hasta nacionales.

¿Persistirá el español en Estados Unidos? La respuesta está emergiendo ante nuestros ojos: cada vez que parece debilitarse en alguna generación, una nueva ola migratoria o un renovado interés cultural lo revitaliza. Por supuesto, ningún idioma sobrevive en tierra extranjera sin enfrentar desafíos.

El crecimiento demográfico en Estados Unidos significa que la influencia cultural latina seguirá expandiéndose y, con ella, el protagonismo del español en la esfera pública. La identidad latina en esta nación no es estática: se redefine con cada hijo de inmigrantes que aprende a apreciar de dónde vienen sus abuelos, con cada creador de contenido que mezcla idiomas en YouTube, con cada escritor que narra en inglés pero con el corazón en español.

La comunidad hispanohablante en Estados Unidos representa un motor económico: un presidente centroamericano que sorprendió con su victoria electoral inició su campaña con financiamiento proveniente de la diáspora en Estados Unidos; un banco colombiano otorga créditos hipotecarios a la diáspora en Estados Unidos para que estos ciudadanos adquieran inmuebles en Colombia; en 2024, 24.3 % de los peloteros de las grandes ligas (MLB, por sus siglas en inglés), casi todos millonarios, son hispanohablantes; con un pobre dominio del inglés, la superestrella del futbol mundial, Lionel Messi, ahora vive y juega en Miami, Florida.

A diferencia de muchos países árabes o europeos, donde los inmigrantes representan comunidades que no son factores activos en la política, ni fuertes motores de la economía, y muchas veces son segregados, discriminados y sus idiomas no son respetados, en Estados Unidos la comunidad inmigrante hispana se ha ganado su lugar socioeconómico.

Este libro es un relato que demuestra lo dura que fue la travesía para defender el uso del español y el orgullo cultural hispano en Estados Unidos. Si no hubiera sido por la ambición y resiliencia de los ejecutivos y dueños de Univision y Telemundo desde la etapa del emprendimiento, quizás el uso del español en la nación sería menos efectivo. Quizás el poder latino no sería tal, sino una comunidad inmigrante más en un país desarrollado.

Queda claro que esta historia dista de haber terminado. Si algo hemos aprendido del recorrido histórico es que la televisión en español en Estados Unidos ha sabido reinventarse en cada época. Los pioneros fundaron las primeras cadenas contra todo pronóstico; sus sucesores compitieron, innovaron y consolidaron un imperio mediático. Ahora, nuevos retos y oportunidades asoman en el horizonte. La era digital ha reconfigurado los hábitos de consumo: las audiencias ya no se sienten atadas al televisor del salón, y llevan el contenido en español en sus bolsillos, en sus teléfonos. Las grandes cadenas que protagonizaron este libro hoy exploran plataformas y formatos que hace dos décadas eran impensables.

En este cierre, quiero dejar una imagen grabada: la de una abuela sentada frente al televisor sonriendo al escuchar un reportaje en el idioma que conoce de toda la vida, y a su lado, un nieto que la acompaña mientras navega en su dispositivo móvil entre videos virales de creadores latinos. Dos generaciones distintas conectadas por un hilo invisible de idioma y cultura. **Esa es la fuerza de lo que se ha construido.**

AGRADECIMIENTOS

A Carola, mi esposa, quien me ha acompañado a lo largo de esta trayectoria que ya supera la mitad de mi vida. ¡Te amo, y mucho más!

A mis hijos, Andrés, Alejandro y Caylin, que me han inspirado a querer aún más a Estados Unidos y, sin saberlo, a exigirme para hacerlos sentir orgullosos de su papá.

A mi sobrino, Marcos Marín Quintero, por ocuparse con pasión y amor de los negocios de la familia y permitirme el tiempo para disfrutar al máximo la gestación y el parto de este libro.

A Patricia Padauy, mamá de Guac, quien me dio mucho ánimo desde el principio. ¡San Luis Obispo fue la chispa!

A Manuel Oliver, papá de Guac, por ser mi mejor amigo, mi hermano y ¡siempre estar en mi mente como ejemplo de supervivencia magistral!

A Ana Julia Jatar, por su amistad incondicional y por motivarme siempre.

A Marty Baron, por su amistad y conocimientos.

A Arturo Marcano, por su amistad y por animarme a escribir esto yo solo. Él fue el único que leyó el primer borrador completo.

A Winston Peraza, por inspirarme siempre a darle importancia a la música, el arte y el diseño en todo lo que rodea a esta historia y a mi vida.

A Gilberto Lopez, por ofrecerme un año de residencia para desarrollar el proyecto del libro en la Arizona State University.

A Víctor Melillo, por su amistad, sus conocimientos, y por recomendarme ver *The Offer* (*La oferta*).

A Antonina Melillo, por su amistad y por descubrirme su Italia.

A Cristóbal Pera. Además de *publisher*, editor, fuiste clave para la búsqueda del perfecto producto final. ¡Y lo que falta! Creíste en este proyecto desde el primer día.

A Jon Urruzuno, por su amistad y por leer otro de los borradores e ir repasando la historia, capítulo por capítulo, conmigo.

A Rufi Guerrero, por su amistad y cariño y por darme su honesto *feedback* que me hizo cambiar la ruta.

A mi abogado Enrique «Kike» Antequera, por calmar mis miedos al decirme que al final lo único que me protege es la calidad de mi escrito, que hace único el producto final, y que no me preocupara por tanta legislación.

A Gustavo Lucardi y su Trusted Translation.

A Pancho, por su amistad y sus correcciones.

A Marianna Branco, por sus conexiones extraterrenales.

A Juan Antonio Fernández, por su amistad, sus conexiones y consejos incondicionales.

A Sheila Benoliel, por ayudarme a organizar la bibliografía y *factcheck*.

A mis buenos amigos, que tuvieron suficiente tolerancia y cariño al escuchar constantemente mis historias sobre este proyecto de libro: Carlos Martin Rengifo Ducharne, José Gabriel Cabrera,

Con gratitud eterna al abogado Norm Leventhal. En esta foto que le tomé hace unos años posa junto a su vehículo, cuya placa personalizada —RVA, por Reynold Vincent Anselmo, y EAM, por Emilio Azcárraga Milmo— refleja cómo estos dos clientes dejaron una huella imborrable en su vida personal y profesional.

Michael Flaherty, Carlos y Federica Ponce, Rafael Ulloa, Michi y Miguel Divo, Boris Muñoz, Eugenio Enrique Ball Felce, Abbie Peraza, Alessandro Caballera, Sam Leizorek, Ricardo Longoria, Mauricio Espinosa, Doug Fabbricatore, Andres Matetic, Ken Shapiro y Alfredo Vergara.

A Luis Miguel Mesianu, por su amistad y sus ideas.

A Gustavo Cisneros, por su *feedback* en 2006.

A todos los empleados y exempleados de Televisa, SIN, Univision y Telemundo, que contribuyeron con este libro, y a quienes por respeto a los mandamientos de Jerry Perenchio prometí no nombrar.

A Norm Leventhal, abogado de Televisa, Emilio Azcárraga Milmo y René Anselmo.

A Isa Traverso, por su amistad y sus conexiones y su vibra.

A Beatrice Rangel, por su amistad y conocimientos.

A June Erlick, por su amistad y conocimientos.

A Mindy Marquez, por sus conocimientos.

A todos los *publishers* que no prestaron atención a mis propuestas: avivaron mi ánimo para persistir.

A Vincent Sadusky, por su tiempo en Cannes.

A quienes mi memoria olvidó mencionar: sepan que el afecto y la gratitud permanecen intactos.

Una mención especial a mis instructores de yoga. Junto a Carola, ¡me ayudan a mantenerme saludable y feliz!

BIBLIOGRAFÍA[1]

PRÓLOGO

Naciones Unidas. *United Nations Treaties Collection: Convention on the Law of the Sea* (Convenio de Montego Bay). Naciones Unidas, 1982.

Fragmento relevante: Marco legal internacional que regula las aguas territoriales y extraterritoriales, en relación con la decisión de la práctica de eutanasia en aguas internacionales.

Treaty of Guadalupe Hidalgo. The National Archives and Records Administration (NARA), 1848.

Fragmento relevante: Contexto histórico sobre la cesión de territorio mexicano a Estados Unidos y los derechos prometidos (incluyendo el uso del español) a los mexicanos que optaron por permanecer en las tierras cedidas.

Roeder, Mark A. *A History of Culver and The Culver Military Academy.* Autopublicación, 2016.

Fragmento relevante: Historia de la academia militar a la que el Tigre Azcárraga fue enviado por su padre y donde experimentó discriminación y disciplina extrema.

[1] Las obras referidas se presentan de acuerdo a su interés temático en cada sección. *[N. del E.].*

National Archives Office of Strategy and Communications: Nixon Hispanic Strategy. The National Archives and Records Administration (NARA), 1973.

Fragmento relevante: Estudio sobre cómo la administración de Nixon definió oficialmente el término «hispano» y su impacto en la política estadounidense.

Fernández, Claudia, y Andrew Paxman. *El Tigre: Emilio Azcárraga y su imperio Televisa.* Raya en el Agua/Grijalbo, 2000.

Fragmento relevante: Biografía detallada del Tigre y su impacto en la televisión y los medios de comunicación.

Arana, Marie. *LatinoLand: A Portrait of America's Largest and Least Understood Minority.* Simon & Schuster, 2024.

Fragmento relevante: Estadísticas, aumento e importancia socioeconómica de la población hispana en Estados Unidos.

CAPÍTULO 1
El León, René Anselmo y el Tigre: La transición

Tello Díaz, Carlos. *Porfirio Díaz: Su vida y su tiempo I. La guerra (1830-1867).* Conaculta/Debate, 2017.

Fragmento relevante: Contexto histórico del Porfiriato, la educación de las élites mexicanas y la relación entre México y Estados Unidos.

Garner, Paul, y Porfirio Díaz. *Profiles In Power: Porfirio Díaz.* Routledge, 2001.

Fragmento relevante: Análisis del impacto del Porfiriato en la clase empresarial mexicana y las conexiones de la familia Azcárraga con el poder.

Olivares Arriaga, María del Carmen. *Emilio Azcárraga Vidaurreta: Bosquejo biográfico.* Universidad Autónoma de Tamaulipas-IIH, 2002.

Fragmento relevante: Relato de la vida del fundador de Telesistema Mexicano y su papel en la industria televisiva.

Lopez, Nicole. *Raoul A. Cortez: Pioneer of Spanish-Language Broadcasting.* Texas State Historical Association, texto actualizado al 27 de julio de 2016.

Fragmento relevante: Historia de uno de los pioneros de la televisión en español en Estados Unidos y su relación con Emilio Nicolás.

Flynn, Jean. *Henry B. Gonzalez: Rebel with a Cause.* Eakin Press, 2004.

Fragmento relevante: Biografía del primer congresista hispano en EE. UU. y su conexión con SIN.

Lyndon B. Johnson Presidential Library and Museum, Presidential Records. The National Archives and Records Administration (NARA).

Fragmento relevante: Documentos sobre la influencia política del presidente Johnson en la comunidad hispana y su relación con Cantinflas.

Harding, Art, y Erwin Krasnow. «The Road Map for Potential Foreign Investors». *Radio & Television Business Report*, 1 de marzo de 2017. Disponible en https://www.foster.com/newsroom-publications-The-Road-Map-For-Potential-Foreign-Investors.

Fragmento relevante: Explicación de la Sección 310(b)(3) de la Ley de Comunicaciones, que limitaba la inversión extranjera en medios de EE. UU., la llamada *«20% Rule»*.

Flowers, Katherine S. «The Origins of the English-Only Movement». En *Making English Official: Writing and Resisting Local Language Policies*, pp. 29-60. Cambridge University Press, 2024.

Fragmento relevante: Análisis sobre el impacto del movimiento *«English Only»* en la comunidad hispana de EE. UU.

«González, Henry B. 1916-2000». United States House of Representatives History Archive. https://history.house.gov/People/Detail/13906.

Fragmento relevante: Detalla cómo Cantinflas y Lyndon B. Johnson ayudaron a Henry González a ganar su primera elección.

CAPÍTULO 2
Del aire al espacio: René Anselmo y la revolución de la televisión vía satélite

Leventhal, Norm. *Rene, el Tigre, & Me: Up Close & Personal - Spanish Television in America*. Rosedog Books, 2018.

Fragmento relevante: Memorias del abogado de Emilio Azcárraga y René Anselmo, con detalles sobre su relación y el crecimiento de SIN.

Krige J., A. Russo y L. Sebesta. *A History of the European Space Agency, 1958-1987*. ESA Publications Division, 2000.

Fragmento relevante: Análisis del impacto de la Agencia Espacial Europea y la empresa SES en la industria de los satélites privados.

Besas, Peter. «Televisa buys into Panamsat». *Variety*, 7 de enero de 1993. https://variety.com/1993/biz/news/televisa-buys-into-panamsat-102778/.

Fragmento relevante: Explica la inversión de Televisa en PanAmSat y la influencia del Tigre en la industria satelital.

Kuznik, Frank. «A Piece of Outer Space to Call His Very Own». *The New York Times*, 1 de abril de 1990. https://www.nytimes.com/1990/04/01/business/a-piece-of-outer-space-to-call-his-very-own.html.

Fragmento relevante: Relata la lucha de Anselmo contra el monopolio de Intelsat y su impacto en las telecomunicaciones.

Landler, Mark. «A Widow's Pique». *The New York Times*, 16 de junio de 1996. https://www.nytimes.com/1996/06/16/business/a-widow-s-pique.html.

Fragmento relevante: Entrevista a la viuda de René Anselmo, quien revela una reunión privada con Emilio Azcárraga Milmo para discutir la venta de PanAmSat.

CAPÍTULO 3
El auge de un magnate mediático en México y su expansión a Estados Unidos

Delarbre, Raúl Trejo (coord.). *Televisa, el quinto poder.* Claves Latinoamericanas, 1985.

Fragmento relevante: Análisis del poder de Televisa y su impacto en la política y medios de comunicación en México.

Wilkinson, Kenton T. *Spanish-Language Television in the United States: Fifty Years of Development*. Routledge, 2016.

Fragmento relevante: Examina el crecimiento de la televisión en español en EE. UU., incluyendo el rol de Televisa y Univision.

Historia de la Organización de Telecomunicaciones de Iberoamérica (OTI), Archivos digitales de la OTI.

Fragmento relevante: Documenta la participación de Televisa en la OTI y su influencia en la televisión iberoamericana.

Ferreira, Leónardo, Alfonso Grados Bertorini y Gonzalo Peltzer (coords.). *Comunicación: desafío del presente y futuro*. Universidad de San Martín de Porres, 1993.

Fragmento relevante: Explica la concentración de poder en los medios de comunicación en América Latina, incluyendo el caso de Televisa.

Bachelet, Pablo. *Gustavo Cisneros: Un empresario global.* Planeta, 2004.

Fragmento relevante: Biografía de Gustavo Cisneros, su relación con el Tigre y su rol en la compra de Univision.

«Siempre en Domingo: El programa que definió la televisión mexicana». *El Universal* (México), 2005.

Fragmento relevante: Detalla el impacto del programa y por qué no tuvo éxito en EE. UU.

«La relación entre Televisa y el PRI: Un pacto de poder». *Proceso* (México), 1997.

Fragmento relevante: Analiza el papel de Televisa en la consolidación del poder del PRI durante las décadas de 1970 y 1980.

CAPÍTULO 4
La pugna por el control de SIN y el auge de la audiencia hispana

Leventhal, Norm. *Rene, el Tigre, & Me: Up Close & Personal - Spanish Television in America*. Rosedog Books, 2018.

Fragmento relevante: Testimonio directo del abogado de René Anselmo y los litigios por el control de SIN.

González, Juan. *Harvest of Empire: A History of Latinos in America*. Viking Penguin, 2001.

Fragmento relevante: Analiza la migración hispana a EE. UU. y su impacto en la política y los medios de comunicación.

González, Francisco Javier. *El 86: el año en que México cambió al mundo*. Planeta, 2022.

Fragmento relevante: Examina la importancia de la Copa Mundial de Futbol de 1986 en la expansión mediática de Televisa.

Horowitz, Daniel. *Jimmy Carter and the Energy Crisis of the 1970s: The «Crisis of Confidence» Speech of July 15, 1979. A Brief History with Documents*. Bedford/St. Martin's, 2004.

Fragmento relevante: Explica la crisis económica y energética que indujo la migración latinoamericana a EE. UU.

«Rubén Salazar's Death Scrutinized». Línea Abierta, en Radio Bilingüe. American Archive of Public Broadcasting, 29 de agosto de 2020.

Fragmento relevante: A raíz del 50 aniversario de la muerte de Rubén Salazar, se realizó un análisis sobre la muerte del periodista y su impacto en la comunidad chicana.

Powers, Charles T., y Jeff Perlman. «One Dead, 40 Hurt in East L.A. Riot: Times Columnist Killed by a Bullet». *Los Angeles Times*, 30 de agosto de 1970.

Fragmento relevante: Reportaje de la muerte de Rubén Salazar durante la marcha de la Moratoria Chicana contra la Guerra de Vietnam.

Gailey, Phil. «Courting Hispanic Voters Now a Reagan Priority». *The New York Times*, 19 de mayo de 1983.

Fragmento relevante: Explica la estrategia republicana para captar el voto hispano y el rol de SIN en ella.

«Frases Famosas de El Chapulín Colorado». *BBC Mundo*, 28 de noviembre de 2014.

Fragmento relevante: Explica por qué el «Chapulín Colorado» se convirtió en un ícono de los inmigrantes en EE. UU.

Cannon, Lou. «Reagan Stays Home to Woo the Support of Hispanics, Blacks». *The Washington Post*, 10 de septiembre de 1984. https://www.washingtonpost.com/archive/politics/1984/09/11/reagan-stays-home-to-woo-the-support-of-hispanics-blacks/38506fec-d0d2-40a2-800a-ca97d977d3ff/.

Fragmento relevante: Describe cómo Reagan reconoció la importancia del electorado hispano en EE. UU.

«Tango Argentino». *Sports Illustrated, SI Latino Issues*, 7 de julio de 1986.

Fragmento relevante: Explica, entre otras cosas, cómo la Copa Mundial de Futbol impulsó la relevancia de SIN y Univision en EE. UU.

CAPÍTULO 5
La demanda de Fouce: El conflicto que transformó SIN en Univision

Ramos, George. «Owners to Sell KMEX-TV, Four Sister Stations: Sale of Spanish-Language Outlets Comes Amid FCC Ruling to Lift Licenses». *Los Angeles Times*, 10 de mayo de 1986.

Fragmento relevante: Investigación periodística que explica una versión de la demanda de Fouce y menciona la posible venta forzada de SIN.

Stevenson, Richard W. «Hispanic Network Under Fire». *The New York Times*, 14 de noviembre de 1985.

Fragmento relevante: Artículo que menciona, con algunos detalles, la posición de la FCC respecto a la posibilidad de cancelación de la licencia de SIN.

Wilkinson, Kenton T. *Spanish-Language Television in the United States: Fifty Years of Development*. Routledge, 2016.

Fragmento relevante: Detalles del litigio de Fouce.

Ono, Kent A., y John M. Sloop. *Shifting Borders: Rhetoric, Immigration, and California's Proposition 187*. Temple University Press, 2002.

Fragmento relevante: Versión del rol de la jueza Pfaelzer en el litigio entre Fouce *vs.* accionistas de SIN.

Krattenmaker, Thomas G. *Media Ownership and Control: A Legal Perspective*. Westview Press, 1998.

Fragmento relevante: Menciona el caso de la propiedad extranjera de un medio de comunicación en Estados Unidos.

Molina-Guzmán, Isabel. *Latinas and Latinos on TV: Colorblind Comedy in the Post-Racial Network Era*. University of Arizona Press, 2018.

Fragmento relevante: Menciona la evolución de las marcas SIN y Univision.

McChesney, Robert W. *Telecommunications, Mass Media, and Democracy: The Battle for the Control of U.S. Broadcasting, 1928-1935*. Oxford University Press, 1993.

Fragmento relevante: Explicaciones legales sobre la FCC y su rol regulador sobre las cadenas de TV.

Registros de la FCC sobre la licencia de SIN. Biblioteca del Congreso de los Estados Unidos; Archivos de la FCC, 1985-1986.

Fragmento relevante: Comprueba la existencia de la licencia de SIN y sus características legales.

Testimonios del Caso SIN *vs.* FCC. Documentación legal del caso en la Corte Federal del Distrito Sur de California, 1980-1986.

Fragmento relevante: Comprueba la existencia del caso legal de la demanda de Fouce *vs.* accionistas de SIN.

CAPÍTULO 6
1986: El año que revolucionó las noticias en televisión

Randolph, Eleanor. «Reporters Walk Out at Hispanic TV Network». *The Washington Post*, 2 de noviembre de 1986. https://www.washingtonpost.com/archive/politics/1986/11/02/reporters-walk-out-at-hispanic-tv-network/9baf79ad-9eb8-4a51-a38c-fd9224e22c89/.

Fragmento relevante: Reportaje periodístico sobre la tensión entre el personal de noticias en SIN.

Salinas, María Elena. *Yo soy la hija de mi padre: Una vida sin secretos*. Rayo, 2006.

Fragmento relevante: Testimonio sobre revuelta de periodistas en SIN.

Wolff, Michael. *The Man Who Owns the News: Inside the Secret World of Rupert Murdoch*. Broadway Books, 2008.

Fragmento relevante: Versión sobre la evolución de Fox News, competencia de CNN.

Albarran, Alan. *The Media Economy*. Routledge, Taylor & Francis Group, 2017.

Fragmento relevante: Contenido sobre la audiencia hispana y su comercialización (en uno de sus capítulos).

González, Juan, y Joseph Torres. *News for All the People: The Epic Story of Race and the American Media*. Verso, 2011.

Fragmento relevante: Sobre la diversidad en las audiencias en los medios.

Schonfeld, Reese. *Me and Ted Against the World: The Unauthorized Story of the Founding of CNN*. HarperCollins, 2001.

Fragmento relevante: Otra versión sobre la evolución de CNN.

Ono, Kent A., y John M. Sloop. *Shifting Borders: Rhetoric, Immigration, and California's Proposition 187*. Temple University Press, 2002.

Fragmento relevante: Reportaje sobre el referéndum en California para quitar derechos a inmigrantes.

Taladrid, Stephania. «Jorge Ramos, la voz de Latinoamérica». *The New Yorker*, 17 de agosto de 2024.

Fragmento relevante: Menciona el *impasse* de la renuncia masiva de periodistas en SIN.

«Noticias SIN 1983». Video. YouTube. Publicado el 14 de junio de 2022. https://www.youtube.com/watch?v=fVcjZ4u0P_c.

Fragmento relevante: Verifica la participación en pantalla de SIN del director de Noticias Gustavo Godoy.

CAPÍTULO 7

Telemundo y Univision: Finanzas, poder y la lucha por la audiencia

Fox, Margalit. «Daniel Villanueva, a Creator of Univision, Dies at 77». *The New York Times*, 22 de junio de 2015. https://www.nytimes.com/2015/06/23/business/daniel-villanueva-creator-of-univision-dies-at-77.html.

Fragmento relevante: Obituario y perfil biográfico de Daniel Villanueva.

Cuff, Daniel F. «Business People; Univision Names Head of Spanish Network». *The New York Times*, 31 de agosto de 1988. https://www.nytimes.com/1988/08/31/business/business-people-univision-names-head-of-spanish-network.html.

Fragmento relevante: Perfil biográfico y nombramiento de Joaquín Blaya.

«Robert Baker, Steinberg May Have Trouble Making Money in Spanish». *Business Week*, 10 de agosto de 1987.

Fragmento relevante: Detalles sobre la crisis financiera de Telemundo en 1987.

George, Lisa. «Media Competition, Information Provision and Political Participation». *Journal of Economics*, 2007.

Fragmento relevante: Trabajo de investigación sobre la diversidad en los medios de comunicación en Estados Unidos.

Dávila, Arlene. *Latinos, Inc.: The Marketing and Making of a People.* University of California Press, 2001.

Fragmento relevante: Cubre algunos aspectos importantes sobre comercialización del bilingüismo en la comercialización.

Mullen, Megan Gwynne. *Television in the Multichannel Age: A Brief History of Cable Television*. Wiley-Blackwell, 2008.

Fragmento relevante: Historia sobre la TV por cable en Estados Unidos.

Negrón-Muntaner, Frances, Chelsea Abbas, Luis Figueroa y Samuel Robson. *The Latino Media Gap: A Report on the State of Latinos in U.S. Media*. Columbia University-Center for the Study of Ethnicity and Race, 2014.

Fragmento relevante: Estudio de investigación sobre la prosperidad o pobreza de los latinos en Estados Unidos.

Testimonio de Carlos Barba sobre los comienzos de Telemundo. *Hispanic Business Magazine*, 1989.

Fragmento relevante: Menciona y verifica la participación de Barba en NetSpan y Telemundo.

«Desi Arnaz Ed Sullivan Show Speech». Youtube. https://youtu.be/qNRRCE-nWmM?si=AhJJH0Z_f_aC_7VZ.

Fragmento relevante: Las fuertes declaraciones de Desi Arnaz en el programa más visto de la TV en Estados Unidos.

Bruck, Connie. «*The Predators' Ball: The Inside Story of Drexel Burnham and the Rise of the Junk Bond Raiders*». Penguin Books, 1989.

Fragmento relevante: Reportaje sobre los bonos basura.

CAPÍTULO 8
Rosita Perú y Don Francisco con su *Sábado Gigante*

Naisbitt, John. *Megatrends: Ten New Directions Transforming Our Lives*. Warner Books, 1982.

Fragmento relevante: Predicción de que el inglés, el español y la computación serían los tres idiomas principales en el futuro de EE. UU.

Kreutzberger, Mario (Don Francisco). *Life, Camera, Action!: Autobiography*. Grijalbo, 2001. (Publicado también en español bajo el título: *Entre la espada y la TV: Autobiografía*. Grijalbo, 2001).

Fragmento relevante: Autobiografía que detalla la carrera de Don Francisco en la televisión hispana.

Kreutzberger, Mario (Don Francisco). *Con ganas de vivir*. Aguilar, 2021.

Fragmento relevante: Reflexiones sobre el impacto cultural de Don Francisco y su experiencia en televisión.

«The Evolution of Hispanic Marketing». *Advertising Age Hispanic Fact Pack*, mayo de 1989.

Fragmento relevante: Análisis del despertar de las marcas hacia las posibilidades del mercado hispano.

Puig, Claudia. «Univision President Bolts to Rival Telemundo: Communications: Joaquin Blaya was concerned about the new owner using fewer U.S.-produced shows». *Los Angeles Times*, 27 de mayo de 1992.

Fragmento relevante: Visión sobre los retos de liderar Univision en un mercado competitivo, y sobre la salida de Blaya de la presidencia de la televisora.

Valle, Víctor. «Ethnic Fight Heats Up at Latino Station». *Los Angeles Times*, 19 de mayo de 1989. https://www.latimes.com/archives/la-xpm-1989-05-19-ca-289-story.html.

Fragmento relevante: Mención de Grimes sobre rol de Blaya y Rosita Perú en las decisiones de programación de Univision.

Testimonio de Rosita Perú sobre su legado en Univision. *Hispanic Business Magazine*, 1992.

Fragmento relevante: Rosita Perú habla sobre sus días en Univision.

Dávila, Arlene. *Latinos, Inc.: The Marketing and Making of a People*. University of California Press, 2001.

Fragmento relevante: Cómo la industria de la mercadotecnia hispana juega un papel central tanto en el reconocimiento público como en la marginación continua de los latinos.

CAPÍTULO 9
Hallmark Cards: La era de Hockaday y Blaya en Univision

Regan, Patrick. *Hallmark: A Century of Caring*. Andrews McMeel Publishing, 2010.

Fragmento relevante: Historia de Hallmark y el rol de Hockaday en Univision.

Kreutzberger, Mario (Don Francisco). *Life, Camera, Action!: Autobiography*. Grijalbo, 2001. (Publicado también en español bajo el título: *Entre la espada y la TV: Autobiografía*. Grijalbo, 2001).

Fragmento relevante: Versión de Don Francisco sobre su decisión de permanecer en Univision y no salir cuando lo hizo Blaya.

Kreutzberger, Mario (Don Francisco). *Con ganas de vivir*. Aguilar, 2021.

Fragmento relevante: Reflexiones sobre la evolución y el impacto de *Sábado Gigante*.

«Hallmark Adds Univision». Reporte especial para *The New York Times*, 21 de noviembre 1987.

Fragmento relevante: Explicación del impacto de la compra de SIN por Hallmark Cards y la llegada de Irv Hockaday.

Puig, Claudia. «Univision President Bolts to Rival Telemundo: Communications: Joaquin Blaya was concerned about the new owner using fewer U.S.-produced shows». *Los Angeles Times*, 27 de mayo de 1992.

Fragmento relevante: Análisis de las tensiones internas en Univision y el intento de cambiar la identidad del canal.

Newman, Maria. «Move to Miami Is Matter of Time, Univision Says». *Los Angeles Times*, 6 de septiembre de 1990.

Fragmento relevante: Menciona la *cubanización* de Univision y la resistencia a esto de la comunidad mexicoamericana.

Lippman, John. «Tortorici Named Telemundo CEO In New Owners' Management Shuffle». *The Wall Street Journal*, 14 de agosto de 1998.

Fragmento relevante: Se menciona la «quiebra» de Telemundo.

Shiver, Jube. «Keeping Univision Alive: Media: Hallmark Has a Plan to Rescue its Troubled Subsidiary, the Nation's Largest Spanish-Language Television Network». *Los Angeles Times*, 19 de febrero de 1990.

Fragmento relevante: Los planes de Hallmark Cards y Hockaday para Univision.

Netto, David. «The Enduring Legacy of French Interior Designer Henri Samuel». *Town & Country Magazine*, 15 de marzo de 2018. https://www.townandcountrymag.com/style/home-decor/a19421619/henri-samuel-designer/.

Fragmento relevante: Historia de la mansión adquirida por Jerry Perenchio y decorada por Henri Samuel.

Dávila, Arlene. *Latinos, Inc.: The Marketing and Making of a People*. University of California Press, 2001.

Fragmento relevante: Se examina cómo Univision moldeó la identidad del mercado hispano en EE. UU.

CAPÍTULO 10
El negocio de las telenovelas

Erlick, June Carolyn. *Telenovelas en el mundo latino*. Instituto de Estudios Latinoamericanos/Routledge, 2017.

Fragmento relevante: Un estudio integral sobre la importancia de las telenovelas en las sociedades latinoamericanas, y su expansión global.

Gutiérrez, Félix F. *Spanish-Language Radio in the Southwestern United States*. University of Texas Press, 1979.

Fragmento relevante: Analiza cómo Univision y Televisa dieron forma a la industria de la televisión en español en EE. UU.

Sosa Plata, Gabriel. *El duopolio de la televisión*. Al Consumidor, 2010.

Fragmento relevante: Proporciona un contexto histórico sobre cómo Televisa monopolizó la producción televisiva, incluido el control de las telenovelas.

Young, James. «Mexico: Televisa Juggernaut Flexes its Muscles». *Variety*, 3 de octubre de 2008.

Fragmento relevante: Analiza cómo las telenovelas mexicanas ganaron popularidad internacional.

Villamil, Jenaro. «Televisión para jodidos». *Proceso*, 19 de marzo de 2013.

Fragmento relevante: Se detallan las polémicas declaraciones de Emilio Azcárraga Milmo sobre la sociedad mexicana.

Martínez, Andrés. «"La Vida" Loca: The Modern Mexican Telenovela is an Oversexed Stew of Giddy Promiscuity, Weird Couplings, Substance Abuse and Repressed Homosexuality. Let's Watch!». *Salon*, 28 de febrero de 2000. https://www.salon.com/2000/02/28/telenovelas/.

Fragmento relevante: Analiza los primeros intentos de Telemundo de producir telenovelas en EE. UU.

Te Odio, Te Amo: Why Telenovelas Rule Latin Entertainment. Entrevista con Carolina Alzuru. ALT Latino, *NPR*, 2 de agosto de 2013.

Fragmento relevante: Visión académica sobre el papel de los escritores cubanos en el desarrollo de las telenovelas.

CAPÍTULO 11
El Tigre regresa

Stevenson, Richard W. «Hallmark to Sell Its Univision TV Group». *The Wall Street Journal*, 9 de abril de 1992.

Fragmento relevante: Describe la decisión de Hallmark Cards de vender Univision y su impacto financiero, y cómo Perenchio, junto con Azcárraga y Cisneros, compran y reorganizan la compañía.

«Carlos Barba has been appointed president and...». *Los Angeles Times*, 11 de mayo de 1991.

Fragmento relevante: Cubre la renuncia de Barba y la crisis económica que llevó a la quiebra de Telemundo.

CAPÍTULO 12
La fiebre del futbol llega a Estados Unidos

Galeano, Eduardo. *El fútbol a sol y sombra*. Siglo XXI Editores, 1995.

Fragmento relevante: El futbol como espectáculo, pasión y fenómeno cultural. Se menciona el factor negocio y las estructuras de poder que lo rodean.

Goldblatt, David. *The Ball is Round: A Global History of Football*. Riverhead Books, 2008.

Fragmento relevante: Analiza la influencia de Joao Havelange y Guillermo Cañedo en la FIFA.

Ostermann, Ruy Carlos. *Itinerário da derrota: Crônica de cinco Copas do Mundo sem Pelé*. Artes e Ofícios, 1992.

Fragmento relevante: Examina cómo la TV se convirtió en factor clave en la transmisión del futbol en el continente.

«Emilio Azcárraga: Presidente de Televisa, es uno de los hombres con más poder en México». *El País*, 6 de enero de 1986.

Fragmento relevante: Se detalla la relación de poder entre Emilio Azcárraga y la FIFA.

«Futbol México '86: Así se hizo el mundial», *Proceso*, 1986.

Fragmento relevante: Sobre Guillermo Cañedo y la estrategia del futbol en México.

«Throwback Thursday: The USA's captivating 1994 World Cup group». *Sports Illustrated*, 4 de julio de 1994.

Fragmento relevante: Explora la falta de cultura futbolística en EE. UU. antes de la llegada de Univision y Televisa al mercado.

CAPÍTULO 13
Latina USA y Latin Music

Saralegui, Cristina. *Cristina!: Confidencias de una rubia*. Warner Books, 1998.

Fragmento relevante: Autobiografía de Cristina Saralegui en la que se narra su experiencia en Univision y el impacto que ha tenido en la mujer latina de EE. UU.

Erlick, June Carolyn. *Telenovelas en el mundo latino.* Instituto de Estudios Latinoamericanos/Routledge, 2017.

Fragmento relevante: Explica el impacto de las telenovelas y su relación con la música latina en la televisión hispana.

Pacini Hernandez, Deborah. *Oye Como Va!: Hybridity and Identity in Latino Popular Music.* Temple University Press, 2010.

Fragmento relevante: Detalla la evolución de la música latina en EE. UU.

Estefan, Emilio. *The Rhythm of Success: How an Immigrant Produced his Own American Dream.* Celebra, 2010. (Publicado también en español bajo el título: *Ritmo al éxito: Cómo un inmigrante hizo su propio sueño americano.* Celebra, 2010).

Fragmento relevante: Describe la trayectoria de Miami Sound Machine y cómo se consolidó el *crossover* latino en EE. UU.

Jalil, Oscar (texto), y David Sisso (fotografía). «Rolling Stone Interview: Corazón delator». *Rolling Stone* (Argentina), marzo de 2003, pp. 30-37.

Fragmento relevante: Analiza la internacionalización de la música pop-rock latina.

«People en Español Magazine Honors: Cristina Saralegui». *People en Español,* 16 de abril de 1998.

Fragmento relevante: Explora el impacto de Cristina Saralegui y su programa en la cultura latina en EE. UU.

Ogunnaike, Lola. «Crossover Star Tries Crossing Back; Ricky Martin Returns To His Latin Roots». *The New York Times,* 20 de mayo de 2003.

Fragmento relevante: Menciona cómo Univision y Televisa contribuyeron a la globalización de la música pop latina.

CAPÍTULO 14
Jerry Perenchio, el Midas de Univision

Feldman, Leslie Dale. *Rustics and Politics: The Political Theory of The Beverly Hillbillies*. Lexington Books, 2014.

Fragmento relevante: Historia de la serie de televisión que inspiró el nombre de la mansión de Perenchio, «Chartwell».

Hoffer, Richard. *Bouts of Mania: Ali, Frazier, and Foreman--and an America on the Ropes*. Da Capo Press, 2014.

Fragmento relevante: Análisis de la pelea de boxeo organizada por Jerry Perenchio y su impacto en la industria del boxeo.

Bachelet, Pablo. *Gustavo Cisneros: Un empresario global*. Planeta, 2004.

Fragmento relevante: Biografía sobre Gustavo Cisneros y su relación con Perenchio y Univision.

Fernández, Claudia, y Andrew Paxman. *El Tigre: Emilio Azcárraga y su imperio Televisa*. Raya en el Agua/Grijalbo, 2000.

Fragmento relevante: Explica el rol de Televisa en Univision y la relación entre Perenchio y el Tigre Azcárraga.

Stevenson, Richard W. «Hallmark to Sell Its Univision TV Group». *The Wall Street Journal*, 9 de abril de 1992.

Fragmento relevante: Reportaje sobre la compra de Univision y su impacto en la industria televisiva.

Barnes, Mike. «Jerry Perenchio, Consummate Hollywood Dealmaker and Former Univision Head, Dies at 86». *The Hollywood Reporter*, 24 de mayo de 2017.

Fragmento relevante: El obituario relata la incursión de Perenchio en la televisión y su éxito con Univision.

James, Meg. «A Hollywood Player Who Owns the Game». *Los Angeles Times*, 20 de junio de 2006.

Fragmento relevante: Explica la historia y estrategia de Perenchio para dominar el mercado de habla hispana en EE. UU.

Sutter, Mary. «Televisa Ready to Cross the Border: Company Pacts with Univision on Programming, Pay TV, Music». *Variety,* 20 de diciembre de 2001.

Fragmento relevante: Analiza cómo Televisa y Venevisión se convirtieron en los proveedores exclusivos de Univision bajo el acuerdo PLA.

Puig, Claudia. «Univision President Bolts to Rival Telemundo: Communications: Joaquin Blaya was concerned about the new owner using fewer U.S.-produced shows». *Los Angeles Times*, 27 de mayo de 1992.

Fragmento relevante: Reportaje sobre la renuncia de Blaya, tras la compra de Univision por Perenchio y socios.

CAPÍTULO 15
Opulencia, extravagancia y poder

Gross, Michael. *Unreal Estate: Money, Ambition, and the Lust for Land in Los Angeles.* Broadway Books, 2011.

Fragmento relevante: Historia de Chartwell y las mansiones de los magnates de los medios en EE. UU.

Ratcliffe, Justin. «The Enduring Enigma». *The Super Yacht Report* 175, enero de 2017, pp. 171-179.

Fragmento relevante: Historia del superyate *ECO* del Tigre Azcárraga y su influencia en la industria de los superyates.

Chernow, Ron. *The House of Morgan: An American Banking Dynasty and the Rise of Modern Finance.* Atlantic Monthly Press, 1990.

Fragmento relevante: Para entender la admiración del Tigre por J. P. Morgan.

Montes, Geoffrey. «The Unlikely Backstory of the Most Expensive House in America». *Galerie Magazine*, 1 de noviembre de 2018.

Fragmento relevante: Diseño de Chartwell por Henri Samuel y su influencia en la arquitectura de lujo en EE. UU.

«Inside a $195M Bel Air Estate with Secret Tunnels». Video, serie On the Market, temporada 1, episodio 19. *Architectural Digest,* 4 de octubre de 2019.

Fragmento relevante: Detalla, en imagen, las características de la mansión Chartwell.

Meltzer, Peter D. «Rare Wine Auctions Set New Records in the First Half of 2018». *Wine Spectator*, 18 de julio de 2018.

Fragmento relevante: Menciona la subasta de la colección de vinos de Perenchio tras su fallecimiento.

Bailey, Joanna. «What Happened to the Playboy Private DC-9 Jet?». *Simple Flying*, 5 de enero de 2021.

Fragmento relevante: Sobre el *Big Bunny*, lectura para entender la obsesión de Perenchio con la aeronave de *Playboy*.

«Tales from a Failed Coup». *The Economist* (Reuters), 25 de abril de 2002.

Fragmento relevante: Depara comprender el carácter de Cisneros en la política y la economía globales.

CAPÍTULO 16
La venta sin final

Fernández, Claudia, y Andrew Paxman. *El Tigre: Emilio Azcárraga y su imperio Televisa*. Raya en el Agua/Grijalbo, 2000.

Fragmento relevante: Explicación del rol de Televisa en Univision y la relación de Azcárraga Milmo con Perenchio.

Bachelet, Pablo. *Gustavo Cisneros: Un empresario global.* Planeta, 2004.

Fragmento relevante: Historia de Gustavo Cisneros y su papel en la compra y posterior venta de Univision.

Stevenson, Richard W. «Hallmark to Sell Its Univision TV Group». *The Wall Street Journal*, 9 de abril de 1992.

Fragmento relevante: Análisis de la compra de Univision y el rol de los tres socios en ella.

«NBC Agrees to Acquire Telemundo for $1.98 Billion in Cash and Stock». *The Wall Street Journal,* 11 de octubre de 2001.

Fragmento relevante: Descripción de la venta de Telemundo a NBC y su efecto en el valor de Univision.

Authers, John. «Televisa Executives Quit Univision Board». *Financial Times*, 10 de mayo de 2005.

Fragmento relevante: Menciona la lucha de Emilio Azcárraga Jean por renegociar el acuerdo de programación de Televisa con Univision.

«Spanish-Language TV: Univision Goes Public». *BusinessWeek*, 26 de septiembre de 1996.

Fragmento relevante: Describe la exitosa oferta pública inicial (IPO) de Univision liderada por Perenchio en 1996.

CAPÍTULO 17
La trama termina

Ball, Matthew. *Streaming Wars: The Future of Television*. Marzo de 2023. Disponible en https://www.thestreamingbook.com/.

Fragmento relevante: Impacto de YouTube, Netflix y Amazon en el modelo de negocio de Univision y Televisa.

Harrup, Anthony. «Mexico's Televisa to Merge Content Business with Univision». *The Wall Street Journal,* actualizado al 13 de abril de 2021. https://www.wsj.com/business/media/mexico-s-televisa-to-merge-content-business-with-univision-11618353691.

Fragmento relevante: Explica la fusión de Televisa y Univision, y su impacto en el mercado de medios.

Robles, Frances, Ken Bensinger y Jeremy W. Peters. «Conundrum of Covering Trump Lands at Univision's Doorstep». *The New York Times*, 8 de diciembre de 2023.

Fragmento relevante: Explica la entrevista de Enrique Acevedo con Donald Trump y el impacto que esta tuvo en Univision.

Farrell, Mike. «Falco Nears Univision Exit». *Broadcasting & Cable*, 7 de marzo de 2018.

Fragmento relevante: Explica por qué Univision no logró salir a la Bolsa.

Murphy, Aislinn. «More details emerge in billionaire Thomas Lee's suicide». *Fox Business*, 24 de febrero de 2023.

Fragmento relevante: Describe los detalles de la muerte de Thomas Lee.

Ridley, Rob. «Azteca, Club América make landmark debut on Mexican Stock Exchange». *The Stadiumm Business*, 21 de febrero de 2024.

Fragmento relevante: Lanzamiento de acciones de Club América en la Bolsa Mexicana de Valores.

ACERCA DEL AUTOR

Javier Marín es propietario de medios de comunicación en español en Estados Unidos desde que emigró de Venezuela con su esposa y sus dos hijos en el año 2000. Es Fundador de Tiempo Company, con sede en Washington, D. C., que gestiona diversas marcas como *Tiempo News*, *El Tiempo Latino* y *El Planeta*. Entre 2016 y 2024, fue inversionista en la tienda oficial de futbol de Univision. Marín es egresado del programa OPM de la Harvard Business School y actualmente vive con su esposa Carolina en Maine.